Cornelia Oelwein
Auf den Spuren des Löwen in Bayern

Cornelia Oelwein

Auf den Spuren des Löwen in Bayern

Verlagsanstalt »Bayerland« Dachau

Buchumschlag:
Löwe vor der Münchner Residenz, Aquarell von Hermut K. Geipel

Vorsätze:
Löwenwappen der bayerischen Landkreise in alphabetischer Reihenfolge
(Amberg-Sulzbach, Bad Tölz-Wolfratshausen, Bamberg, Berchtesgadener Land,
Dillingen a. d. Donau, Dingolfing-Landau, Erlangen-Höchstadt, Forchheim,
Haßberge, Hof, Kronach, Kulmbach, Landsberg a. Lech, Lichtenfels,
Mühldorf a. Inn, Neuburg-Schrobenhausen, Neumarkt i. d. Opf., Neustadt a. d.
Waldnaab, Oberallgäu, Ostallgäu, Rosenheim, Schwandorf, Starnberg,
Tirschenreuth, Weilheim-Schongau, Würzburg)

Verlag und Gesamtherstellung:
Druckerei und Verlagsanstalt »Bayerland« GmbH
85221 Dachau, Konrad-Adenauer-Straße 19

Umschlaggestaltung: Hermut K. Geipel

Alle Rechte der Verbreitung (einschl. Film, Funk
und Fernsehen) sowie der fotomechanischen Wiedergabe und des
auszugsweisen Nachdrucks vorbehalten.

© Druckerei und Verlagsanstalt »Bayerland« GmbH
85221 Dachau, 2004
Printed in Germany · ISBN 3-89251-345-7

Inhalt

Einleitung 7
Der Löwe im Wappen 12
Die Nachkommen des bayerischen Wappentiers 28
Heinrich der Löwe und der Laster 35
Löwen zu Füßen der Verstorbenen 43
Hüter des Hauses 50
Die Löwenkopf-Türzieher
und ein Würzburger Kriminalfall 55
Die Wächter der Quellen 61
»Viel junge Löwlein« – die Löwen im Alten Hof 65
Daniel, die Löwengrube und der Löwenbräu 74
Der Aufstand der Löwler 82
Meister Albrecht und seine Löwen 88
Die glückbringenden Löwennasen vor der
Münchner Residenz 94
Der Amberger Löwenstreit 99
Die Löwen an der Donau bei Bad Abbach 102
... und der kleine Kollege donauabwärts bei Passau ... 112
»Der Löwe und der Baribal« –
Wandermenagerien in München 113
»Simson«, der Bildhauer Johann Halbig
und die Denkmäler 120
Der Löwe »Swapo« 130

»The Colossal Bavarian Lion« 136

Ludwig von Schwanthaler
und der bayerische Paradelöwe 144

Exkurs: Der bayerische Löwe in Griechenland 155

Gegossene Löwen 168

Der brüllende »Bubi« vor der Feldherrnhalle 179

Kein Löwe im Thronsaal 187

»Eine wundervolle Anlage« –
Löwen im Tierpark Hellabrunn 190

»Für König und Vaterland« –
Löwen auf Kriegerdenkmälern 198

»Lieber bairisch sterben …« –
der Löwe von Waakirchen 209

Der Löwe auf dem Starnberger See 215

Der Anschlag auf den Königssee 222

Der Löwe der »Löwen« 232

Die geschenkten Löwen 235

Quellen und Literatur 238

Personen- und Ortsregister 249

Bildnachweis 255

Einleitung

Seit der Zeit, als Julius Caesar den Germanen Löwen auf den Hals gehetzt haben soll und diese – in Unkenntnis der Gefährlichkeit der »großen Hunde« – die Tiere einfach erschlugen, sind rund zwei Jahrtausende vergangen. Inzwischen sind die Germanen – und besonders die Bajuwaren – längst mit dem »König der Tiere« bekannt geworden, haben ihn gefürchtet, geliebt ... und ins Wappen aufgenommen. Der Löwe ist heute das sprichwörtliche Sinnbild Bayerns. »Der Löwe hält den Wappenschild / So treu, so fest, so voller Muth; / Er ist des Bayers ächtes Bild. / Für Vaterland sein Gut und Blut!« war etwa 1830 in der Zeitschrift Flora zu lesen.
Nicht allein Bayern hat den Löwen im Wappen. Er ist das beliebteste Tier der Heraldik. Große und kleine Fürsten hatten den Löwen aufs Panier gesetzt; in den modernen Staatswappen reicht der Löwe von Finnland, Norwegen und Dänemark über Belgien, Luxemburg und die Niederlande nach Tunesien, Togo, Senegal und Gambia und weiter bis nach Tadschikistan und Sri Lanka – um nur einige wenige Länder zu nennen. In all den unterschiedlichen Kulturräumen verkörpert der Löwe als König der Tiere Macht, Tapferkeit und kriegerische Tugenden. Und die Herrscher sahen sich gerne auf einer Stufe mit dem edlen Leu, etwa in dem sie sich Beinamen wie Heinrich der Löwe oder Richard Löwenherz zulegten.
Es ist die Frage, ob der Löwe zum einen als Symbol der Tapferkeit, Stärke und Macht und zum anderen als Wappentier allgemein eine solche Karriere gemacht hätte, wenn man schon früher die heutigen Erkenntnisse der zoologischen Forschung gehabt hätte, daß nämlich der (männliche) Löwe mit seiner imposanten Mähne eigentlich ein fauler und ziemlich feiger Pascha ist. Nur die weiblichen Löwen, die am Fehlen der Mähne auf den ersten Blick zu erkennen sind, jagen und schaffen das Futter für die Großfamilien heran, beschüt-

zen das Rudel und ziehen den Nachwuchs auf. Lediglich wenn es um die Verteidigung seines Harems gegen einen anderen männlichen Löwen geht, legt sich der »Herrscher des Tierreichs« ins Zeug, brüllt fürchterlich und versucht – auch im Kampf auf Leben und Tod – den Konkurrenten zu vertreiben. Doch dies alles hat man vor Hunderten von Jahren nicht gewußt. Man war beeindruckt von seinem imposanten Aussehen, dem furchterregenden Gebrüll und sicher ebenso von seiner »Zweikampfstärke« gegen den Nebenbuhler und dichtete ihm gleich eine ganze Reihe von positiven Eigenschaften an, etwa Standfestigkeit, Treue und Selbstbewußtsein. Noch Alfred Brehm, der bis heute das populäre Tierbild prägt, sah zu Ende des 19. Jahrhunderts die Hauptmerkmale des Löwen »in dem stark gebauten, kräftigen Körper mit der kurzen, glattanliegenden, einfarbigen Behaarung, in dem breiten kleinäugigen Gesicht, in dem Herrschermantel, der sich um seine Schultern schlägt, und in der Quaste, welche die Schwanzspitze ziert«. Brehm meinte, »ein einziger Blick auf den Leib des Löwen, auf den Ausdruck seines Gesichts genügt, um der uralten Auffassung aller Völker, die das königliche Tier kennenlernten, vom Grunde des Herzens beizustimmen: Der Löwe ist der König der vierfüßigen Räuber, der Herrscher im Reiche der Säugetiere.«
In unseren Breiten war diese Meinung nicht immer verbreitet – vermutlich, weil sich hier Löwen in der freien Wildbahn nicht haben blicken lassen. Bei uns galt zunächst der aus eigener Anschauung besser bekannte Bär als der Mächtigste im Tierreich. Und so ist es etwa dem heiligen Korbinian, dem 730 verstorbenen Bischof von Freising, nicht hoch genug anzuerkennen, daß er den gefährlichen Bären, der sein Maultier gefressen hatte, der Legende nach in einen zahmen Freund verwandelte, der nun anstelle des Lasttiers das Gepäck des Heiligen nach Rom schleppte. Der Bär ist dafür auch sein Attribut geworden. Übrigens ist Korbinian nicht der einzige Heilige oder Selige, der mit einem Bären durch die Kirchengeschichte zieht. Über fünfzehnmal treten Bären als Attribut auf, gegenüber gut zwanzig Löwen, wobei die Bären meist

für nördliche Heilige stehen, die Löwen naturgemäß mehr im alten Testament und im Süden beheimatet sind.
Trotz seiner Gefährlichkeit wurde der Bär gejagt, nicht nur wegen seines Fleisches, sondern vor allem zum Schutz des Nutzviehs. Einer der prominentesten Jäger war wohl Kaiser Ludwig der Bayer, den – so will es jedenfalls die Fama – auf der Bärenjagd nahe Kloster Fürstenfeld der Schlag getroffen hat und der daraufhin in den Armen eines Bauern verstarb. Und noch 1729 notierte Elias Ridinger über die Bärenjagd, daß sie eine der gefährlichsten wäre, da der Bär ein sehr starkes, wildes und – falls verwundet – gar grimmiges Tier sei. Als die Bären im 19. Jahrhundert dann bei uns endlich ausgestorben waren, weinte niemand Meister Petz auch nur eine Träne nach. Man fühlte sich von einem Plagegeist erlöst. Man hatte ihn zwar wegen seiner Stärke und Wildheit gefürchtet, ihn deshalb sogar in Wappen aufgenommen, teilweise auch im Zwinger gehalten, doch die Popularität des exotischen Löwen hat der Bär nie erreicht.
Die alten Ägypter, Griechen, Assyrer, Römer und viele andere Völker und Kulturen kannten Löwen (lateinisch »leo«, abgeleitet von griechisch »leon«), die über ganz Afrika verbreitet waren und deren Lebensraum bis ans Mittelmeer reichte, bevor auch sie durch die Bevölkerungszunahme mehr und mehr nach Süden verdrängt wurden. Der enorme Bedarf an Löwen für blutrünstige Schaukämpfe in den römischen Arenen tat ein übriges. Julius Caesar soll bis zu vierhundert Löwen gleichzeitig im Circus Maximus in den Tod geschickt haben; Pompejus übertrumpfte ihn angeblich mit sechshundert Löwen. Schließlich wurden sogar Einzeljagden in Nordafrika verboten, nur um den Nachschub an Löwen für die Arena zu sichern. Offensichtlich wurden die Löwen im römischen Reich langsam knapp.
Seit dem dritten vorchristlichen Jahrtausend sind Löwen in der Kunst bekannt. In der Bibel ist der Löwe über hundertmal erwähnt. Und das Sternbild des Löwen gehört zu den zwölf Tierkreiszeichen.
Eine ganze Reihe von Fabeln rankt sich um den Löwen, in

denen er meist gutmütig und vertrauenswürdig, leutselig, rücksichtsvoll und edel erscheint – ganz anders also, als er aufgrund seiner Kraft und Stärke, seiner ihm angedichteten Hoheit und Macht auftreten könnte. Gerade das macht den sinnbildlichen Löwen jedoch so sympathisch. Sein herrschaftliches Gebaren erscheint selten überheblich. Er ist sich zwar stets seiner überragenden Rolle im Tierreich bewußt, dem Menschen gegenüber versucht er sich jedoch mit Klugheit Respekt zu verschaffen.

In einer 1843 auf dem Berge Athos entdeckten Handschrift mit Fabeln des griechischen Dichters Babrios (um 180 n. Chr.) fand man das Wortgefecht zwischen einem Menschen und einem Löwen, die ein Stück Wegs gemeinsam gingen. Einer prahlte mehr als der andere. Als beide an dem steinernen Denkmal eines Mannes vorüberkamen, der einen Löwen würgte, sprach der Mensch zum Löwen: »Siehst du, wie wir euch überlegen sind?« Darauf lächelnd der Löwe: »Wenn wir Löwen uns auf die Bildhauerei verstünden, dann sähst du viele Männer, die der Löwe würgte!«

Von der Dankbarkeit eines Löwen erzählt eine andere Fabel, die in einer mittelalterlichen Abschrift in Frankreich überliefert wurde. In kurzen Worten lautet die Geschichte: Ein Löwe war in einen spitzen Dorn getreten und hatte nun furchtbare Schmerzen. Er traf auf einen Hirten, der sich naturgemäß vor der Raubkatze fürchtete, doch das Tier legte ihm ganz zahm die eitrige Pranke in den Schoß. Der Hirte entfernte den Dorn und versorgte die Wunde. Kurz darauf wurde der Löwe gefangen und für den Kampf in der Arena bestimmt. Der Hirte aber, in einem Gerichtsverfahren zum Tode verurteilt, sollte den wilden Tieren zum Fraß vorgeworfen werden. Als man den Hirten in die Arena führte und die Bestien herausgelassen wurden, erkannte der Löwe seinen einstigen Wohltäter. Er wandte sich mit furchterregendem Gebrüll gegen die Zuschauer und schützte den Hirten gegen die übrigen Raubkatzen. Als das Volk dies sah, wurden beide begnadigt. Der Löwe durfte in den Wald zurückkehren, der Hirte heim zu seinen Angehörigen. Ähnlich lautet

die Legende von Androklus, einem entlaufenen christlichen Sklaven, der aus dem gleichen Grund wie der Hirte vom Löwen im Kolosseum verschont wurde. Diese Geschichte inspirierte schließlich George Bernard Shaw zu seinem Schauspiel »Androcles and the lion«.
Aber es sollen hier nicht antike Löwenfabeln erzählt werden. Vielmehr soll im Folgenden der Versuch gemacht werden, den spezifisch bayerischen Spuren des Löwen zu folgen, ihn in seinem vielfältigen Vorkommen in den bayerischen Landen aufzuspüren, ohne sich in den mannigfaltigen Wiederholungen zu verlieren. So werden zum Beispiel die geflügelten Markuslöwen und die Begleiter des Kirchenvaters Hieronymus, die zuhauf unsere Kirchen bevölkern, ebenso wie die von Herkules bezwungenen Löwen oder die Begleiter des Kriegsgottes Mars weitgehend ausgespart, wie auch auf eine umfassende Auflistung von Löwendenkmälern, von Abbildungen auf Münzen und Medaillen oder Wirtshausschildern, den Darstellungen auf Schützenscheiben und Lüftlmalereien, als Zunftzeichen etwa der Bäcker und Brauer oder als Apothekenschilder verzichtet wurde.
Das vorliegende Buch versteht sich nicht als umfassende kultur- und kunsthistorische Löwenabhandlung, auch würde es viel zu weit führen, die weitgefächerte, unterschiedliche Löwensymbolik eingehend zu beleuchten. Nur einige der wichtigsten Facetten werden – im Zusammenhang mit einzelnen Löwengeschichten – kurz angerissen. Das Buch ist vielmehr als eine Art Kaleidoskop charakteristischer bayerischer »Löwenvorkommen« gedacht und nicht unbedingt nur dem Wappentier an sich gewidmet.
Wer durch Bayern geht oder fährt, sieht Löwen allerorts: besonders viele natürlich in den Residenzstädten und unter diesen ist wiederum München die »löwenträchtigste«. Hier wimmelt es geradezu von Löwen – und Löwengeschichten. Doch auch in anderen Regierungsbezirken sowie der einst bayerischen Pfalz mit der ebenfalls löwenreichen Residenzstadt Heidelberg läßt sich Interessantes und Amüsantes über den »König der Tiere« entdecken.

Der Löwe im Wappen

Löwe und Rauten – das verbindet jedermann mit dem bayerischen Wappen. Doch während die weiß-blauen Rauten ziemlich einmalig sind, muß Bayern den Leu mit einer ganzen Reihe von Ländern, Städten und Gemeinden im In- und Ausland teilen. Der Löwe zählt – neben dem Adler – zum beliebtesten Wappentier weltweit. Dennoch sind wenige Löwen so populär wie der bayerische, der omnipräsent auf Werbe-, Hosen- und Würdenträgern prangt, grimmig bis friedlich von Wirtshausschildern und Hausfassaden blickt und sich viele Verniedlichungen gefallen lassen mußte, bis hin zum Maskottchen »Leo« der Bayerischen Rundfunkwerbung oder den Plüschsouvenirs für Oktoberfestbesucher. Das Wappen beziehungsweise seine einzelnen Teile haben eine lange Geschichte: Wappen waren zur Zeit ihrer Entstehung im 12. Jahrhundert ursprünglich persönliche Abzeichen, die im Schlachtgetümmel den bei geschlossenem Helm unkenntlichen Ritter als Freund oder Feind zu identifizieren halfen. Bald wurden diese persönlichen Zeichen jedoch zu Kennzeichen von Familien, von Institutionen und schließlich von ganzen Territorien, wobei – dem monarchischen Prinzip entsprechend – das Wappen eines »Landes« eigentlich das Abzeichen der regierenden Dynastie war. So verband man Löwe und Rauten nicht nur mit der Familie der Wittelsbacher, sondern auch mit (Alt-)Bayern und der Pfalz.
Die Wappen waren zunächst auf dem Schild des Ritters angebracht, als dem wichtigsten, weithin sichtbaren Verteidigungsmittel. Das ist auch der Grund dafür, warum für eine Wappendarstellung stets eine Schildform gewählt wird, und die Tatsache, daß man Wappen heraldisch richtig immer aus dem Blickwinkel des Ritters, nicht des Betrachters beschreibt. Das heißt: der bayerische Löwe im Wappen (nicht als Wappenhalter, da kann er – weil meist symmetrisch angeordnet – jede Stellung einnehmen) ist zum Beispiel »rechts

steigend«, obwohl er für den Betrachter als nach links gewendet erscheint.
Der Löwe kommt in unzähligen Wappen vor, am häufigsten in der rechtssteigenden Variante. Als Symbol der Oberherrschaft nahm er unbestritten den Vorrang unter allen Säugetieren ein. Bereits in vorheraldischer Zeit wurden Löwen als Symbol weltlicher Macht und Herrschergewalt in Siegel gesetzt. Als heraldischer Löwe erscheint er erstmals im Jahr 1062 im Schild der Grafen von Flandern. In der Folge zählt der Löwe zu den beliebtesten Wappenfiguren des Uradels und bleibt es über Jahrhunderte hinweg. Tausende von offiziellen und privaten Löwenwappen ließen sich wohl finden: von Ländern, Städten und Gemeinden, von Familien, Zünften und Institutionen.
Woher kommen aber nun der bayerische Löwe und die anderen Einzelteile des bayerischen Wappens? Hier sei ein kleiner heraldischer Exkurs erlaubt, wobei uns der Löwe natürlich am meisten interessiert.
Bereits vor Otto I., der 1180 mit dem Herzogtum Bayern belehnt wurde, führten die Wittelsbacher ein Wappen. Es zeigte einen Adler. Das Symbol des Reiches wählten sie wohl in ihrer Eigenschaft als Pfalzgrafen in Bayern. Auf einem Reitersiegel des zweiten bayerischen Herzogs, Ludwigs I., des Kelheimers (1183–1231), ist ebenfalls weder Raute noch Löwe zu entdecken, sondern nur ein sogenannter Zickzackbalken. Auch sein Sohn Otto II. (1231–1253) führte noch dieses Abzeichen.
Doch durch Herzog Ludwig den Kelheimer kam das bekannteste Abzeichen der bayerischen Herzöge, das seit dem Spätmittelalter als Symbol des »Landes« Bayern verstanden wurde, in die Familie: die weiß-blauen Rauten. Die schräg angeordnete, rhombenförmige Teilung des Schildes wurde in der Heraldik früher als die »bayerischen Wecken« bezeichnet. Diese bis heute gebräuchlichen bayerischen Rauten stammen aus dem Erbe der niederbayerischen Grafen von Bogen. Herzog Ludwig I. hatte im Jahr 1204 Ludmilla von Böhmen, verwitwete von Bogen, geheiratet – ein klu-

ger Schachzug! Als nämlich anno 1242 deren Sohn, Graf Adalbert IV., kinderlos starb und damit die Familie der Bogener im Mannesstamm erlosch, übernahmen die Wittelsbacher nicht nur den größten Teil ihrer Besitzungen, sondern auch deren Familienwappen. Für das Jahr 1247 ist der erste Abdruck dieses Bildes auf einem Siegel des späteren Herzogs Ludwig II., des Strengen (1253–1294), überliefert. Und bereits in der zweiten Hälfte des 13. Jahrhunderts sind auch die Farben Weiß (Silber) und Blau nachgewiesen. Die Reihenfolge der Farben mit Weiß an erster Stelle ist übrigens dadurch definiert, daß die in der oberen, (heraldisch) rechten Ecke des Schildes stehende, angeschnittene Raute weiß ist. Die Zahl der Rauten war wohl schon früh auf einundzwanzig festgelegt; ein urkundlicher Beleg existiert jedoch erst aus dem Jahr 1462. 1806, als Bayern Königreich wurde, erinnerte man sich dieser spätmittelalterlichen Überlieferung. Da jedoch das neue Königreich durch die Übernahme von Schwaben, Franken und der geistlichen Territorien erheblich größer geworden war als seinerzeit das Herzogtum beziehungsweise das Kurfürstentum, verdoppelte man die Anzahl der Rauten auf zweiundvierzig. Seit der Wappenschöpfung König Ludwigs I. von 1835 steht der Rautenschild als Symbol für ganz Bayern als sogenannter Herzschild in der Mitte des Wappens, eine Anordnung, die auch das Staatswappen von 1950 übernommen hat.
Ebenfalls zu Zeiten Ludwigs des Kelheimers ist der Löwe ins Wappen der Wittelsbacher »gesprungen«. 1229 wurde eine Urkunde Herzog Ottos II. mit einem Reitersiegel beglaubigt, und auf diesem Reitersiegel trägt Otto einen Schild mit Löwendarstellung am Arm. Dieses Wappen hängt sicher damit zusammen, daß Otto II. zu Lebzeiten seines Vaters, Ludwigs des Kelheimers, die Pfalzgrafschaft bei Rhein übertragen bekommen hatte, deren Herrschaft er nach dem Tod seines Schwiegervaters, des welfischen Pfalzgrafen Heinrich, im Jahr 1227 selbständig übernahm.
Damit kommen wir zu einer in der Forschung längst nicht abschließend diskutierten Frage: Woher aber kommt der

Pfälzer Löwe? Folgen wir Wilhelm Volkert, der die heute herrschenden Meinungen im Katalog zur großen Wittelsbacher-Ausstellung von 1980 zusammengetragen hat. Auch Pfalzgraf Heinrich (1195–1227) hatte zunächst den Reichsadler aufs Panier gesetzt, später allerdings zwei übereinanderstehende Löwen. Dieses Wappen ist vermutlich aus der Heraldik des englischen Königshauses übernommen, denn Heinrichs Mutter Mathilde war die Frau Heinrichs des Löwen, und zugleich die Tochter Heinrichs II. von England. Der alleinstehende Löwe, der auf einer Fahne sowie auf einer pfalzgräflichen Münze aus dem letzten Jahrzehnt des 12. Jahrhunderts abgebildet ist, könnte jedoch auch darauf hinweisen, daß der welfische Pfalzgraf Heinrich mit dem Amt seines Vorgängers, des staufischen Pfalzgrafen Konrad, ebenfalls dessen Familienwappen, nämlich den staufischen Löwen, übernommen hat. Obendrein darf aber nicht vergessen werden, daß die Welfen früher selbst schon den Löwen im Wappen geführt haben.* Wilhelm Volkert kann also nur zu dem Schluß kommen, daß die bisher festgestellten Nachweise aus dem 12. und frühen 13. Jahrhundert keine eindeutige Entscheidung über die Herkunft des vom Wittelsbacher Otto II. angenommenen Löwenwappens zulassen. Sicher ist nur, daß er es mit dem Antritt des rheinischen Pfalzgrafenamtes übernommen hat.

Auffällig ist, daß seit den Anfängen des Wappenwesens eine große Anzahl von Hochadelsgeschlechtern einen Löwen im Wappen führte. Neben den Welfen und den Staufern waren dies vor allem Familien vom Mittel- und Niederrhein, etwa die Grafen von Brabant, Geldern, Limburg, Luxemburg, Flandern, Hennegau, Holland, Jülich, Berg und Nassau. Es ist nicht auszuschließen, daß sich hier eine große Dynastengruppe abzeichnete, die sich desselben heraldischen Grundmotivs bediente, um ein Unterscheidungsmerkmal gleich hoher Symbolkraft zu gewinnen, wie dies der König mit dem Anspruch auf das Wappensymbol des Adlers tat. In diesem

---

* Siehe dazu das Kapitel »Heinrich der Löwe und der Laster«.

Fall würde sich die Frage, ob der von den Wittelsbachern übernommene Löwe von den Staufern oder von den Welfen herzuleiten ist, erübrigen. Die Begründung für die Wahl des Löwen als Wappentier der Pfalzgrafen bei Rhein wäre dann allgemein darin zu suchen, daß sich die jeweiligen das Pfalzgrafenamt innehabenden Dynasten als jener Hochadelsgruppe zugehörig kennzeichnen wollten. Und dazu paßt auch die Tatsache, daß die Pfalzgrafen bei Rhein von Anfang an zu den zunächst sechs, später sieben »Königsmachern« im Reich, den Kurfürsten, zählten.

Gleichgültig, ob der Löwe nun von den Staufern, den Welfen oder sonst irgendwo herstammte – auf jeden Fall führten ihn die Wittelsbacher seit dem 13. Jahrhundert im Wappen und über das Familienwappen der Dynastie wurde der Löwe schließlich zum Symbol des Landes Bayern.

Der pfalz-bayerische Löwe ist ein sogenannter »steigender« Löwe. Das Tier steht nur mit den beiden Hinterfüßen am Boden, eine Haltung, die gerne für Wappen gewählt wurde, die der Löwe in der Natur aber eigentlich nicht einnimmt. Diese Haltung ist sicher durch die Form des zur Verfügung stehenden Schildfeldes zu erklären, in der die Abbildung eines stehenden Löwen kaum befriedigend gelingen kann. Zur Unterscheidung der Löwendarstellungen verschiedener Familien bediente man sich vor allem unterschiedlicher Farbgebung. Die Farben des pfalz-bayerischen Wappens – goldener Löwe im schwarzen Feld – sind seit dem 13. Jahrhundert belegt. Die rote Königskrone wurde hinzugefügt, nachdem der Wittelsbacher Ruprecht III. im Jahr 1400 als Ruprecht I. den deutschen Königsthron bestiegen hatte.

Der Löwe wurde bald als Symbol des Gesamthauses Wittelsbach betrachtet, dessen sich auch diejenigen Herzöge bedienten, die nichts mit der Pfalzgrafschaft bei Rhein zu tun hatten. Dies zeigt sich bereits bei Heinrich XIII., der – seit 1255 Herzog von Niederbayern – eigentlich den Panther im Wappen führte und gleichwohl einen Schild mit dem Löwen auf seinem Reitersiegel abbilden ließ. Als 1329 mit dem berühmten Hausvertrag von Pavia, der die Erbfolge der verschiedenen Wittelsbacher Linien bis in die Neuzeit regelte, neben die altbayerische die Pfälzer Linie der Wittelsbacher trat, war die weitere Verwendung des Löwenwappens für die Altbayern ebenso selbstverständlich wie die der Rauten für die Pfälzer. Kaiser Ludwig der Bayer sprach 1338 sogar davon, daß es sich bei dem Löwen um »arma nostri ducatus Bawariae«, also »das Wappen unseres Herzogtums Bayern«, handle. In Verbindung mit den Rauten bleibt der Löwe das meistgebrauchte Kennzeichen der Wittelsbacher aller bayerischen und pfälzischen Linien.

Seit dem 14. Jahrhundert war es üblich, Raute und Löwe auf einem Schild zu vereinen. Am weitesten verbreitet war die Form des viergeteilten Schildes mit je zwei Rauten- und zwei Löwenfeldern. Die ältesten Belege des kombinierten Wappens lassen sich um 1324 und 1330 in München und Mainz finden. Auf dem pfalzbayerischen Wappenstein, der einst zur Zierde der längst abgebrochenen Lorenzkirche im Alten Hof zu München gehörte (heute Bayerisches Nationalmuseum), sind die aufgemalten Löwen fast verschwunden. Deutlich sind sie jedoch, in Sandstein gemeißelt, auf dem Schild einer gut lebensgroßen Darstellung des Pfalzgrafen bei Rhein und Herzogs von Bayern. Das Relief gehört zum sogenannten Kurfürstenzyklus vom einstigen Kaufhaus »am Brand« in Mainz (heute Mittelrheinisches Landesmuseum). Das um 1375 in der Werkstatt Peter Parlers geschaffene Wappenrelief neben der Bildnisbüste von Anna von der Pfalz, der zweiten Gemahlin Kaiser Karls IV., im Prager Veitsdom zeigt ebenfalls die pfälzisch-wittelsbachische Wappenvariante, ebenso das Wappen auf der Tumba des Pfalzgrafen Ruprecht Pipan (kurz nach 1397) in St. Martin in Amberg. Auch auf den Gedenksteinen, die der Ingolstädter Herzog Ludwig VII. (1413–1447) in den Städten seines Herzogtums anbringen ließ, ist die Rauten-Löwen-Vierung wiedergegeben. Die Liste der Beispiele ließe sich beliebig fortsetzen.

Die Reihenfolge der Bilder im gevierten Wappen wechselte bei den Altbayern wie bei den Pfälzern ohne erkennbares System. Erst seit dem 17. Jahrhundert, in Bayern seit der

Herzogtum Bayern bis 1623 *Kurfürstentum Bayern 1623–1805*
Aquarelle von Paul Ernst Rattelmüller, 1969.

Übernahme der Kurwürde durch Herzog Maximilian I., bürgerte sich ein, daß die Altbayern an erster Stelle (heraldisch rechts oben) die Rauten, die Pfälzer an erster Stelle die Löwen in das Wappen der Vierung setzten.

Doch auch ausländische Löwen haben sich – dank Einheirat – in Bayern eingeschlichen: In der bereits erwähnten Lorenzkirche in München befand sich ein Schlußstein von 1324 mit den vier Löwen von Hennegau-Holland (heute Bayerisches Nationalmuseum) – ein Mitbringsel der Margarete von Hennegau-Holland, der zweiten Gemahlin Kaiser Ludwigs des Bayern. Nach dem Tod des Kaisers erbten die jüngeren Söhne Wilhelm und Albrecht die von der Mutter mitgebrachten Ländereien und das Vier-Löwen-Wappen, das schon Margarete in Verbindung mit dem pfalzgräflichen Löwenwappen geführt hatte. An die holländischen Beziehungen erinnerte noch Ende des 15. Jahrhunderts ein Glasfenster in der prächtigen, gotischen Schloßkapelle der Blutenburg bei München – neben dem pfalz-bayerischen Wappen, versteht sich! Die niederländischen Besitzungen der Wittelsbacher waren dagegen nach 1425 an die Herzöge von Burgund übergegangen. Durch die Ehe Kaiser Maximilians I.

Königreich Bayern 1806–1835   Königreich Bayern 1835–1918
Aquarelle von Paul Ernst Rattelmüller, 1969.

aus dem Hause Habsburg mit Maria von Burgund (1477) wurden sie wie die übrigen burgundischen Länder habsburgisch. Diesen Länderkomplex, der im 16. Jahrhundert an die spanische Linie der Habsburger gekommen war, besaß zwischen 1711 und 1714 dann wiederum der bayerische Kurfürst Max Emanuel als souveräner Herrscher, auch wenn er in den Wirren des Spanischen Erbfolgekrieges seine Herrschaft nur sehr bedingt ausüben konnte. Aus dieser Zeit existiert ein Wittelsbacher Wappen mit einem ganzen Löwenrudel: neben dem Kurbayernschild zeigten sieben Wappenbilder Löwendarstellungen der niederrheinischen Länder.

Ein anderer »fremder« Löwe, der in der pfalz-bayerischen Heraldik eine große Rolle spielte, kam im 15. Jahrhundert mit dem sogenannten Veldenzer Löwen in das Wittelsbacher Wappenwesen. Dabei handelt es sich um einen golden bekrönten, blauen Löwen auf silbernem Grund. Die Pfalzgrafen von Simmern-Zweibrücken beerbten die Grafen von Veldenz und ihre zahlreiche Nachkommenschaft führte das ursprünglich Veldenzer Wappen zusätzlich zu ihrem pfalzbayerischen Abzeichen, vor allem im Fürstentum Pfalz-Neuburg. Der letzte aus der Linie Simmern-Zweibrücken, der den Veldenzer Löwen in seinem Wappen führte, war Kurfürst Max IV. Joseph, der spätere erste König von Bayern. Als sein Sohn, König Ludwig I., 1835 daran ging, das königliche Wappen neu zu gestalten, nahm er diesen Löwen wieder mit auf. Bis zum Ende der Monarchie blieb so auch der ursprünglich Veldenzer Löwe zusätzlich im bayerischen Wappen erhalten. Die Löwen von Jülich und Berg, ein golden gekrönter schwarzer Löwe auf goldenem Grund und ein roter Löwe auf silbernem, waren unter Max IV. Joseph ebenfalls noch mit den anderen Löwen vereint. Pfalzgraf Philipp Ludwig von Neuburg hatte sie 1614 erheiratet. Kurfürst Karl Albrecht, der als Karl VII. deutscher Kaiser (1742–1745) wurde, brachte in seinem Wappen auch noch den böhmischen Löwen (silberner Löwe mit Doppelschweif auf rotem Grund) unter, ebenso wie mehr als ein Jahrhundert zuvor Kurfürst Friedrich V. von der Pfalz (1610–1623) – besser bekannt unter seinem Spottnamen »der Winterkönig« – nachdem er von den böhmischen Ständen zum böhmischen König gewählt worden war.

Hier ist keine große Abhandlung über das bayerische Wappen mit all seinen Bildern vorgesehen, weshalb der Panther, der Reichsadler unter den beiden bayerischen Wittelsbachern, die deutsche Könige und Kaiser wurden, und anderes Getier sowie diverse andere Symbole, etwa der Reichsapfel oder der österreichische Bindenschild, der Balken der Landgrafschaft Leuchtenberg und vieles anderes mehr im Wappen außer acht gelassen werden. Hier geht es um Löwen. Und da ist die Heraldik bereits verwirrend genug. Abschließend sei nur noch ein kurzer Blick auf die Entwicklung des bayerischen Wappens im 19. und 20. Jahrhundert geworfen.

1799 hatte der Pfälzer Max Joseph – dank der Regelung im bereits erwähnten Vertrag von Pavia – auch das kurbayerische Erbe angetreten. Im Wappen vereinte er seine diversen Erbschaften. Doch sollte sich sein Besitzstand bald wieder ändern: Sowohl die Gebietsveränderungen infolge des Friedens von Lunéville (1801) als auch nach dem Reichsdeputationshauptschluß (1803) fanden im Wappen ihren Niederschlag. Auf Anregung der bayerischen Verwaltung in den neu erworbenen fränkischen Gebieten stellte der Staatsarchivar von Pallhausen ein Wappen zusammen, das von Kurfürst Max IV. Joseph 1804 genehmigt wurde. In seiner ziemlich wahllosen Kombination von heraldischen Bildern der von jetzt an bayerischen Territorien ist ein echtes Produkt der »Kanzleiheraldik« jener Zeit entstanden, eine ganze Menagerie, in der sich neben Löwen, Adler und Panther sogar ein Elefant (für die Grafschaft Helfenstein) tummelt. Für das Herzogtum Franken wurde der sogenannte »fränkische Rechen« (einst das Abzeichen des Bischofs von Würzburg) gewählt, ein Symbol, das sich im bayerischen Wappen bis heute erhalten hat. Beim ersten Königswappen von 1806 beschränkte man sich dann jedoch nur auf das Wesentlichste: die Rauten, den Löwen und den Reichsapfel, als einstiges Kennzeichen der Kurfürsten. Dies schien dem frisch ernannten König Max I. wohl immer noch zu umständlich und er »entrümpelte« das Wappen schließlich gänzlich: Das zweite Königswappen, das durch eine königliche Verordnung vom 20. Dezember 1806 eingeführt wurde, stellte die verschiedenen, nun zum Königreich zusammengeschlossenen Gebiete und Herrschaften lediglich durch zweiundvierzig Rauten dar. Im Mittelschild erscheinen die Symbole der Souveränität und Unabhängigkeit des Königreichs: Zepter, Schwert und Krone. Die Löwen fristeten nur noch als Schildhalter ihr Dasein.

Dem geschichtsbewußten König Ludwig I. konnte das so sichtlich den Geist rationalistischer Gleichmacherei widerspiegelnde Staatssymbol natürlich nicht zusagen, zumal es nach wie vor zugleich das Familienwappen des königlichen Hauses war. 1834 gab er seinem Minister des königlichen Hauses und des Äußeren, August Freiherr von Gise, den Auftrag, ein neues Wappen auf der Grundlage historischer heraldischer Symbole der im Königreich Bayern aufgegangenen Territorien entwerfen zu lassen. Verschiedene Entwürfe entstanden. Genommen wurde schließlich jener, der den Ideen des Königs am nächsten kam. Das neue, nach der

Wappen des Königreichs Bayern von 1835 bis 1918 als letzter Rest der Herzog-Max-Burg in München.

königlichen Verordnung vom 18. Oktober 1835 eingeführte Wappen zeigte neben dem Mittelschild mit den bayerischen Rauten vier Felder, mit dem pfalz-bayerischen Löwen, dem fränkischen Rechen, dem Abzeichen der in Schwaben gelegenen Markgrafschaft Burgau für den schwäbischen Teil Bayerns und schließlich dem Veldenzer Löwen als besonderen Hinweis auf die Abstammung des regierenden Herrscherhauses aus der Familie der Pfalzgrafen von Zweibrücken-Veldenz. Dieses Wappen repräsentierte Bayern bis zum Ende der Monarchie 1918. Eine besonders schöne Fassung in Marmor ist bis heute an den kläglichen Resten der Herzog-Max-Burg in München erhalten. Ähnliche Wappen lassen sich aber auch landauf und landab an vielen öffentlichen Gebäuden entdecken, etwa den zahlreichen königlich bayerischen Amtsgerichten oder Rentämtern.

Schon bald nach der Revolution von 1918 erhielt der bedeu-

Wappen des Freistaats Bayern von 1923 bis 1936 an der Fassade der Oberfinanzdirektion am Alten Botanischen Garten in München.

tendste in Bayern wirkende Heraldiker, Professor Otto Hupp in Schleißheim (1859–1949), den Auftrag zum Entwurf eines neuen Wappens für Bayern. In Anlehnung an das königliche Wappen von 1835 stellte Hupp Sinnbilder für die bayerischen Landesteile in einem Wappenschild zusammen, der nun – nach dem Verlust der (Rhein-)Pfalz – nur mehr vier Felder enthielt. Die bayerischen Rauten nahmen als gesamtbayerisches Symbol die erste Stelle ein. Darauf folgte der Löwe, jetzt allerdings – wie die Schildhalter – der Krone beraubt, aber immer noch mit roter »Wehr«, das heißt mit roten Krallen und roter Zunge. Das dritte Feld war Schwaben vorbehalten, das vierte dem fränkischen Rechen. Im Gegensatz zum Wappen Ludwigs I. wählte Hupp als Symbol für Schwaben die drei schwarzen, schreitenden Löwen, einst Sinnbild der schwäbischen Herzöge aus der Familie der Staufer. Dieses Drei-Löwen-Wappen ist bei den Staufern seit dem späten 12. Jahrhundert nachgewiesen; nach dem Aussterben der Staufer wurde es vielfach in Schwaben verwendet, auf Wappen und Fahnen des Schwäbischen Reichskreises und im Staatswappen des Königreichs Württemberg. Hupp übernahm die drei Löwen allerdings nur in halber Darstellung, womit er andeuten wollte, daß lediglich ein Teil Schwabens zu Bayern gehört. Dieses inhaltlich wie formal vorzüglich gelungene Wappen nahm der Landtag 1923 als Wappen des Freistaats Bayern an.

Neben diesem großen Staatswappen gab es ein kleines, das nur den bayerischen Rautenschild zeigte. Dieses war vor allem für Dienstsiegel und Amtsschilder der unteren Behörden und jener Gemeinden, die kein eigenes Wappen führten, bestimmt.

Mit der Gleichschaltung der Länder und dem dadurch bedingten Übergang ihrer Hoheitsrechte auf das Reich entzog der nationalsozialistische Einheitsstaat den Ländern die rechtliche Grundlage zur Führung von Symbolen der Eigenstaatlichkeit. 1936 erging die Anweisung, daß Behörden nur noch das Symbol des Reiches, den Adler mit dem Hakenkreuz im Eichenkranz, in den Dienstsiegeln verwenden sollten.

Die Wiederbegründung der Eigenstaatlichkeit Bayerns 1945 erlaubte erneut ein eigenes Wappen. Bereits in der konstituierenden Sitzung der Staatsregierung am 22. Oktober 1945 ließ Ministerpräsident Wilhelm Hoegner in Artikel 3 des Gesetzes über die vorläufige Staatsgewalt aufnehmen: »1. Die bayerischen Landesfarben sind weiß und blau. 2. Das bayerische Staatswappen besteht aus einem von Silber und Blau gewecktem Schild mit einem goldenen Löwen im roten Feld und einem blauen Löwen im silbernen Feld.«
Noch im Herbst 1945 beauftragte die Staatsregierung den Münchner Graphiker Eduard Ege (1893–1978) mit dem Entwurf eines neuen bayerischen Staatswappens, das dann doch ein anderes Aussehen hatte, als am 22. Oktober vorgeschlagen. Ege – von dem neben dem DB-Signet für die Deutsche Bundesbahn und dem Entwurf für das neue Münchner Stadtwappen auch einige Briefmarkenentwürfe stammen – orientierte sich erneut an dem königlichen Wappen Ludwigs I., indem er die bayerischen Rauten als Symbol für ganz Bayern wieder in einen Herzschild setzte. Das erste Feld gehörte nun erneut dem pfalz-bayerischen Löwen als Sinnbild für Oberbayern und die Oberpfalz, das zweite dem fränkischen Rechen. Für die beiden unteren Felder griff Ege auf die mittelalterliche Heraldik zurück: Für Niederbayern wählte er den blauen Panther auf Silber, der dort bereits seit der Mitte des 13. Jahrhunderts geführt wurde, für Schwaben – in Anlehnung an Hupp – die drei Staufer-Löwen, allerdings in ganzer Schönheit.
Bereits am 30. Oktober 1945 legte er die erste Reinzeichnung dem Ministerrat vor; Mitte November wurde das neue Wappen in der »Süddeutschen Zeitung« einem breiteren Publikum vorgestellt. Dann allerdings setzte eine Diskussion ein, in der verschiedentlich vorgeschlagen wurde, das einfachere Wappen von 1923 wieder in Kraft zu setzen. Letzten Endes beschloß der bayerische Landtag am 16. Mai 1950 die Einführung des großen Staatswappens nach Eges Entwurf. Als kleines Staatswappen wurde der einfache Rautenschild beibehalten.

Modernes Wappen des Freistaats Bayern seit 1950 an der Fassade der Oberfinanzdirektion am Alten Botanischen Garten in München.

Eine im Zusammenhang mit dem bayerischen Löwen häufig gestellte Frage wurde bis jetzt noch nicht angeschnitten. Sie soll hier nicht verschwiegen werden, gleichwohl auch an dieser Stelle keine endgültige Lösung geboten werden kann. Es geht um die »Schweiffrage«: Warum trägt der bayerische Löwe den Schwanz zweigeteilt?
Viel wurde in den geteilten Schweif hineingedeutet: Soll er die Pfalz und Bayern symbolisieren? Oder andere Teilungen? Vermutlich sind all diese Überlegungen viel zu hoch angesetzt. Wahrscheinlich ist der Grund im Stilistischen zu suchen. Dafür spricht schon, daß verschiedene Schwanzformen nebeneinander vorkommen, zum Teil sogar auf ein und demselben Wappenschild. Durch die Jahrhunderte hat sich

die Schweifform viele Veränderungen gefallen lassen müssen. Und solange keine plausible Erklärung über seine Entstehung gefunden werden kann, sollte man dieser Form keine tiefere Bedeutung zumessen und die Frage eher in den Bereich der Kunstgeschichte verbannen. Seit der Hochgotik kommen Löwen mit wild gestalteten, zum Teil sogar geknoteten und geteilten Schwänzen vor. So hat etwa der Löwe der belgischen Provinz Limburg ein ähnliches Aussehen wie der bayerische, wenngleich in anderer Farbe. Auch in den Wappen von Erlangen, Leverkusen und Remscheid verschlingen die Löwen kunstvoll ihren doppelten Schweif. Es ist also der zweigeteilte Schweif – wie der Löwe selbst – keine bayerische Eigenart, auch wenn die Schwanzform hierzulande sogar juristische Auseinandersetzungen nach sich zog. Doch dazu kommen wir später: in der Sache Löwenbräu contra TSV 1860 München.

Die Nachkommen des bayerischen Wappentiers

Der Löwe des einstigen Wittelsbacher Familienwappens machte Karriere. Städte und Gemeinden nahmen ihn in ihr Wappen auf, etwa Heidelberg, wo er fast »reinrassig« erhalten blieb (auch als Siegel der Universität), oder Mühldorf am Inn, wo sich der bayerische Löwe den Schild mit dem Salzburger Löwen teilen muß – als Hinweis darauf, daß Mühldorf einst zum heute österreichischen Bistum Salzburg gehört hat. Die Reihe der Stadt- und Gemeindewappen mit dem Löwen darauf ließe sich nahezu unbegrenzt fortführen. Die königlich bayerischen Hoflieferanten hängten das Wappen mit den Löwen stolz neben die Eingangstür und druckten es aufs Briefpapier. Wirtshausschilder und Schießscheiben wurden damit bemalt. Der Löwe zierte die Titelseiten ungezählter Publikationen. Und Karl Theodor schuf anläßlich seines fünfundzwanzigjährigen Regierungsjubiläums in der Pfalz anno 1768 sogar einen eigenen kurpfälzischen Löwenorden: ein goldenes Ordenskreuz, auf dem ein goldener Löwe und die Umschrift »Merenti« auf blau emailliertem Feld steht. Auch an der Ordenskette wechseln sich Glieder mit dem Löwen und mit ligierten Initialen »CT« für »Carl Theodor« ab.
Tausendfach abgewandelt findet sich der bayerische Löwe zu offiziellen und Reklamezwecken, immer wieder dem Zeitgeschmack neu angepaßt. Mitte des 19. Jahrhunderts mußte er – wie einstmals Jupiter – sogar ein Bündel Blitze in den Pfoten halten, als Zeichen für den Königlich Bayerischen Staats-Telegraphen.
Die Wappenlöwen erscheinen auf offiziellen Briefpapieren, auf Fahnen und Abzeichen, auf Siegeln und an öffentlichen Gebäuden. Die Löwenwappen und Darstellungen an der Münchner Residenz sind Legion: von den Türwächtern über

Der bayerische Löwe mit dem Kurhut an der Seite seines preußischen Beschützers König Friedrich II. Im Bayerischen Erbfolgekrieg 1778/79 verhinderte nicht zuletzt der Preußenkönig die Tauschpläne Kaiser Josephs II. und des bayerischen Kurfürsten Karl Theodors zugunsten Österreichs. Das um 1780/90 entstandene Gemälde, das sich in Schloß Jetzendorf befindet, ist ein eindrucksvolles Dokument der bayerischen »Friedrich-Verehrung« jener Zeit.

Links: Exlibris der Bayerischen Staatsbibliothek von 1779. Entwurf von Christian Wink. Stich von Johann Michael Söckler.
Rechts: Mit Stolz druckten die Hoflieferanten das königliche Wappen auf das Briefpapier, auf Visitenkarten sowie Verpackungen und brachten es neben ihren Geschäftseingängen an, wie das Feinkostgeschäft Alois Dallmayr in der Münchner Dienerstraße.

Gemälde und Möbeldekoration bis hin zu den heiter beschwingten Rokoko-Wappenhaltern über dem Proszenium in François de Cuvilliés Prachttheater, wo die Raubkatzen allerdings zu drolligen Spielgefährten der Posaunenengel degradiert wurden.

Die CSU wählte Löwe und Raute zu ihrem Signet; die Bayerische Einigung e.V. den Löwen allein. Der bayerische Löwe war das Zeichen des Nationaltheaters in München und der Bayerischen Vereinsbank.

Bis heute wird der bayerische Löwe modernisiert: 1997 etwa reduzierte ihn der Bezirk Oberbayern auf ein Minimum. Der Bezirk hat sein altes Symbol (den pfalz-bayerischen Löwen

Auf dem Formular für königlich bayerische Staats-Depeschen hält der bayerische Löwe wie einstens Jupiter die Blitze der Elektrizität in der Pfote. Telegraphische Depesche, 1854.

Dem Heidelberger Wappen entnommen ist der Löwe der Portland-Cementwerke in Heidelberg und Mannheim, dem Vorläufer von Heidelberger Zement, das noch immer den Löwen im (inzwischen achteckigen)Wappen führt. Briefkopf, Ende 19. Jahrhundert.

unter einer Rautenleiste) einfach über Bord geworfen und von einem Werbegraphiker ein neues Logo – wie man heute sagt – entwerfen lassen: Dieses zeigt zwischen den beiden modisch-kleingeschriebenen Worten »bezirk« und »oberbayern« eine einzige graue Raute, in der ein silberner, rotgezungter Löwenkopf integriert ist.

Viele Abwandlungen hat sich das bayerische Wappentier gefallen lassen müssen. Der Löwe wurde zum Markenzeichen, zum Firmensignet. So prangt der pfalz-bayerische Löwe etwa an zahllosen Baustellensilos, Zementsäcken und Tankfahrzeugen der Firma Heidelberger Zement: als Heidelberger Städtewappen im Achteck, das die acht Standorte der Firma symbolisieren soll. Am 10. Mai 1951 wurde das Markenzeichen amtlich eingetragen. Als Firmenzeichen an sich ist der Heidelberger-Zement-Löwe jedoch schon mindestens fünfzig Jahre älter. Porzellanmanufakturen kürten den Löwen zur Bodenmarke, ebenso die Emailfabrik Baumann im oberpfälzischen Amberg, deren Löwe einen Wappenschild mit einem großen »B« trägt. Ein ähnliches Motiv wählte der »Bayerland«-Verlag für sein Markenzeichen. Die Reihe der Beispiele ließe sich auch hier nahezu beliebig fortsetzen.

Ein bayerischer »König der Tiere« ist auch am zwischen 1900 und 1905 erbauten Münchner Armeemuseum (heute Staatskanzlei) als Portalkrönung zwischen »Krieg« und »Frieden« zu bewundern. Dieser herrliche Wappenleu, der majestätisch über den Hofgarten wacht, während hinter ihm die Sonne am weiß-blauen Rautenhimmel aufgeht, ist ein Glasmosaik aus der Mayer'schen Hofkunstanstalt nach dem Entwurf eines gebürtigen Amerikaners, des Malers und späteren Akademiedirektors Carl von Marr (1858–1936). Und deswegen fand dieser bayerische Löwe sogar eine neue Heimat auf den Briefbögen der »drom Company USA«. Carl von Marr war

Der Entwurf zum Löwen-Mosaik am einstigen Armeemuseum (heute Bayerische Staatskanzlei) in München stammt von dem Amerikaner Carl von Marr.

Zahllos sind die Erscheinungen des bayerischen Wappens: hier über dem Eingang zur Schwemme des Münchner Hofbräuhauses, Arbeit des Kunstschmieds Manfred Bergmeister (Ebersberg) aus den 1960er Jahren, die im Zuge des Umbaus verschwinden soll, ...

der Großvater des heutigen Firmeninhabers, einer Firma für Parfümöle, deren Hauptsitz in Baierbrunn im Isartal liegt. Dort ziert auch eine Kopie des bayerischen Löwen vom Armeemuseum in Naturstein die Eingangshalle.

Und in der Bayerischen Staatsbibliothek in München tragen heute sechzehn kleine Bronzelöwen – nicht ganz so majestätisch – sogar das Stiegengeländer der Haupttreppe. Dies ist eine beim Wiederaufbau nach dem Zweiten Weltkrieg durch die Architekten Hans Döllgast, Sepp Ruf und Helmut Kirsten eingeführte Neuerung, vermutlich nach einem Entwurf von Hans Döllgast (1891–1974).

Wer mit offenen Augen durch Bayern geht, kann das bayerische Wappentier also allerorts entdecken.

... oder auf einem Bierfilzl des Brauhauses Tegernsee.

Heinrich der Löwe
und der Laster

»Der Löwe kommt mit einiger Sicherheit zunächst von den Welfen«, mutmaßte der ehemalige Bezirksheimatpfleger Paul Ernst Rattelmüller in der Frage nach der Herkunft des bayerischen Wappentiers, und weiter meinte er, daß die Welfen diesen Löwen vermutlich 1195 von den Hohenstaufen übernommen hätten. Doch so einfach war es – wie bereits beschrieben – eben nicht. Schon lange vor der Annahme der Pfalzgrafenwürde hatte der damalige bayerische Herzog Heinrich der Löwe (1156–1180) aus dem Geschlecht der Welfen sein Sinnbild auf Münzen und Siegelstempel prägen oder als Denkmal errichten lassen. Und wohl kurz vor 1200 ist auch ein herrlicher Wappenstein mit dem Welfenlöwen für Kloster Steingaden – eine welfische Gründung – geschaffen worden. Man war welfischerseits nicht auf die Hohenstaufen angewiesen! Seit Generationen führte das Geschlecht den Leitnamen »Welf«, einen Namen, der seit Jahrhunderten die Gemüter der Historiker bewegte. Welf (Welpe) kann nämlich sowohl junger Löwe als auch junger Wolf oder Hund bedeuten. Bereits in der Welfengeschichte, die gelehrte Mönche im welfischen Hauskloster Weingarten im 12. Jahrhundert verfaßt haben, bemühte man sich um eine angemessene Worterklärung. Man einigte sich auf das lateinische »catulus«, was allerdings wieder nur soviel wie »Welpe« heißt, nicht aber die Tierart näher beschreibt.

Georg Septimus Andreas von Praun war da 1779 schon deutlicher: »Die Gestalt des Braunschweigischen Löwen, so kein anderer als der Welfische Löw ist, da er nicht reißend mit vorgeworfnen Pranken, sondern schreitend ist, bringet von selbst mit sich, daß er für einen jungen Löwen angesehen werden müsse, welcher den Namen des Geschlechts anzeigen soll.« Die Mehrheit der Historiker schließt sich der

Welf-Löwen-Deutung an, und wohl am plausibelsten faßt es Bernd Schneidmüller in seiner im Jahr 2000 erschienenen Welfengeschichte zusammen, wenn er schreibt: »Der Welfenname paßte sich an den Löwennamen wie an das Löwenbild im aufkommenden Wappengebrauch an.«
Ganz kurz soll hier die Geschichte der Welfen in Bayern angedeutet werden: Bereits 1070 war Welf IV. (bis 1101) als Herzog von Bayern eingesetzt worden. König Heinrich IV. hatte gegen Herzog Otto von Nordheim, den Schwiegervater Welfs IV., der neun Jahre lang die Geschicke Bayerns mehr schlecht als recht geleitet hatte, Anklage wegen Hochverrats erhoben. Welf IV. verstieß seine Gattin, um seine Chance für die Herzogswahl zu wahren. Bis 1180 waren die Welfen nun bayerische Herzöge – wenngleich mit Unterbrechungen. Das Geschlecht, das ursprünglich im nördlichen Bodenseegebiet am reichsten begütert und wohl auch beheimatet war, verfügte über Besitzungen bis hinunter nach Oberitalien. Eigentlich war das Geschlecht der (älteren) Welfen bereits im Mannesstamm erloschen, doch mit Welf IV., dem Sohn Kunizzas, der letzten eigentlichen Welfin, und des Markgrafen Azzo II. von Este, wurde eine neue, die jüngere Linie der Welfen begründet. Das Verhältnis zwischen den Welfen und dem Kaiser war in der Folge nicht immer ganz ungetrübt, doch kam es stets wieder zur Aussöhnung. Erst als 1125 mit Kaiser Heinrich V. die Salier ausstarben, stimmte der Welfenherzog Heinrich IX., der Schwarze, der zunächst für seinen Schwiegersohn, Friedrich von Schwaben aus dem Geschlecht der Hohenstaufer, die Nachfolge erstrebt hatte, schließlich für den Sachsenherzog Lothar von Supplinburg, vermutlich weil er noch ehrgeizigere Pläne verfolgte: Kaiser Lothar vermählte seine Tochter und einzige Erbin Gertrud mit Heinrich X., dem Stolzen, dem Sohn Heinrichs des Schwarzen, was diesem neben Bayern auch das Herzogtum Sachsen einbrachte. Aus der Entscheidung Heinrichs des Schwarzen erwuchs der für die Reichspolitik verhängnisvolle Gegensatz zwischen Welfen und Staufern, der eskalierte, als nach dem Tod Lothars der Staufer Konrad III. König wurde.

Wappenstein für Kloster Steingaden mit dem Welfenlöwen.

Der welfische Löwe. Steinplastik Ende des 12. Jahrhunderts an einem alten Handelshaus in Schongau (Ecke Löwenstraße/Marienplatz).

Um sich gegen den übermächtigen Welfen Heinrich den Stolzen, der seinem Vater 1126 gefolgt war, durchzusetzen, sprach Konrad III. diesem 1138 Sachsen und Bayern ab. 1139 verlieh er Bayern den Babenbergern. Erst als der neue Kaiser, Friedrich I. Barbarossa, dessen Mutter Judith übrigens eine gebürtige Welfin war, den Frieden im Reich zu sichern versuchte, belehnte er den Welfen Heinrich XII., den Löwen, den Sohn Heinrichs des Stolzen, erneut mit Sachsen und Bayern, trennte aber gleichzeitig große Teile im Osten ab, die der Babenberger behielt. Dadurch wurde Bayern als großer ostalpiner Herrschaftsbereich zerschlagen und seine Weiterentwicklung nach Osten abgeschnitten.

Doch in Bayern regierte Heinrich der Löwe, »ein hochbegabter, fortschrittlicher Fürst«, wie Hans Rall ihn bezeichnet, der als Städtegründer und in seinem Herzogtum Sachsen auch als Kolonisator und Schöpfer einer neuen Verwaltung wirkte. Bayern verdankt ihm unter anderem die Gründung der Stadt München – die deshalb auch die »leonische Stadt« genannt wurde – durch die hinlänglich bekannte Zerstörung

der freisingischen Isarbrücke bei Föhring. Doch nicht diese Tat brachte ihn beim Kaiser in Mißkredit (obwohl dieser ein Vetter des geschädigten Freisinger Bischofs war), sondern die Tatsache, daß er sich nach zwanzig Jahren treuer Gefolgschaft weigerte, die kaiserliche Reichspolitik in Italien zu unterstützen. Seine gelegentlichen Gewalttätigkeiten als Kolonisator im Osten des Reiches waren dem Kaiser der willkommene Anlaß und so setzte er ihn 1180 aufgrund eines land- und lehenrechtlichen Verfahrens ab. In Bayern scheint sich keine Hand für ihn erhoben zu haben. Otto von Wittelsbach wurde neuer Herzog von Bayern.
Noch zu Leb- und Regierungszeiten, wohl um das Jahr 1166, hatte Heinrich der Löwe das berühmte Löwendenkmal, den sogenannten »Burglöwen«, vor der von ihm ausgebauten Pfalz Dankwarderode* in Braunschweig errichten lassen. Der romanische Löwe gilt als das älteste erhaltene, frei aufgestellte, vollplastische Standbild des Mittelalters nördlich der Alpen – und heute als Wahrzeichen der Stadt Braunschweig. Es wird angenommen, daß Herzog Heinrich bei seinen Kriegszügen in Italien ähnliche Löwenmonumente gesehen hatte (die heute allerdings verloren sind, von deren Existenz man jedoch aus schriftlichen Quellen Kenntnis hat). Der Künstler ist unbekannt. Die sorgfältig ziselierten Details lassen vermuten, daß es sich um einen talentierten Goldschmied gehandelt hat. Möglicherweise war dieser ebenfalls für den Guß verantwortlich. Vielleicht wurde aber auch ein mit großformatigen Bronzen erfahrener Glockengießer hinzugezogen. Ganz genau kennt man den Sinngehalt nicht, doch war der Burglöwe eindeutig ein Wahrzeichen der herzoglichen Herrschaft. Da er zudem den Löwennamen Heinrichs verbildlichte, kann man ihn ebenso als personales Monument betrachten.
Die Bronze, die von hervorragender künstlerischer Qualität ist, zeigt die charakteristische Silhouette eines männlichen

---

* Heute präsentiert sich die Burg mitten in der Stadt allerdings als teilweise freie Rekonstruktion aus der Zeit von 1887 bis 1906.

*Den »Burglöwen« hatte Heinrich der Löwe wohl um 1166 für Braunschweig in Bronze gießen lassen.
Postkarte, Beginn des 20. Jahrhunderts.*

Löwen mit seiner imposanten Mähne, und nicht – wie von Praun meinte – einen Löwenwelpen. Es ist anzunehmen, daß der Künstler naturnahe Löwendarstellungen kannte, etwa Vorlagen aus der Spätantike oder Byzanz. Die bekannten Aquamanilae, also Wasserkannen, die im Mittelalter auf keinem besseren Tisch fehlen durften, um während des Essens oder zu rituellen Handlungen die Hände waschen zu können, sind zwar häufig auch in Löwenform gebildet, doch ähneln diese meist eher einem Hund als dem König der Tiere. Durch die Jahrhunderte trotzte der rund 1,80 Meter hohe und 2,80 Meter lange Bronzelöwe auf seinem hohen Steinsockel mitten in Braunschweig Wind und Wetter, als Wahrzeichen der Stadt, als politisches Symbol und als Touristenattraktion. Immer wieder beschrieben und vielfach abgebildet, war er sicher einer der populärsten Löwenfiguren in Deutschland – bis heute. Und immer wieder gerne wurde er auch nachgebildet, etwa in den »Löwenstädten« – so ein Werbeslogan der Fremdenverkehrsverbände anläßlich des achthundertsten Todestages Heinrichs des Löwen am 6. August 1995: bereits zu Beginn des 20. Jahrhunderts für Schloß »Wiligrad«, der 1896 bis 1898 erbauten Sommerresidenz des Herzogs von Mecklenburg bei Schwerin, für die Grünanlage vor dem Lübecker Dom (1975) oder das Welfische Hauskloster Weingarten. Der Burglöwe ziert Medaillen, Urkunden und Plakate, Schulbücher und Süßigkeiten. Die Firma Hutschenreuther im bayerischen Selb produzierte 1980 den Löwen knapp 16 Zentimeter hoch in Porzellan, die deutsche Bundespost gab am 15. Februar 1990 eine Fünfpfennigmarke mit dem Kopf des Löwen heraus. Am weitesten verbreitet ist er jedoch auf Bussen und Lkws der Firma MAN, auch wenn kaum jemand weiß, daß es sich dabei um den alten Burglöwen handelt.

Im Juni 1913 verwendete der Braunschweiger Kraftfahrzeughersteller Büssing erstmals den Burglöwen zu Werbezwecken auf Briefköpfen. Das romanische Standbild konnte zum einen als Wahrzeichen für den Firmensitz Braunschweig stehen, zum anderen für Kraft und Zuverlässigkeit, eine Assoziation, die im Zusammenhang mit den Nutzfahrzeugen der Firma höchst erwünscht gewesen sein dürfte. Am 18. Juli 1914, also kurz vor Ausbruch des Ersten Weltkriegs, meldete die Firma den Löwen als Warenzeichen in England an. Nach der Umwandlung der Firma in die »Automobilwerke H. Büssing AG« zu Beginn des Jahres 1923 erhielt das Firmenzeichen »Burglöwe« Rechtsschutz im Sinne des Reichsmarkenschutz-Gesetzes (Eintragung 10. Juli 1923). Über Jahrzehnte wurde das Markenzeichen mit dem stilisierten Löwen durch Detailänderungen dem jeweiligen Zeitgeschmack angeglichen. Das Firmenzeichen erwies sich schließlich langlebiger als die Firma Büssing selbst. Schon Ende 1971, also noch vor dem Abschluß der kompletten Übernahme der Büssing-Aktien im Juni 1972, übernahm die Maschinenfabrik Augsburg-Nürnberg (MAN) das Firmenzeichen für ihre Nutzfahrzeug-Produktion. In der MAN-

Designabteilung wurde der Löwe weiterentwickelt. Das deutsche Patentamt bestätigte der MAN die Anmeldung des Löwen als Warenzeichen am 17. Dezember 1971; die Eintragung erfolgte am 3. März 1972. 1985 verlegte die MAN AG ihren Hauptsitz nach München und so kam der Löwe des gleichnamigen Heinrich auch in seine bayerische Gründung. Auf den Bussen und Lkws von Büssing und MAN ist der Burglöwe nun seit neunzig Jahren unterwegs auf den Straßen der Welt. Doch die Herkunft des Logos vom Herrschaftszeichen Heinrichs des Löwen ist fast vergessen.

Ach ja: Es ist nicht nur bemerkenswert, daß das Hoheitszeichen Heinrichs des Löwen als Firmenzeichen nach München zurückgekehrt ist. Denn andererseits steht heute auf dem Burgplatz in Braunschweig ein bayerischer Löwe. Der romanische Original-Burglöwe ist nach einer aufwendigen Restaurierung in den 1980er Jahren aus konservatorischen Gründen in die Pfalz Dankwarderode verbracht und durch eine Replik auf dem Burgplatz ersetzt worden. Und diese Replik stammt vom Bronzegießer Karl Herbich aus Gernlinden im Landkreis Fürstenfeldbruck.

Das moderne Logo von MAN kann seine Herkunft vom welfischen Burglöwen in Braunschweig nicht verleugnen.

Löwen zu Füßen
der Verstorbenen

Bereits die alten Römer liebten die Löwen als Denkmal, vor allem als Grabmonument. Eines dieser Prachtexemplare befindet sich heute im Museum der Stadt Regensburg. Der Löwe mit der imposanten Mähne bewachte einst ein Grab aus dem dritten nachchristlichen Jahrhundert auf dem Großen Gräberfeld in Regensburg. Der Verstorbene beziehungsweise seine Hinterbliebenen waren offensichtlich so reich gewesen, daß sie einem einheimischen Bildhauer diesen besonderen Auftrag zu der etwa 70 Zentimeter hohen Kalksteinplastik erteilen konnten. Der Bildhauer (oder die Auftraggeber) muß Kontakte zum römisch besetzten Rheinland gehabt haben, wo Grablöwen besonders beliebt waren als Symbol des alles bezwingenden Todes oder als Wächter des Grabes, der nicht zuletzt Grabräuber abschrecken sollte. Der Regensburger Löwe mit den äußerst menschlichen Zügen gilt als die älteste Löwenplastik in Bayern.
Die Tradition der am Grab wachenden Löwen wurde seit dem Mittelalter fortgeführt – bis heute. Im 19. und dem beginnenden 20. Jahrhundert weitete man diese Sitte auch auf Kriegerdenkmäler aus.
Im Mittelalter lag der »König der Tiere« meist zu Füßen des »Bestatteten«: entweder als Stütze für die Grabplatte wie im Fall des Grabes für den zweiten Bamberger Bischof, der als Papst Clemens II. Karriere gemacht hatte und 1046 im Bamberger Dom beerdigt wurde – übrigens im einzigen Papstgrab nördlich der Alpen – oder – und dies vor allem in der Zeit der Gotik – wirklich zu Füßen des in Stein gemeißelten Abbilds des Verstorbenen. Die Löwen sollten generell die Stärke und Macht der Verblichenen symbolisieren – gelegentlich weisen sie allerdings auch auf ihr Wappen hin. Ihren Frauen wurde als Sinnbild oft ein kleiner Hund beigegeben –

Grabplatte Abt Johannes Spengelins von Elchingen (1565–1638) in der Kirche von Oberelchingen.

als Zeichen der Treue. Landauf und landab lassen sich diese Grabsteine finden, nicht nur in Bayern, auch im Ausland. Bei den darauf Verewigten handelte es sich in der Regel um Menschen von Bedeutung, denn diese aufwendigen Grabplatten waren äußerst kostspielig. Und diese bedeutenden und zudem auch finanziell potenten Persönlichkeiten hatten meist auch die Macht, die eine Löwendarstellung rechtfertigte.

In der Karmelitenkirche von Straubing etwa befindet sich im Mönchschor hinter dem Hochaltar eine imposante gotische Marmortumba für Herzog Albrecht II. (gestorben 1397). Der Sohn Kaiser Ludwigs des Bayern regierte im Herzogtum Straubing und hatte dort 1368 das Karmelitenkloster gegründet. Sein Grabstein aus stark marmoriertem Adneter Rotmarmor dürfte kurz nach seinem Tod, im ersten Jahrzehnt des 15. Jahrhunderts entstanden sein, in einem Stil, der sich an dem der Parler und dem Salzburger »weichen Stil« orientiert hatte. In einem auffälligen Spiralband, das den ganzen Stein umgibt, steht Herzog Albrecht auf einem Löwen, der sowohl als Symbol der Macht als auch als Wappentier gedeutet werden kann.

Einige Jahre jünger ist die sogenannte Abensberger Tumba in der Karmelitenkirche von Abensberg. Hier steht ein hochgerüsteter Ritter in Harnisch mit Schwert und Lanze gleich auf zwei Löwen, während die Wappenschilde mit verschiedenen Symbolen darüber angebracht sind. Dieses gotische Grab wurde laut Inschrift für den Stifter des Klosters, Johann von Abensberg, im Jahr 1469 geschaffen.

Solche Grabplatten oder Epitaphien lassen sich in zahlreichen Kirchen finden. Häufig waren die Dargestellten die Stifter der jeweiligen Anlage. Noch im 18. Jahrhundert pflegte man diese Tradition, so zum Beispiel im ehemaligen Benediktinerkloster Theres in Mainfranken. 1724 war der barocke Kirchenneubau beendet. Aus dem gleichen Jahr stammt das Epitaph für Adalbert von Babenberg, den sagenhaften Gründer des Klosters im Mittelalter. Mit der Linken hält der Ritter seinen Wappenschild (mit einem Adler), mit der Rechten eine Lanze. Zu seinen Füßen stehen bezie-

hungsweise liegen das Kirchenmodell, das ihn als Stifter des Klosters ausweist, und der Löwe als Zeichen der Macht. Das Kloster ist längst aufgehoben. Der Stein aber hat bis heute überdauert: als Spolie eingemauert in der Altenburg bei Bamberg.
Als Beispiel für ein Doppelgrab sei das von König Rupprecht I. aus der Pfälzer Linie des Hauses Wittelsbach und seiner Gemahlin Elisabeth (von Hohenzollern) in der Heiliggeistkirche in Heidelberg genannt (entstanden 1410): Mit Zepter, Reichsapfel und Krone versehen steht der König auf einem gemütlich dreinblickenden Löwen, während unter dem faltenreichen Kleid der Königin, die die Hände sittsam zum Gebet gefaltet hält, ein Hund undefinierbarer Rasse hervorlugt.
Die Reihe der Grabsteine mit Löwen zu Füßen der Verstorbenen ließe sich beinahe beliebig fortsetzen. Doch auf ein Doppelgrab soll hier noch besonders hingewiesen werden: Sehr viel schwungvoller als der Stein für König Rupprecht I. und seine Frau Elisabeth ist die knapp hundert Jahre jüngere Marmorplatte für Kaiser Heinrich II. und seine Gemahlin Kunigunde (von Luxemburg) im Bamberger Dom. Sie stammt von dem spätgotischen Meisterbildhauer Tilman Riemenschneider. Er plazierte zu Füßen des Herrscherpaares jeweils einen bayerischen Wappenlöwen, der sich als solcher durch einen Wappenschild ausweist. Dabei ist dem großen Künstler allerdings ein sachlicher Fehler unterlaufen: Die Wappen zeigen die bekannten Rauten – und diese kamen wie die Löwen erst zu Beginn des 13. Jahrhunderts ins bayerische Wappen, rund zweihundert Jahre nach Heinrichs Tod.
Am 6. Mai 973 war Heinrich als ältester Sohn und seit 995 Nachfolger des bayerischen Herzogs Heinrich des Zänkers geboren. Im Jahr 1002 begann seine zweiundzwanzigjährige Herrschaft als letzter König beziehungsweise Kaiser des ottonischen Hauses – und damit trat er in die Weltgeschichte ein. Seine Regierungszeit wurde zu einem Höhepunkt des Mittelalters. Unterstützt von Bischöfen und Äbten mit ihren kunstsinnigen Mitarbeitern verhalf er dem Reich zu kultu-

Tilman Riemenschneider schuf die prachtvolle spätgotische Grabplatte für Kaiser Heinrich II. und seine Frau Kunigunde – allerdings mit dem falschen Wappen.

reller Blüte. Goldschmiedearbeiten, Elfenbeinschnitzereien, Handschriften und seidene Gewänder belegen den hohen Stand des Kunsthandwerks. Auf Synoden und Königstreffen festigte er sein Ansehen als Beschützer der Christenheit. Und es zeugt nur von größerem Unwissen, wenn von den entsprechenden Gremien der Deutschen Post der Wunsch nach einer Sonderbriefmarke anläßlich der tausendjährigen Königskrönung Heinrichs II. im Jahr 2002 mit der Begründung abgelehnt wurde, es würde sich nur um eine Angelegenheit von lediglich regionaler Bedeutung handeln.
Trotz der umjubelten Kaiserkrönung am 14. Februar 1014 durch Papst Benedikt VIII. in Rom blieb Heinrich II. jedoch eine umstrittene Herrscherpersönlichkeit – bis heute. War er der fromme Kaiser oder eher der machtbewußte Realpolitiker, Integrationsfigur für das Reich, Stütze für das Papsttum, kriegerischer Herr oder frommer Gottesknecht? Ein endgültiges Urteil kann nicht gefällt werden. Heinrich II. hatte wohl von allem etwas.
In Bamberg ließ der Herrscher in der alten babenbergischen Burganlage einen Dom errichten. Die von ihm zielstrebig betriebene Gründung des Bistums Bamberg 1007 – sein größtes Vermächtnis – sollte nicht zuletzt dem eigenen Gedächtnis dienen. Mit geistlichen Stiftungen versuchten Heinrich und Kunigunde ihren Herrschaftsanspruch zu untermauern und gleichzeitig dem ewigen Seelenheil näherzukommen.
Nach Heinrichs Tod am 13. Juli 1024 zog sich Kunigunde in das hessische Kloster Kaufungen (östlich von Kassel) zurück. Gemeinsam mit ihrem Mann hatte sie diesen Frauenkonvent gestiftet. Dort starb sie am 3. März 1033. 1146 verkündete Papst Eugen III. in einer feierlichen Urkunde die Heiligsprechung Heinrichs II. Im Jahre 1200 wurde auch seine Gemahlin Kunigunde kanonisiert. Kaiser Heinrich II. war der einzige deutsche Herrscher, der heiliggesprochen wurde. Zusammen sind Heinrich und Kunigunde das einzige heilige Herrscherpaar der europäischen Geschichte.
Beide wurden in dem von ihnen gestifteten Bamberger Dom – einem Vorläuferbau des heutigen Gebäudes – bestat-

tet. Als Heilige und in Bamberg besonders als Stifter verehrte man sie jahrhundertelang. Das prachtvolle, bis heute erhaltene Hochgrab wurde erst knappe fünfhundert Jahre nach ihrem Tod angefertigt. Da kann schon einmal ein Fehler passieren – auch einem begnadeten Bildhauer! Und außerdem: Die Löwen sind ihm gut gelungen, ebenso wie das ganze Grabmonument, das auch für spätere Generationen das Bild von Heinrich und seiner Frau Kunigunde prägte. Als Stifterfiguren und Heilige begegnen sie uns immer wieder in Kirchen, auch außerhalb Bambergs. Als um 1890 das Portal an der Stiftsdekanei der Alten Kapelle in Regensburg erneuert wurde, wählte der Bildhauer Georg Schreiner eine ähnliche Darstellung wie einstens Tilman Riemenschneider – einschließlich der Löwen mit dem (falschen) Rautenwappen.

Der Löwe als Wappentier zu Füßen des Verstorbenen ist jedoch die Ausnahme. In der Regel weisen die Löwen – wie gesagt – auf Macht und Stärke hin, bei weltlichen wie geistlichen Würdenträgern. So lugen zum Beispiel auch bei Bischöfen – und nicht nur solchen aus dem Hause Schönborn, die einen gekrönten Löwen im Wappen tragen – hin und wieder Löwen unter dem Meßgewand hervor, etwa am Grab des 1486 verstorbenen Augsburger Bischofs Johann von Werdenfels im Augsburger Dom, in dessen Nähe auch die Grabplatte für seinen Vorgänger, den 1469 verstorbenen Kardinal Petrus von Schaumberg liegt. Hier ist der Verstorbene drastisch als ein von Würmern zerfressenes Skelett dargestellt, allerdings nicht ohne seine Wappen, den Kardinalshut und den Löwen zu seinen Füßen.

Hüter des Hauses

Seit alters her galten Löwen als Hüter des Hauses. Der Begriff von der »Höhle des Löwen«, in die man nicht eindringen solle, schuf im übertragenen Sinne das Symbol des haushütenden Löwen. Der Löwenkopf wurde – wie in der Antike der Januskopf – an Tür und Tor angebracht. Bereits Piero Valeriano (1475–1558) schrieb in einer der frühesten Abhandlungen über Löwen, daß die ägyptischen Priester glaubten, daß der Löwe wenig schlafe und daß seine Augen im Schlaf leuchteten, fast geöffnet wären, was die Priester als typisch für jemanden ansahen, der Wache hält, und »was ihn sehr geheimnisvoll macht, nicht nur vor den Toren der Stadt Mykene, sondern auch vor den anderen Bauwerken und vor allem vor den Kirchen und an den Eingängen der heiligen Tempel«.
Nicht nur auf dem berühmten Löwentor der griechischen Stadt Mykene aus dem zweiten Jahrtausend vor Christus halten Löwen Wache. Im alten Ägypten findet man sie ebenfalls als Hüter von Häusern, Tempeln und Grabanlagen. Und auch die Sphinxe sind nichts anderes als Löwen, allerdings mit einem menschlichen Kopf, einem Pharaonenhaupt.
Bis heute bewachen Löwen Türen und Tore: auf den Portalen selbst, darüber, daneben und davor. Allen diesen Löwen gemeinsam ist eine Schutz- und Wächterfunktion, die sowohl von den positiven Eigenschaften als auch von den negativen herrühren kann. So kann der Anblick der Bestien auch eventuelle ungebetene Eindringlinge abschrecken. Die verschiedenen Deutungsmöglichkeiten liegen in der Ambivalenz des Tieres begründet, das seit der Antike wegen seiner Kraft, seiner Stärke und Macht sowohl positiv in Beziehung zu einem mächtigen Herrscher oder Gott als auch negativ in der Bedeutung des schrecklichsten Feindes vorkommt. Die Bibel legt sich in ihren zahlreichen Löwenzitaten ebensowenig fest. Man war sich der Doppeldeutigkeit des Tiersymbols

durchaus bewußt: Der Löwe konnte für Christus stehen, für den Teufel oder einen mächtigen Herrscher.
Nicht nur die angeblich mit offenen Augen schlafenden Löwen werden mit Christus gleichgesetzt, gemäß dem Psalmvers 120,4, in dem es heißt: »Siehe, er schlummert und schläft nicht, der Israel behütet.« Als altes Symbol der Sonnengötter wurde der Löwe zum Sinnbild des Auferstandenen umgedeutet. Auch als »Löwe von Juda« ist Christus zu sehen oder – wie Augustinus sagt – »Christus wird der Löwe genannt«, wegen seiner Tapferkeit und weil er nicht besiegt werden kann, um nur einige der wichtigsten Zitate zu nennen.
Als reißendes Tier, das den Menschen bedroht und ihn gar zu verschlingen sucht, ist der Löwe aber auch vielfach im Alten wie im Neuen Testament ein Sinnbild für die in der Welt lauernden Gefahren, denen die menschliche Seele ausgesetzt ist. Diese kann nur in steter Wachsamkeit und durch die Hinwendung zu Gott wirklichen Schutz finden. »Seid nüchtern und wachet, denn euer Widersacher, der Teufel, geht wie ein brüllender Löwe umher und suchet, wen er verschlingen könne«, lautet eine entsprechende Textstelle im Ersten Brief Petri 5,8. Die Geschichte von Daniel in der Löwengrube besagt, daß nur die Sünder den reißenden Löwen verfallen, während Gott den unschuldigen Gläubigen beisteht, indem er die Löwen davon abhält, ihnen Schaden zuzufügen (Daniel 6,22ff.).* Die Reihe der Bibelzitate, in denen der Löwe mit dem Teufel gleichgesetzt wird, ließe sich noch um etliche Beispiele verlängern.
Auch in Bayern lassen sich nahezu unendlich viele Löwen als Hüter von Haus und Hof entdecken. Es fällt jedoch auf, daß in unseren Breiten im Mittelalter die positive Löwensymbolik bei weitem überwiegt (in der Neuzeit sind die Löwen dann häufig sowieso nur noch zu einem Schmuckelement

---

* Zu Daniel in der Löwengrube siehe auch das Kapitel »Daniel, die Löwengrube und der Löwenbräu«.

mutiert). Bei Kirchen ist dem (guten) Löwen vielfach ein (böser) Drache oder sonst ein nicht näher zu definierendes (böses) Fabeltier gegenübergestellt, etwa am Triumphbogen der kleinen romanischen Kirche St. Ägidius von Keferloh östlich von München oder im Tympanon des Portals der romanischen Kirche St. Peter in Straubing (um 1200). Die einander gegenüberstehenden Tiergestalten können – literarischen Quellen wie dem »Physiologus«, einem in frühchristlicher Zeit entstandenen Volksbuch, folgend – eindeutig als Sinnbilder von Gut und Böse gedeutet werden. Nicht ganz so eindeutig ist dies in Kloster Biburg, wo an den Querschiffecken romanische Löwen kauern, die ein Lebewesen verschlingen, denn wer weiß schon, ob dieses Lebewesen gut oder böse ist? Je nachdem tut der Löwe hier ein gutes oder schlechtes Werk.

Bei den beiden romanischen Löwen von St. Peter in Manching läßt sich der einstige Zusammenhang nicht rekonstruieren, denn sie befinden sich längst nicht mehr an ihrem angestammten Platz. In Bad Gögging bewacht allerdings ein nicht unähnliches Löwenpaar den Eingang zur romanischen Kirche St. Andreas aus dem 13. Jahrhundert. In beiden Fällen handelt es sich um zwei Löwen in Relief, die auf je einem Stein links und rechts des Eingangs eingelassen wurden.

Häufiger ist jedoch die Form des vollplastischen Portallöwen, der zudem eine Säule auf seinem Rücken tragen kann. Man kennt diese Löwen von unzähligen italienischen Kirchen, etwa in Verona, Parma, Genua oder Ferrara. Doch auch bei uns sind sie verbreitet. Allein in Salzburg, Reichenhall und Berchtesgaden kann man vierundzwanzig plastische romanische Löwen zählen, die den oberitalienischen Einfluß meist nicht verleugnen können. Sie stammen aus dem 12. und 13. Jahrhundert, wobei ihr Aussehen nicht selten eher einem Hund denn dem König der Tiere gleicht. Diese säulentragenden Löwen wurden als »typisch romanisch« angesehen und so kopierte man sie immer wieder gerne für neoromanische Kirchen, wie etwa für das Portal der Würzburger Adalberokirche.

Überall – und nicht nur wie hier in der Brienner Straße in München – lassen sich an den Fassaden Löwen als Hüter des Hauses entdecken.

Die beiden Löwen am Portal von St. Zeno in Reichenhall sind jedoch »echt«, stehen aber entgegen der italienischen Gewohnheit parallel zur Wand und tragen die äußeren Säulen des Risalitportals. Sie gehören zu den verblüffendsten Löwenbildern überhaupt. Mit wild aufgerissenen Mäulern, wobei den einen Löwe ein Reptil von unten in die Zunge beißt, während der andere eine Art Hund in den Pranken hält, sehen sie so gar nicht aus wie die übrigen romanischen Löwen. Doch eine spätere Entstehung ist aus diversen Gründen – nicht zuletzt aufgrund der schweren Beschädigung – auszuschließen. Keinen Zweifel an seiner romanischen Herkunft läßt dagegen der Löwe aufkommen, der heute einfach und rundbäckig mit seiner dekorativen Mähne possierlich im Kreuzgang von Berchtesgaden ruht und längst keine Säule mehr tragen muß. Nur noch das kleine Podest ist erhalten. Generell ist zu sagen: Die romanischen Löwen bergen viele

Geheimnisse und die Kunsthistoriker sind noch längst zu keinen abschließenden Ergebnissen gekommen. Erschwert wird die Erforschung, weil diese Portallöwen häufig nicht mehr jenes Tor bewachen, für das sie einst geschaffen wurden. So wurde etwa der Löwe von Altenstadt bei Schongau eindeutig versetzt, vermutlich auch sein Kollege, der neben dem Westportal von St. Theodor in Bamberg auf einem Kapitell ruht. Im oberpfälzischen Benediktinerkloster Plankstetten hat sich sogar ein menschengesichtiges Löwenfragment aus dem 12. Jahrhundert erhalten. Damit sollen die Beispiele romanischer Steinlöwen jedoch langsam abgeschlossen werden. Nur noch eines dieser Tiere sei hier erwähnt:

Auch in Laufen an der Salzach befindet sich heute (wieder) ein romanischer Löwe. Einst zierte er den Giebel der Portalvorhalle der früheren romanischen Basilika von Laufen; später wurde er in den Kreuzgang der Stiftskirche versetzt. Relativ ungesichert weckte er allerdings Begehrlichkeiten. Kunstdiebe entwendeten den Löwen am 17. Februar 1994. Doch hatte der dadurch verursachte Schrecken bald ein Ende: Bereits nach einem Monat konnte der Laufener Löwe bei einem Münchner Händler sichergestellt werden. Und Hans Roth, der damalige Geschäftsführer des Bayerischen Landesvereins für Heimatpflege, konnte die 75 Zentimeter lange und 50 Zentimeter hohe Figur auf dem Rücksitz seines Privatwagens wieder nach Laufen zurückbringen.

Amor als Bezwinger des Löwen nach einem Modell von Bertel Thorvaldsen von 1828 ziert die Fassade des zwischen 1843 und 1844 von Franz Jakob Kreuter erbauten Palais Dürckheim, Ecke Gabelsberger-/Türkenstraße in München.

Die Löwenkopf-Türzieher und ein Würzburger Kriminalfall

Den Gedanken des Haushütens verband man auch mit den besonders im Mittelalter so beliebten Türzieher-Löwenköpfen an Kirchenportalen. Doch war dies nicht die einzige Bedeutung. Sie werden darüber hinaus als Christussymbol, als Zeichen der Stärke, als Bann böser Mächte und als Rechtssymbol gedeutet. In der Regel handelt es sich um die Frontalansicht eines Löwenkopfes mit imposanter Mähne in Bronze, das Maul aufgerissen und den schweren Ring durch die gebleckten Eckzähne gehalten. Diese Form der Türgriffe war weit verbreitet und je nach Kunstfertigkeit des jeweiligen Künstlers mehr oder weniger naturnah. Rund zweihundert dieser Löwenköpfe aus der Zeit von 800 bis 1500 sind heute noch europaweit erhalten, darunter auch einige in Bayern.

Früher sprach man von »Türklopfer«, doch hatten die Löwenköpfe mit den Ringen im Maul sicher nie diese Funktion. Zwar sitzen sie meist griffbereit in erreichbarer Höhe, auch läßt sich der Ring gut fassen, um dann, losgelassen, mit mehr oder weniger lautem Krach auf die Türfläche zurückzufallen, doch findet sich auf keiner alten Türe an dieser Stelle ein für das Auftreffen des Ringes bestimmtes Widerlager, wie es bei den echten Klopfern der Neuzeit der Fall ist. Statt dessen hat der Ring bei vielen älteren Türen an dieser Stelle Beschädigungen hinterlassen, die allerdings viel stärker gewesen wären, hätte man den Ring tatsächlich zum Klopfen jeweils fallen lassen. Zum Ziehen, zum Bewegen der Türflügel war ein solcher Beschlag schon eher geeignet. Oft ist er bis heute der einzige Griff am Türflügel. In erster Linie dürfte er jedoch fern von praktischer Zweckbestimmung lediglich dem Schmuck und der Symbolik gedient haben. Gelegentlich sprach man deshalb in jüngerer Zeit auch von

Türring oder Löwenring, doch hat sich der Begriff »Türzieher« in der Fachliteratur eingebürgert und soll deshalb auch hier verwendet werden.
Vielfach befinden sich die Löwenkopf-Türzieher heute nicht mehr an ihrer ursprünglichen Stelle meist am Hauptportal. Häufig wurden sie aus konservatorischen Gründen ins Innere der Kirche verbracht und fanden vor allem an Sakristeitüren eine neue Bleibe.
Mit einer naturgetreuen Löwenkopfdarstellung haben diese Türzieher natürlich kaum etwas zu tun. Oft sind sie so entfremdet, daß nicht einmal entfernt der katzenhafte Charakter erkennbar ist. Nur die frühesten Exemplare in Aachen und Mainz stellen eine gewisse Ausnahme dar, da sie auf naturnahe Löwen der antiken Kunst zurückgehen. Und auch zu Beginn des 13. Jahrhunderts sind wieder vereinzelt Formen zu beobachten, die offensichtlich von einem Naturvorbild angeregt worden sind.
Um 800 entstanden als erste die mittelalterlichen Löwenmedaillons am Hauptportal der Kaiserpfalz Karls des Großen in Aachen: ein Löwenkopf in einem Kranz aus Akanthuslaub auf einer schlicht-schönen Bronzetüre sowie an den Portalen der Karls- und der Annakapelle. Die Türklopfer am Benediktinerinnenkloster Frauenchiemsee schließen unmittelbar an die Masken der kleineren Bronzetüren in Aachen an, auch wenn hier der Löwe äußerst menschliche Züge trägt. Das Frauenkloster auf der Insel im Chiemsee wurde um 860 von Karls des Großen Enkel, Ludwig dem Deutschen, für seine Tochter Irmingard an der Stelle einer älteren Anlage neu errichtet. Irmingard starb hier als Äbtissin 866. Im Jahr 907 fiel das Kloster den Ungarnstürmen zum Opfer, wurde aber anschließend wieder aufgebaut; die Löwenköpfe stammen jedoch noch aus der Anlage zur Zeit Irmingards.
Im einstigen Benediktinerkloster Reichenbach am Regen in der Oberpfalz umgibt ein Perlenkranz die romanischen Bronze-Löwengesichter der ersten Hälfte des 13. Jahrhunderts.
Das Südportal des Augsburger Doms zieren ebenfalls zwei

Romanischer Türklopfer, Kloster Reichenbach am Regen. Foto, um 1980.

bronzene Löwen. Aus stilistischen Gründen werden diese bereits ins späte 12. Jahrhundert datiert. Weitere finden sich in Regensburg und Nürnberg.

Die im Mittelalter geläufigste Form des Türziehers, die Löwenmaske mit dem Ring im Maul, ist keine Neuschöpfung der christlichen Kunst, sondern geht auf eine lange Ahnenreihe in der Antike zurück. An Tempelportalen fungierten die Löwenköpfe als Schutz des göttlichen Heiligtums, am Eingang zu Grabkammern als Schutz gegen Dämonen. Im übertragenen Sinn sind sie an den Grabtüren aber auch die Bewacher des Totenreichs.

Die Form der Löwenkopf-Türzieher blieb durch die Jahrhunderte äußerst beliebt, und noch 1930 schmückte man das Portal der Bank von England in London damit. Wenn man's nicht besser wüßte und die Datierung in römischen Ziffern drum herum keinen Zweifel aufkommen ließe, könnte man auch diesen Löwenkopf für romanisch halten.

Einem Löwenkopf-Türzieher-Paar aber soll unsere besondere Aufmerksamkeit gelten, denn dieses sorgte in jüngster Vergangenheit für Aufsehen.

Um 1040 gab der später heiliggesprochene Würzburger Bischof Bruno (1034–1045) ein Paar Löwenkopf-Türzieher für den Dombau in Würzburg in Auftrag. Man nimmt an, daß die Löwenköpfe – da für Würzburg Nachrichten über hochmittelalterliche Gießhütten fehlen – in Mainz entstanden sind, wo ein ähnliches, allerdings etwas älteres Paar bis heute das Marktportal des Doms schmückt.

Die Würzburger Löwenköpfe spielten eine wichtige liturgische Rolle bei der Bischofsweihe – eine Würzburger Eigenheit, die im 16. Jahrhundert von Rom unterbunden wurde. Seit dem Mittelalter bis zur Weihe des Julius Echter von Mespelbrunn am 22. Mai 1575 reichte der Domdekan den neugeweihten Bischöfen zum Schluß der Liturgie an den vier Haupttüren des Doms den jeweiligen Türring. Durch diese Geste – begleitet von einer entsprechenden Formel – wurde der neue Bischof seiner Kathedralkirche anvermählt. Wohl um das Jahr 1575 hatte man aus diesem Grund in Anlehnung an die älteren Exemplare sogar zwei weitere Türzieher in Auftrag gegeben. Bis vor einigen Jahren hatte man dieses jüngere Paar für Güsse des 19. Jahrhunderts gehalten, doch eine kürzlich durchgeführte Analyse sowie stilistische Gründe machen ein höheres Alter äußerst wahrscheinlich. Tatsächlich aus dem 19. Jahrhundert stammen jedoch zwei Nachgüsse des älteren Löwenkopf-Paares für die Portale am Regensburger Obermünster und an der dortigen St.-Jakobs-Kirche.

Neunhundert Jahre versah das alte Löwenkopf-Türzieher-Paar des Bischofs Bruno seinen Dienst am Würzburger Dom und vertrieb böse Mächte, bis am 16. März 1945 britische Brandbomben finsteren Gesellen die Gelegenheit boten, die Bronzen zu entfernen. Bis 1982 hatte man keine Nachricht über ihren Verbleib. Dann wurde ein Exemplar von einem Kunsthändler überraschend dem Domkapitel geschenkt. Wo der zweite Löwenkopf abgeblieben war, war damals unbekannt. Heute weiß man, daß er jahrzehntelang in einem Schweizer Tresor lagerte. Wie er dahin gelangt war, ist laut Staatsanwaltschaft nicht gerichtstauglich zu rekonstruieren. Bekannt ist nur, daß er zu Beginn des 21. Jahrhunderts dem Kunstreferenten der Diözese Würzburg zum Kauf angeboten wurde – zum Preis von sage und schreibe 7,5 Millionen Schweizer Franken. Diese Summe forderte eine Rechtsanwältin für ihre Mandantin, die »Eigentümerin« des Löwenkopfes. Da die Diözese Würzburg allerdings nur 110 000 Euro auszugeben bereit war und sich zudem als rechtmäßige Eigentümerin des Löwen versteht, übergab man die Sache

Moderne Türgriffe am Tor des Finanzamtes München, Meiserstraße 4.

kurzerhand der Justiz, die wiederum Kaufinteresse heuchelte, um dann die beiden Damen bei der Besichtigung des Löwen ungerührt festzunehmen. Zu einem Gerichtstermin kam es dann allerdings nicht. Die Staatsanwaltschaft beließ es bei einem Vergleich. Der Kunstreferent und die Löwen-Verkäuferin einigten sich auf den Preis von 110 000 Euro, auf einen Bruchteil seines tatsächlichen Wertes. Damit bekam Würzburg den zweiten Löwenkopf zurück und der Dame blieb eine Anklage wegen Hehlerei erspart.

Zusammen mit seinem »Zwilling« befindet sich der prächtige bronzene Löwenkopf seit 2003 im Würzburger Domschatz, wohin zwei Jahre zuvor bereits einer der Türzieher von 1575 zurückgefunden hatte. Der zweite ist noch in Privatbesitz. Doch vielleicht kommt auch dieser eines Tages zurück in den Dom und die Tradition der »Vermählung« anläßlich der Bischofsweihe wird wieder eingeführt.

Die Wächter der Quellen

Schon in der Antike galt der Löwe nicht nur als Hüter von Tempeln und Gräbern, sondern auch der Wasserquellen. In christlicher Zeit wurde er dann einfach »getauft« und so lugte nicht selten einer oder mehrere Löwen unter den Weihwasser- oder Taufbecken hervor, vor allem im Mittelalter, als man sich der Symbolik durchaus bewußt war.
Doch auch in späteren Jahrhunderten bewachten noch zahlreiche Löwen landauf und landab die öffentlichen Brunnen der Städte und Dörfer. Zahllos sind die Löwenmasken, durch deren Rachen sich der Wasserstrahl in ein Becken ergießt. Andere Brunnen werden durch aufrecht sitzende Löwen geziert, die meist das Stadt- oder ein fürstliches Wappen fest in den Pfoten halten. Viele hat der Zahn der Zeit »entsorgt«. Andere wechselten ihren Standort, etwa der Kalksteinlöwe, der stolz das 1812 verliehene Stadtwappen von Pfaffenhofen an der Ilm präsentiert. Wann er entstanden ist, kann heute nicht mehr mit Bestimmtheit festgelegt werden. Der Brunnen, den er in der einstigen Amtmannsgasse (später nach dem Brunnen in Löwenstraße umbenannt) schmückte, wurde um 1830 errichtet, doch der Löwe, der auf einer schlanken Brunnensäule saß, dürfte älter sein. Auch an ihm war die Zeit nicht spurlos vorübergegangen. Und am 21. Februar 1949 stieß zudem ein Laster an den mitten in der Straße stehenden Löwenbrunnen und beschädigte ihn erheblich. Mehr als ein Jahrzehnt ruhte der angeschlagene Löwe daraufhin im städtischen Holzhof, bis er schließlich 1962 frisch renoviert ins Treppenhaus des Rathauses verpflanzt wurde. Den Brunnen aber versetzte man auf den Gehsteig, und damit der neue Löwenbrunnen auch weiterhin seinen Namen zu Recht führen konnte, suchte man einen neuen Löwen. 1982/83 hatte man dafür einen Steinlöwen des Pfaffenhofener Steinmetz Franz Gary ausersehen, doch entpuppte sich dieser schließlich als zu klein. Inzwischen postierte man auf dem

*Der alte Löwe vom Brunnen in Pfaffenhofen a. d. Ilm –
und sein moderner Nachfolger.*

Röhrenkasten einen modernen Nachfolger aus Bronze, ein Werk des Schrobenhausener Bildhauers Karl-Heinz Torge von 1989.

Auch wenn viele der alten Löwenbrunnen verlorengegangen sind: einige lassen sich noch immer im Original entdecken. Ein barockes Prachtexemplar blickt inzwischen wieder stolz über den Schloßhof der oberpfälzischen Stadt Sulzbach, ein anderes über den nahen Marktplatz (heute Luitpoldplatz). An Wasser hatte es Sulzbach nie gemangelt, doch lief es zu

Füßen der auf einem Berg gelegenen Stadt. So ist es nicht weiter erstaunlich, daß immer wieder Versuche unternommen wurden, das Wasser auch in die Stadt und das Schloß zu leiten. Doch erst 1672 gelang es dem Münchner Brunnenmeister Joachim Finsterwalder mit Hilfe eines Pumpwerkes, Wasser in den oberen Schloßhof zu befördern. Kurz zuvor, im Jahr 1656, war Sulzbach unter Christian August (1622 bis 1708) wieder selbständiges Fürstentum geworden, bis es unter Karl Theodor (1724–1799), der ab 1777 auch Kurfürst von Bayern war, mit diesem vereinigt wurde. Unter der Regierung Christian Augusts wurde der Sulzbacher Hof geradezu zu einem »Musenhof«. Ausdruck fand die kulturelle Blüte durch verschiedene architektonische Projekte, etwa die Errichtung eines Ballhauses oder die Anlage des fürstlichen Hofgartens. Und 1701 wurde im oberen Schloßhof – dort, wo seit 1672 Wasser floß – der barocke Löwenbrunnen angelegt. Er trägt neben der Jahreszahl die Initialen Christian Augusts. Als man zu Beginn der 1960er Jahre die Polizei im Schloß unterbrachte, wurde der Brunnen versetzt, um die Zufahrt zu den Garagen nicht zu behindern. Heute ist er jedoch wieder an seinen ursprünglichen Standort zurückgekehrt. Doch ist dies nicht der einzige barocke Löwenbrunnen in Sulzbach

Anders als das Schloß war die Stadt zunächst noch nicht so gut mit fließendem Wasser versorgt. Nach einem Bericht der Sulzbacher Regierung vom 21. Juni 1754 an Karl Theodor, den letzten Landesfürsten von Sulzbach, gab es in der Bergstadt nur einen Halbbrunnen gegenüber dem Regierungsgebäude am Marktplatz. Aus Feuerschutzgründen seien jedoch dringend weitere Brunnen erforderlich, hieß es. Dank der Genehmigung Karl Theodors, der damals in Mannheim residierte, erhielt Sulzbach in den Jahren 1755 und 1756 eine zweite »Fürstliche Wasserkunst« mit drei öffentlichen Brunnen: einen Neptunbrunnen, einen Delphinbrunnen und den Löwenbrunnen am Marktplatz. Während die beiden ersteren aus Flossenbürger Granit geschaffen wurden, verwendete man beim zentral gelegenen Löwenbrunnen dieses Material

nur für den Brunnentrog und den Röhrstock. Den Auftrag für den Brunnen hatte der Flossenbürger Steinmetzmeister Joseph Gebhardt erhalten. Der majestätische Löwe mit dem Sulzbacher Wappen in den Pfoten selbst wurde vom Sulzbacher Bildhauer Johann Michael Bärmann aus Bayreuther Sandstein gehauen. Ursprünglich gehörte zur Ausstattung der Löwenfigur noch eine vergoldete Krone und eine Zunge aus Goldblech, die heute verschwunden sind. Der Löwe hebt jedoch noch immer sein mächtiges Haupt nach rechts zum Schloß empor, der Residenz seines Schöpfers Karl Theodor, dessen Initialen (CT) unter dem Doppelwappen eingefügt wurden. Ende 1755 hatte es »Wasser Marsch!« für den neuen Brunnen geheißen. Gekostet hat er 1600 Gulden.
Rund hundert Jahre später war die zweite »Fürstliche Wasserkunst« allerdings verschlissen. Man plante eine neue Wasserversorgung. Mit Inbetriebnahme dieser neuen städtischen Wasserversorgung im Jahr 1878 setzte man die alten öffentlichen Brunnen außer Betrieb. Den Neptun- und den Delphinbrunnen trug man ab; die Figuren fanden später im Stadtpark eine neue Heimat. Nur der Löwenbrunnen blieb erhalten, auch wenn man ihm im Zuge der Novemberrevolution von 1918 den Schwanz abgeschlagen und ihn seiner goldenen Krone beraubt hat. Der Schwanz wurde 1975 durch den Münchner Bildhauer Lenz wieder ergänzt, allerdings nicht in der originalen Form. Wegen des Baus der Tiefgarage mußte der Löwe dann für einige Jahre ins Depot. Erst nach seiner Restaurierung in den Jahren 1993 und 1994 durfte er an seinen originalen Standort zurückkehren und steht so bis heute an Markttagen inmitten der farbenfrohen Marktstände, nicht minder prächtig als sein Kollege im Schloßhof.

»Viel junge Löwlein« – *die Löwen im Alten Hof*

»Neben dem Tor des alten Hofes sind in zwei Verließen drei Löwen – ein schönes Schaustück. Ferner befinden sich im Hof zwei Löwen, viel größer als die eingeschlossenen; sie spazieren unter den Leuten umher, lassen sich von jedermann streicheln und sind völlig zahm. Allerdings ist der größere von ihnen kastriert und seiner Krallen beraubt; der andere aber ist unversehrt.« Mit gemischten Gefühlen vertraute Andrea de Franceschi, der spätere Großkanzler der Republik Venedig, diese für ihn ungewöhnliche Begegnung im Sommer des Jahres 1492 seinem Reisetagebuch an. Damals hatte Franceschi als Schreiber der Kanzlei des Dogen die beiden Sondergesandten der Republik, Messer Giorgio Contarini Graf von Zaffo und Messer Polo Pisani, auf ihrer Reise zum Kaiser nach Wien begleitet. Auf der Rückreise hatte die Reisegruppe einen kleinen Umweg über Salzburg und Wasserburg nach München unternommen, wo sie am Abend des 16. August 1492 eingetroffen war. Dem Venezianer, dem in seiner Heimatstadt Löwendarstellungen auf Schritt und Tritt begegnet sein dürften, scheint mit den echten »Königen der Tiere« noch wenig Tuchfühlung aufgenommen gehabt zu haben. Es war sicher eine Besonderheit, daß die Wittelsbacher ihre Wappentiere in natura in ihrer Residenz herumlaufen ließen. Kaum eine Reisebeschreibung der frühen Neuzeit versäumt auf die exotischen Tiere an der Isar hinzuweisen.
Ein Jahr nach Franceschis Besuch in München erschien die berühmte Weltchronik des Nürnberger Arztes und Humanisten Hartmann Schedel. Wiederum wird extra auf die Tiere hingewiesen: »In dieser Stadt hat eine Löwin viel junge Löwlein gewelft.« Im 16. Jahrhundert nennt die »Beschreibung und Contrafraktur der vornembsten Stät der Welt« in München sogar eine ganze Menagerie im ursprünglichen

Löwenzwinger: »Im Alten Hof füttert man Tiger, Bären, Luchse und gegenwärtig zwölf Löwen, deren Weibchen häufig Junge werfen.« Diese sah auch Friedrich von Dohna, ein böhmischer Adeliger, auf seiner Reise anno 1593: »Im alten Schloß werden ständig Löwen, Leoparden, Luchse, Bären und andere Tiere gehalten.« Bei der fürstlichen Residenz soll es damals zudem einen ganzen Tierpark mit rund hundert Stück Wild gegeben haben, die in der Dämmerung bis an die Schloßfenster kamen und im Schloß selbst entdeckte Dohna eine »Elefantenhaut, mit Stroh ausgestopft, so, als würde sie leben«. Um die Mitte des 16. Jahrhunderts konnten die Münchner ihren Herzog Albrecht V. sogar mit einem zahmen Löwen durch die Gassen spazieren sehen. Wie ein Hund soll er ihm auf allen Wegen gefolgt sein.

Auch das 1597 in Köln gedruckte »Supplementum Europae Vopelianae« vermeldet, nachdem des mangelnden Weinbaus in Bayern gedacht wurde: »Es ist kein Land in Deutschland, das mehr wohlerbaute Städte hat. Unter diesen Städten ist München die vornehmste, da die Herzoge Hofhaltung haben. Da sieht man allezeit Löwen, die auch bisweilen Junge haben. Dies wird die schönste Stadt von ganz Deutschland genannt.« Und dies, obwohl Herzog Wilhelm V. 1587 im Rahmen von Sparmaßnahmen die Menagerie verkleinert hatte. Schließlich fraß jede der Raubkatzen täglich 11 Pfund Rindfleisch. »Aus den wilden Türn sollen nur zwen fruchtbarr Leben und das Tiger Tier behalten werden, die übrigen alle hinwegkh«, hatte der Herrscher anläßlich einer Hofstaatsverminderung rigoros angeordnet.

Doch noch zu Zeiten seines Sohnes Herzog Maximilian läßt sich 1611 ein Gast aus Kärnten, Thomas Greill von Steinfeld mit Namen, zu einem – zugegebenermaßen etwas holprigen – Lobgedicht auf die bayerische Residenzstadt hinreißen, in dem er auch die fürstliche Löwenstallung nicht vergaß: »So hat er auch, sag ich fürwahr, / der Löwen wild etliche dar, / die man sonst in Afrika findt, / dieselben läßt er holen gschwind. ...«

Auch Philipp Hainhofer aus Augsburg, der München im Mai

des gleichen Jahres 1611 besuchte, fand noch ein Löwenpaar vor: »Gleich vor dem Hof draußen hat es ein Hauss, darinnen ein schöner Löw und Löwin, die speiset man täglich mit 22 Pfund Rindflaisch und hat Fallen, wann mans versperren will. Auf ainem hültzenen Gang siht man zu ihnen hinab. Die fürstlichen Personen sehen inn der Harnisch Cammer durch ein vergättert Fenster zu ihnen hinunter.«
Bereits seit der Antike galt der Besitz exotischer Tiere als Luxus; als Gastgeschenke waren sie unter Herrscherfamilien äußerst begehrt. Auch die Wittelsbacher hielten sich eine kleine Menagerie. Der legendäre Affe, der den späteren Kaiser Ludwig den Bayern auf dem Arm in die schwindelerregende Höhe vom Erker des Alten Hofes getragen haben soll, ist allgemein bekannt. Doch auch furchterregende Wildkatzen waren in München schon seit dem Mittelalter zu Hause. Übrigens besaßen die Pfälzer Verwandten der Wittelsbacher – wenigstens vorübergehend – ebenfalls ein paar Wappentiere in natura im Schloß. Zu Zeiten Friedrichs des Siegreichen (1425–1476) soll ein gezähmter Löwe im Heidelberger Schloß umhergestrichen sein, und als zu Beginn des Jahres 1591 das Löwenpaar des Johann Kasimir einging, deutete man dies als böses Omen. Der Kurfürst starb dann tatsächlich unmittelbar darauf.
In München soll bereits Herzog Ludwig der Strenge im 13. Jahrhundert beim Alten Hof – der damals noch die herzogliche Residenz darstellte – eigene Löwenstallungen angelegt haben, mit einem Haus für den Wärter und einem anschließenden Löwenzwinger. Belegt ist dies nicht. Tatsache aber ist, daß bereits im Mittelalter in der ältesten Münchner Residenz, dem Alten Hof, die bayerischen Wappentiere gehalten wurden. Des »Herzogs Haus und Höfel, darin die Löwen sind«, lagen auf der östlichen Straßenseite der Burgstraße, dem sogenannten »Löweneck« gegenüber. Das Löwenhaus mit »zwen fruchtbar Leben und dem Tiger Tier« schloß unmittelbar an den Alten Hof an. Die fürstliche Familie und ihre Gäste konnten die majestätischen Tiere aus der Harnischkammer, die sich in der nordöstlichen Ecke

des Alten Hofes (heute Ecke Hofgraben/Sparkassenstraße) befand, durch ein vergittertes Fenster beobachten. Die Allgemeinheit durfte bei entsprechender Witterung von einem hölzernen Gang aus mit Schaudern zu den furchterregenden Bestien hinabblicken. Und Respekt hatten die Bürger wohl zu Recht. Anno 1473 waren nämlich zwei Löwen ausgekommen. Vorsichtshalber schickte man vier Fronboten durch die Stadt, um die Bevölkerung zu warnen. Am 5. Dezember 1473 erhielten die vier dann – laut städtischem Rechnungsbuch – 60 Pfennig ausgezahlt, weil »sy von hawß zu hawß gesagt haben von der zwayr leben wegen, die man zu hof verloren het«. Ob und wie man die »verlorenen« Löwen wieder eingefangen hat, ob es Verletzte gab …, darüber schweigen die Akten allerdings.

Urkundlich ist der Löwenzwinger, in dem alten Dokument als »Lebengarten« bezeichnet, erstmals 1514 genau lokalisiert, als der bürgerliche Goldschmied Hans von Winshaim und seine Frau Magdalena ihr Anwesen an der Burgstraße, »zunächst am Hof, zwischen dem Vordern Tor und dem Lebengarten gelegen«, an Herzog Wilhelm IV. von Bayern verkauften. Bei dem Kaufobjekt handelte es sich um das Gebäude, an dessen Stelle heute das Haus Burgstraße 14 steht, womit eindeutig belegt ist (was auch durch andere Aufzeichnungen bestätigt wird), daß das Löwenhaus nicht – wie verschiedentlich vermutet wurde – mit dem Gebäude des »Löweneck« identisch sein kann.

Der Herzog erwarb das Gebäude des Goldschmieds, um eine Behausung für den Löwenmeister dort einzurichten. Und diese behielten offensichtlich auch die herzoglichen Nachfolger bei. Auf jeden Fall ist sechzig Jahre später (1574) die Rede von »Herzog Albrechts Haus und Höfel, darin die Löwen sind«. Beziehungsweise weitere sechzig Jahre später (um 1631): »Herzog Maximilians in Bayern Behausung, worin die Löwen sind«. Und jedesmal ist das Haus unmittelbar vor dem Alten Hof (heute Burgstraße 14) gemeint. Auch Philipp Hainhofers Beschreibung bestätigt die Lage östlich der Burgstraße.

Ab 1500 kennen wir vereinzelt Namen von Aufsehern des herzoglichen Löwengartens. So tritt etwa der Löwenmeister Hans Altdorfer in einer Urkunde vom 11. Mai 1500 als Zeuge auf. 1550 belehnte Herzog Albrecht V. seinen »Löbmaister« Martin Widman mit dem Herzogbad, einer der großen Badeanstalten der Stadt, in unmittelbarer Nähe des Hofes (gelegen am heutigen Hofgraben, etwa dort, wo heute der Südflügel des Bayerischen Landesamtes für Denkmalpflege steht). 1561 war der »Lebmeister« Martin Widman dann verstorben und seine Witwe Anna verkaufte das Herzogbad um eine stattliche Summe Geldes wieder zurück an den Herzog. Mitte des 16. Jahrhunderts sind sogar parallel zwei Löwenmeister erwähnt – allerdings ohne Nennung ihrer Namen – die zusammen mit zweihundertneunzig anderen Angehörigen des Hofes im Alten Hof verköstigt wurden. Noch 1682 ist in einer Urkunde die Rede vom »Löbenhöfel« beim Alten Hof – und wieder ist das Gebäude auf der östlichen Seite der Burgstraße gemeint. Ob die Löwen selbst damals allerdings noch existiert haben, ist mehr als fraglich. Der Dreißigjährige Krieg dürfte den Herrschern die Freude an den exotischen Tieren verdorben haben. Sie hatten andere Sorgen, als den Fleischvorrat für die Raubkatzen heranzuschaffen: Pest und Schwedeneinfälle, Drangsale und Hungersnöte. Da blieben für die Löwen weder Zeit noch Lebensmittel.

An die Löwen beim Alten Hof erinnerte allerdings noch Jahrhunderte später das »Löweneck« auf der anderen Seite der Burgstraße. Erstmals 1725 ist es in einer Liste von Eckhäusern genannt. Es handelt sich um das nördliche Eckhaus an der Altenhofstraße, direkt neben dem Eingang zum Alten Hof. Seit der Zerstörung im Zweiten Weltkrieg steht das Haus nicht mehr (erst im Jahr 2004 wurde mit einer modernen Bebauung begonnen). Am Erker war ein Löwe gemalt – vermutlich als Hinweis auf die einst gegenüber beheimateten Originale. Auf alten Ansichten, etwa von Domenico Quaglio (1811) oder von Carl August Lebschée (1869), ist die Bemalung noch zu erkennen. Auch wenn das abgebildete

Tier durchaus als Fuchs durchgehen könnte – die Inschrift »Löw« weist es eindeutig als bayerisches Wappentier aus. Diese Wandmalerei ließ verschiedentlich die Meinung aufkommen, bei diesem Haus hätte es sich um das »Löwenhöfel« gehandelt. Schuld daran war wohl Lorenz von Westenrieder, der in seiner Beschreibung der Residenzstadt 1782 bemerkte: »Wenn man von der Burggasse hierher kömmt, sieht man das Löweneck, nämlich ein kleines Haus, welches ehmals ein Löwenbehältniß war.« Da hat sich der große bayerische Historiograph allerdings getäuscht. Das »Löwenbehältnis« war aufgrund der urkundlichen Überlieferung eindeutig auf der anderen Straßenseite gelegen. Doch es war – wie gesagt – vermutlich seit der Zeit des Dreißigjährigen Krieges verwaist.

Daß nach dem Dreißigjährigen Krieg jemals wieder Löwen im Alten Hof oder der Residenz lebten, ist nicht anzunehmen. Doch ganz ist ihre Existenz nicht auszuschließen; einen Tiger gab es auf jeden Fall wieder – zumindest für kurze Zeit. Im Jahr 1715 schenkte der Markgraf von Bayreuth ein »junges Tigerthier« an den bayerischen Kurfürsten Max Emanuel, für dessen Transport durch die Oberpfalz bis nach München am 4. November genaue Instruktionen erlassen wurden. Demnach sollte »nicht allein besagtem Markgräflich Bayreuthischen Thierwarther samt bei sich habendten Leuthen und mitfiehrendtem Tigerthier allerorthen unterwegs frei sichere und ungehinderte Durchrayß gestattet«, sondern auch die nötigen Wagen, Pferde und Vorspann gratis zu verschaffen sein. Der Tiger war für die kurfürstliche Menagerie gedacht, doch keiner weiß, wo sie gewesen sein könnte.

Beim Bau des Neuen Schlosses in Schleißheim hatte Enrico Zucalli, der Hofbaumeister Max Emanuels, im Bauplan des Jahres 1695 zwar eine Menagerie vorgesehen, doch scheint sie nie realisiert worden zu sein. Für den Nymphenburger Schloßpark entwarf einige Jahre später Joseph Effner eine Menagerie, etwa an der Stelle, an der später die Amalienburg errichtet wurde. Auch aus diesem Vorhaben wurde nichts. Doch irgendwo müssen sich entsprechende Gebäude befun-

Blick auf den Alten Hof aus der Burgstraße um 1800. Links vom Turm steht das »Löweneck« mit dem »Löw« als Fassadenschmuck. Aquarellierte Sepiazeichnung von Carl August Lebschée, 1869.

den haben, denn wohin hätte man sonst 1715 den Tiger aus Bayreuth und anno 1758 die zwei Kamele und vier Trampeltiere bringen können, die der sächsische Kurfürst Friedrich August VI. seinem bayerischen Kollegen Max III. Joseph geschenkt hat. Maria Antonia Walpurgis, die Frau des sächsischen Kurprinzen, war die Schwester des bayerischen Kurfürsten, geboren und aufgewachsen in München, und man darf wohl mit Recht davon ausgehen, daß ihr die Verhältnisse in der bayerischen Residenzstadt vertraut waren. Sie hätte sicher die Idee zu diesem Geschenk im Keim erstickt, wenn es keine entsprechenden Räumlichkeiten für die Tiere gegeben hätte.

Auf jeden Fall galt es im Juli 1758 den Transport der Kamele beziehungsweise Trampeltiere aus Sachsen zu organisieren. Mit den Tieren übersandte der sächsische Kurfürst auch noch zwei Stallknechte, »Maulthier-Knecht« genannt. Die Karawane, zu der auch noch drei Pferde zählten, leitete Johann Christian Zimmermann, der allerdings nach wenigen Tagen wieder nach Dresden zurückreisen sollte, während die beiden Knechte bei den Tieren in München blieben. Täglich sollte die Reisegruppe nicht mehr als zwei bis drei Meilen zurücklegen und da die Strecke von Dresden nach München 56 Meilen beträgt, wurden dreiundzwanzig Reisetage veranschlagt, mit Angabe der jeweiligen Stationen. Die Route führte über Eger, Waldsassen, Tirschenreuth, Weiden, Amberg, Parsberg, Riedenburg, Neustadt, Geisenfeld und Pfaffenhofen nach München. Die letzte Station wurde in Unterbruck, der letzten Poststation vor München an der Ingolstädter Landstraße, eingelegt. Alles war bis ins kleinste organisiert; sogar die Verpflegung auf der Reise und die Pflege der Tiere in München wurden schriftlich festgehalten. Besonders interessant scheint in bezug auf eine mögliche Menagerie in München der Punkt 6 in den »Prememoria«: Danach sollte der Zug in Schwabing Halt machen und warten, bis Zimmermann zum Oberstallmeister Graf von Seinsheim vorausgeritten ist und »von demselben Ordre empfangen haben wird, wohin er die Thiere bringen solle«. Wenn dies nicht als Hinweis auf einen möglicherweise spektakulär inszenierten Einzug gelten kann, könnte man auch denken, daß noch gar nicht sicher war, wohin die Tiere kommen sollten. Vielleicht in einen Pferdestall? Von Dresden aus hatte man angedeutet, daß sie im Sommer auf die Weide geführt werden konnten. Vielleicht brachte man sie deshalb zunächst in ein Wildgehege? Ob die exotische Karawane die bayerische Residenz unbeschadet erreicht hat und wie lange sich die »Wüstenschiffe« hier wohlgefühlt haben – auch dazu schweigen die Akten.

Für das Jahr 1770 wissen wir dann, daß Kurfürst Max III. Joseph südlich der Amalienburg eine Menagerie erbauen ließ, zunächst für die Goldfasane, sowie Gehege für fremdländische Tiere, die nach ihrer Anlage sogar als eine Art Vorläufer moderner zoologischer Gärten betrachtet werden können, wenngleich wohl mehr für die Zwecke des Hofes bestimmt. König Max I. Joseph ließ zu Beginn des 19. Jahrhunderts diese Gebäude mit den »nöthigen Behältern für die daselbst zu haltenden Thiere« mehrfach erweitern. Die Gebäude stehen noch heute, allerdings längst zu Wohnungen umfunktioniert.

Zu Zeiten König Max' zählten ein Lama und zwei Beuteltiere, zwei Gazellen, ein ostindischer Stier samt Kuh, ein Waschbär, ein »geflügeltes Eichhörnchen« (dabei handelte es sich vermutlich um ein Flughörnchen), ein Strauß, zwei schwarze Schwäne sowie zahlreiche andere exotische Vögel zu den Bewohnern der Menagerie – jedoch kein Löwe. Der König liebte besonders das Federvieh, wohingegen »vierfüßige Thiere von ihm nur wenige gehalten, reißende Thiere aber gar keine angeschafft wurden«. Sein Nachfolger, König Ludwig I., hatte nicht einmal am Federvieh Interesse. Auf jeden Fall verliert sich die Spur der Menagerie, und im Jahr 1844 mußte der Monarch sogar ein Geschenk in Form einer lebenden Giraffe ablehnen, mit dem Hinweis, daß München keine Menagerie besitze. Für eine Giraffe wären die Nymphenburger Menageriegebäude ohnehin zu klein gewesen.

Daniel, die Löwengrube und der Löwenbräu

»Im Jahre 1158 gründete Heinrich der Löwe die Löwenbrauerei und dann München« – meinte einst der unvergessene Volkssänger Weiß Ferdl. Ganz so war es freilich nicht. Auch wenn man's kaum glauben mag: die Stadt entstand vor der Brauerei. Und in dieser Stadt gab es eine Straße mit dem Namen »Löwengrube«*, gleich neben der Frauenkirche – weiten Kreisen bekannt durch die gleichnamige Fernsehreihe. Erstmals am 3. Mai 1640 ist der Name in alten Aufzeichnungen zu finden; wie alt er wirklich ist, wissen wir nicht. Ebenso unklar ist die Herkunft des Namens. Sicher ist nur, daß er im Zusammenhang mit einem – heute längst verschwundenen – Fresko steht, das Daniel in der Löwengrube zeigte. Als im Jahr 1725 der Münchner Stadtrat den Viertelschreibern der Stadtteile auftrug, alle Gemälde und Inschriften der Häuser zu registrieren, notierten sie unter der Überschrift »Leben grueben«: »Bey Franzen Gege, burger und pierpreuer, ist der alttestamentische Daniel miten under 7 leben sizendt angemahlen in ainer grueben, mit der beyschrifft: ›die löben gruben‹ genannt. Ohne jarzahl, braucht auch nit renovirn.« Dies ist der älteste Nachweis des Freskos; sein wirkliches Alter kennen wir nicht.
Der Stoff der Legende war allgemein beliebt. Der Prophet Daniel war als Jüngling an den Hof Nebukadnezars gekommen, wo er als Traumdeuter hohe Ämter bekleidete. Einst saß König Belsazar, der Sohn Nebukadnezars, beim Festmahl und mißbrauchte goldene Gefäße, die sein Vater aus dem Tempel in Jerusalem geraubt hatte, als Trinkgefäße – eine Szene, die Heinrich Heine in Versform wiedergegeben

---

* Eine Löwenstraße gab es in München im 19. Jahrhundert ebenfalls: die spätere Schellingstraße.

hat: »Und der König ergriff mit frevler Hand / einen heiligen Becher, gefüllt bis am Rand. / Und er leert ihn hastig bis auf den Grund, / Und rufet laut mit schäumendem Mund: / Jehova! Dir künd ich auf ewig Hohn – / Ich bin der König von Babylon! / Doch kaum das grause Wort verklang, / Dem König ward's heimlich im Busen bang. / Das gellende Lachen verstummte zumal; / Es wurde leichenstille im Saal. / Und sieh! und sieh! an weißer Wand / Da kam's hervor wie Menschenhand; / Und schrieb und schrieb an weißer Wand, / Buchstaben von Feuer, und schrieb und schwand.« Keiner der Weisen des Landes konnte die Schrift entziffern, bis Daniel sie als Vorzeichen des Verhängnisses deutete, das über Babylon und Belsazar schwebte. Heine schließt sein Gedicht mit den Worten: »Belsazar ward aber in selbiger Nacht / Von seinen Knechten umgebracht.« Und Babylon wurde vom Mederkönig Darius erobert. Dieser ernannte Daniel zu einem der obersten Beamten im Reich, was mißgünstige Kollegen veranlaßte, ihn zu verleumden. Einem Erlaß zufolge durfte man Bitten nur an den König richten, und als Daniel beim Beten zu seinem Gott beobachtet wurde, warf man ihm vor, gegen diesen Erlaß verstoßen zu haben. Zur Strafe wurde Daniel in die Löwengrube geworfen. Als er jedoch am nächsten Morgen noch immer quicklebendig zwischen den sieben Bestien saß, erkannte man seine Unschuld und er wurde freigelassen. Dafür landeten nun seine Verleumder samt Weib und Kind in der Löwengrube.
Bereits seit der frühchristlichen Katakombenmalerei und in der frühmittelalterlichen Kleinplastik war das Motiv von Daniel in der Löwengrube beliebt. Im Augsburger Dom ziert es das Chorgestühl von 1490. Peter Paul Rubens setzte Daniel und die Löwen besonders dramatisch in Szene. Das Gemälde hängt jedoch leider nicht in der Alten Pinakothek, sondern in Washington.
Mysterienspiele wurden dem Thema gewidmet, so auch anno 1556 in München. Martinus Balticus, der Leiter der städtischen Poetenschule, gelegen am Frauenplatz/Löwengrube, erhielt von der Stadtkammer einen Betrag von gut 13 Gulden

ausbezahlt in Anerkennung der Aufführung »einer teutschen und lateinischen Comedi vom Daniel, der in der Lebmgrueben geworffen«. Martinus Balticus hatte das Stück zusammen mit seinen Schülern im Rathaus aufgeführt, »ainem erbern rath zu gefallen«.

Seit 1524 befand sich in dem Haus in der Löwengrube 17 eine Brauerei, in eben jenem Haus mit dem Daniel-Fresko. Ob die Straße allerdings den Löwen schon immer im Namen getragen hat, ist fraglich. 1646 ist erstmals von der »alten Preustatt in der Lewengrube« die Rede, 1720 von einer »Preubehausung an der Leben grueben«, 1747 von »Franz Gegens Wittib, Lebenpreuin in der Lebengruben«, 1765 von »Löwenbräustatt«; 1823 kann man im Adreßbuch wieder von »Brauerei zur Löwengrube« lesen – um nur einige Beispiele zu nennen. Damit stellt die Löwenbrauerei offensichtlich eine Ausnahme dar: Alle anderen Münchner Brauereien haben ihren Namen meist seit dem letzten Drittel des 17. Jahrhunderts bekommen, abgeleitet von einem Familien- beziehungsweise Hausnamen. Und Helmuth Stahleder, ein guter Kenner der Münchner archivalischen Quellen, vermutet, daß die Löwenbrauerei, da eine solche Namengebung bei ihr nicht geschehen sei, schon einen Namen hatte, bevor diese Entwicklung einsetzte. Namengebend war vermutlich das Fresko an der Hauswand – und so wäre es allerdings doch eine Art Hausname.
Im Laufe des 17. Jahrhunderts scheint sich der Name »Löwengrube«, der zunächst nur das Haus mit der Braustätte bezeichnet hatte, auch auf die Nachbarhäuser und schließlich die ganze Straße ausgedehnt zu haben. Hatte zuerst das Brauhaus mit seinem Gemälde der Straße den Namen verliehen, so übertrug sich der Name im 18. Jahrhundert von der Straße wiederum auf die Brauerei. Man kann davon ausgehen, daß sich spätestens um die Mitte des 18. Jahrhunderts die Brauereibezeichnung »Löwenbräu« im Volksmund soweit verfestigt hatte, daß sie innerhalb kurzer Zeit den bis dahin mit der Brauerei assoziierten »Daniel in

der Löwengrube« verdrängte. Dieser wurde dann auch als Fresko nicht mehr benötigt. Man ersetzte ihn durch zwei steinerne Löwenplastiken an der Hauswand. Die Brauer waren gut beraten, den mythischen Ballast abzuwerfen und sich nur auf die Löwen zu reduzieren. Neben der Assoziation von Kraft und Stolz verband man mit dem Löwen bald auch die Identifikation mit dem bayerischen Nationalwappen.
Dem konkurrierenden »Löwenhauserbräu« und den wenig später entstandenen »Wirt zum kleinen Löwengarten« sowie der »Brauerei zum Bayerischen Löwen« wurde durch diese frühe Vereinfachung des Namens der Weg verbaut. »Löwenbräu« konnte es in München nur einen geben. Und dieser erwies sich auch wirtschaftlich auf die Dauer stärker als die Konkurrenz. Namensähnliche Brauereien wie der »Löwenhauserbräu« oder die »Brauerei zum Bayerischen Löwen« wurden kurzerhand aufgekauft. Die Anfänge des späteren Löwenbräu in der Löwengrube im 16. Jahrhundert hätten diese Entwicklung kaum vermuten lassen.
Die ganze Geschichte des Löwenbräu würde hier zu weit führen – dazu ist ein umfangreiches Buch von Wolfgang Behringer erschienen. Hier nur noch soviel: Durch die Jahrhunderte war der Löwenbräu einer von Münchens zahlreichen Braustätten, mit jeweils wechselnden Brauerfamilien. Doch im 19. Jahrhundert gelang dem Löwen sinnbildlich der Sprung in die Spitzengruppe des Münchner Brauwesens, den er bis heute nicht aufgegeben hat, auch wenn die inzwischen fusionierte Münchner Spaten-Franziskaner-Löwenbräu-Gruppe nun zum belgischen Brauereigiganten Interbrew gehört.
Daß die Löwenbräu AG ihr Markenzeichen nicht nur auf Bieretiketten druckt, versteht sich von selbst. Auf Bierwägen, auf Biergläsern und Bierfilzln, auf Sonnenschirmen und Wirtshausschildern ..., allüberall prangt der Löwe bis weit über die weiß-blauen Grenzen hinaus. Im Laufe der Zeit hat er leichte stilistische Veränderungen erfahren. So wie wir den Löwenbräu-Löwen heute kennen, ist er um 1900 in Anleh-

Der Löwenbräu-Löwe über dem Eingang zum Löwenbräukeller am Stiglmaierplatz in München.

nung an das bayerische Staatswappen entstanden. Es ist kein Zufall, daß der goldene Brauereilöwe bei seiner »Geburt« auf einem weiß-blauen Rautengrund schritt. Der Kunstmaler Karl Wolf hat das Löwenemblem kreiert, das leicht verändert bis heute verwendet wird. Seit 1923 findet sich das Löwenpiktogramm als Firmensignet auch auf den Geschäftsberichten. Der aufrecht schreitende, (heraldisch) rechtsgewendete Löwe ist fester Bestandteil der »Corporate identity« des Unternehmens geworden. Seit wann die Brauerei dazu übergegangen ist, nicht nur das bayerisches Staatstier im Firmensignet zu verwenden, sondern auch verbal den Firmennamen mit dem Land Bayern zu koppeln, ist nicht ganz geklärt. Spätestens seit 1969 hieß der Slogan jedoch: »Löwenbräu. Das Bier, das so berühmt ist wie seine bayerische Heimat.« 1978/79 wurde dieser auf »Löwenbräu. Ein Bier wie Bayern« verkürzt. Bis heute ist diese Gleichschaltung von Brauerei und Land beibehalten worden. Vor einigen Jahren strahlte das amerikanische Fernsehen einen Werbespot aus. Er könnte als die Kurzfassung des amerikanischen Bayernbildes schlechthin gelten: Ein Drachenflieger startet bei herrlichstem Wetter am Tegelberg, umkurvt einmal Schloß Neuschwanstein, um gleich darauf auf dem Marktplatz von

Rothenburg ob der Tauber zu landen, zeitgleich mit dem Eintreffen eines prächtigen Brauereigespanns mit seinem typisch melodiös klingenden und scheppernden Geräusch. Der Drachenflieger zieht den Pullring einer hellblauen Löwenbräudose, das Bier zischt und er ist glücklich: »Ah ... Lowenbrau!«
Der Löwenbräu-Löwe ist heute fast omnipräsent, nicht nur als Firmenzeichen. Auf dem Oktoberfest hebt ein riesiger Pappmaché-Löwe seit 1950 in regelmäßigen Abständen den Maßkrug, trinkt und brüllt danach sein zufriedenes »Löööwen-brääau!« über die Theresienwiese. Auf Betreiben der Konkurrenz verbot im September 1952 zwar das für das Oktoberfest zuständige städtische Referat die »akustische Brauerei-Reklame«, doch die Öffentlichkeit hatte dafür wenig Verständnis. Der brüllende Löwe war in kürzester Zeit zu einem Wahrzeichen des Oktoberfestes geworden. Auch die Brauerei protestierte immer wieder gegen den »Maulkorb«. Der Löwe behielt zwar seinen Platz über dem Eingang zum Festzelt, wurde jedoch hinter ein großes, vergittertes Fenster mit einem mächtigen Vorhängeschloß verbannt. Darunter war zu lesen: »I derf net brüll'n, I derf nix sag'n, I derf net klag'n, und dennoch: Der Tiere König ist der Leu: Löööwenbräu!« Schließlich hob der Stadtrat das Brüllverbot 1953 wieder auf. »Ich brauch' nun nicht mehr zu zittern, befreit aus Kerkergittern, brüll ich ins neue Jahr«, ließ daraufhin die Brauerei auf die Neujahrskarten für 1954 drucken. Und so brüllt der beliebte, mechanische Löwe bis heute jeden Herbst durch die Wirtsbudenstraße. In der Nichtwiesnzeit fristet er sein Dasein stumm im Löwenbräukeller am Stiglmaierplatz.
Dort ruht auch ein mächtiger Steinlöwe über der Eingangs-Vorhalle. Der Löwenbräukeller war in den frühen 1880er Jahren durch den Architekten Albert Schmidt erbaut worden, hatte jedoch bereits nach wenigen Jahren durch den Stadtarchitekten Friedrich von Tiersch eine Umgestaltung erfahren. Der Löwe über der Vorhalle ist ein Werk des berühmten Tierbildhauers Wilhelm von Rümann, von dem

Der von Ernst Pfeiffer geschaffene Löwenbräu-Löwe vor der kriegszerstörten Brauerei. Foto, um 1945.

auch die mächtigen steinernen Löwen vor der Feldherrnhalle stammen. Und an der benachbarten Haupteinfahrt zur Brauerei, die im frühen 19. Jahrhundert aus der engen Löwengrube vor die Tore der Stadt an die heutige Nymphenburger Straße gezogen war, thront ein mächtiger Bronzelöwe auf einem hohen Sockel. Ihn hat 1911 der Rümann-Schüler Ernst Pfeiffer geschaffen. Dieser Leu hat den schweren Fliegerangriff vom 4. Oktober 1944, bei dem große Teile der Löwenbrauerei zerstört wurden, überlebt. Etwas lädiert stand er die nächste Zeit am Boden. Jemand hatte ihm ein Schild um den Hals gehängt: »Ich bin vom Postament

Zur Starkbierzeit kommt der Wiesenlöwe auch im Löwenbräukeller zu Ehren. Foto, etwa 1970.

gestiegen, Doch laß ich mich nicht unterkriegen, Zwar hat mein Fell ein Loch – Aber brauen kann ich doch!«
Nach dem Krieg wurde die Brauerei wieder aufgebaut und der Portallöwe kehrte an seinen angestammten Platz zurück. Auch den benachbarten Löwenbräukeller mit dem Löwen über der Vorhalle richtete man wieder her. In der Löwengrube dagegen gibt es keine Löwenplastiken mehr. Zwar hatte man 1972 in der nahen Herder-Passage einen Löwengruben-Brunnen mit der Darstellung Daniels in derselben aufgestellt (Bildhauer Karl Knappe und Klaus Backmund), doch ist auch er inzwischen wieder verschwunden.

Der Aufstand der Löwler

Eines der wenigen gotischen Häuser, das den zahlreichen Stadtbränden im oberpfälzischen Cham standgehalten hat, ist die einstige Fürstenherberge »Zur Krone« am Marktplatz. Noch immer prägt das zinnenbekrönte Doppelgebäude neben dem Rathaus das Stadtbild. Hier stiegen durch viele Jahrhunderte illustre Reisende von und nach Böhmen ab, darunter als einer der bedeutendsten Kurfürst Friedrich V. von der Pfalz, der sogenannte Winterkönig, auf der Reise nach Prag, um dort seine nur einen Winter währende Königswürde anzunehmen.

Doch auch manch Einheimischer verkehrte in diesem Haus. Zum wohl bekanntesten Treffen kam es allerdings im Jahre 1489, als sich in der »Krone« sechsundvierzig Ritter und Hofmarksherren aus der Oberpfalz trafen, um sich gegen den bayerischen Herzog Albrecht IV. (1447–1508), den die Geschichte später den Weisen nennen sollte, zu verbünden. Die Adeligen nannten sich die »Gesellschaft des Löwen« oder kurz: die »Löwler«.

Unter Albrechts Regierung war der Gegensatz zwischen Landesherrn und Ritterschaft voll zum Ausbruch gekommen. Der Fürst wollte mit aller Entschiedenheit eine mächtige und einheitliche Staatsgewalt erreichen. Seine moderne Staatsauffassung geriet jedoch in den schärfsten Gegensatz zum bisherigen mittelalterlichen Gedankengut. Bereits im August 1466 hatte sich deshalb in Regensburg eine Turniergesellschaft versammelt, die hauptsächlich aus der Ritterschaft des Straubinger Landes und einigen Edelleuten aus dem Nordgau bestand. Nach dem Abbild eines Bockes, das die Mitglieder dieses Ritterbundes an einer Kette auf der Brust trugen, nannte man sie die »Böckler«. Es ging um Steuerfragen und um eine mögliche Beschneidung ihrer Eigenständigkeit. Herzog Albrecht betrachtete die Sache von Anfang an mit großem Mißtrauen, besonders als er erfuhr,

daß sich sein jüngerer Bruder Christoph, bekannt als der Starke, mit dem er nie auf gutem Fuß gestanden hatte, dem Böcklerbund angeschlossen hatte. Doch dann kam das jähe Ende des Bundes: Zum 28. Oktober 1468 wurde ein Reichstag in Regensburg einberufen und die Rittervereinigung der Böckler durch ein kaiserliches Mandat aufgelöst.
Der Mächtigste unter den Böcklern war Hans von Degenberg, dessen Herrschaften sich entlang der böhmischen Grenze erstreckten. Auch wenn der Böcklerbund nicht mehr bestand, so gab der einflußreiche Degenberger noch lange keine Ruhe. Einzelne Böckler unterstützten ihn weiter, auch einige Adelige aus dem benachbarten Böhmen. Deshalb eröffnete Herzog Albrecht noch im November 1468 den Feldzug gegen den Degenberger, den er rasch besiegte. Die Degenberger Burgen gingen in Flammen auf; der Widerstand des Degenberger war für Jahre gebrochen, ja es fand sogar eine Versöhnung mit dem Herzog statt. Auch Hans von Nußberg, ebenfalls ein Anführer des Bundes, verlor seine Besitzungen.
Es war danach zwar Ruhe im Bayerischen Wald eingekehrt, doch gärte es weiter unter den erbosten, stets um ihre Eigenständigkeit und Macht bedachten Rittern. Sobald es neuen Zündstoff gab, rotteten sie sich wieder zusammen. Wie bei der Gründung des Böcklerbundes ging es um Steuerbewilligungen, durch die sich die Ritterschaft in ihren Rechten beeinträchtigt fühlte. Auf einem Landtag im August 1488 zu München hatte Herzog Albrecht das nötige »Reisgeld« gefordert, also finanzielle Mittel aus Steuern für die Aufstellung eines Söldnerheeres gegen den Schwäbischen Bund. Die Ritterschaft erklärte sich zwar bereit, die Sache des Herzogs selbst zu verteidigen, verweigerte aber eine Steuerbewilligung für sich und ihre Hintersassen. Als trotz dieses Widerstandes die Steuern eingetrieben wurden, erhoben sich die Ritter.
»In Anbetracht der Verwandlung der Zeit und unglücklicher Zufälle, die sich unversehens im Lande begeben«, schlossen am 14. Juli 1489 sechsundvierzig Edelleute aus dem Bayeri-

schen Wald und der angrenzenden Gebiete im Chamer Gasthaus »Zur Krone« erneut einen Bund. Die Stadt Cham wählte man als neutralen Tagungsort, da die Grafschaft Cham rechtlich zwar zu Bayern gehörte, jedoch an den Pfalzgrafen bei Rhein verpfändet war. Zudem lag der Ort strategisch günstig, mitten in der Region, aus der die meisten »Löwler« stammten. Hinzu kam die »Böhmer-Straße«, ins östliche Nachbarland, wo man Bundesgenossen zu finden hoffte.

Als Wahrzeichen trugen die Ritter dieses Mal einen Löwen an der Kette. Leider ist keine dieser Ketten erhalten, doch kennt man ihr Aussehen recht genau, dank der detailfreudigen Auskunft des Bundesbriefes von 1489: »Jedes Mitglied trägt eine Kette von sechzehn Gliedern, und ein jedes Glied mit einem viereckigen Umschweife, jedoch aneinander gehängt, und in demselben Umschweife einen Löwen. Auf seine vier Pranken gedrückt, hauchend, mit aufgehaltenem Haupte, mit gestrecktem Halse, mit durchgeschlagenem Schwanze zwischen den hinteren Deichen [mittelhochdeutscher Ausdruck für Oberschenkel bei Mensch und Tier] und Schenkeln aufgerichtet, doch ein wenig gesengtem Wedel an solchem seinem Schwanze, allenthalben nach gebühr, fröhlich und durchsichtig von gutem Silber geformt. In der Mitte der Kette, mit einer gedruckten Lilie geziert, und fürder mit einem zwiefachen Kettl, aber einem Löwen, wie oben beschrieben, auf dem angefaßt hängend.« Dieses große Ordenszeichen mußte an Feiertagen, Fürsten- oder Landtagen und auf Versammlungen getragen werden; an den übrigen Tagen genügte ein kleines Emblem am Hut, an der Kappe oder an den Kleidern, bei Rittern vergoldet, bei Knechten in Silber. »Einigkeit und Kampfesmut, daneben aber ein Rest von Ehrerbietung gegen den Landesherrn sollten wohl der Sinn des Bundeszeichen sein«, meinte Max Piendl in seiner Geschichte der Böckler und Löwler.

Im wesentlichen waren es wieder dieselben Geschlechter, die sich einst zum Bund der Böckler zusammengefunden hatten: die Degenberger, Nußberger, Nothafft, Sattelboger, Muracher, Parsberger, Staufer zu Ernfels, Chamerauer, Zenger, Paulsdorfer, Türlinger und viele andere. Zum Hauptmann wurde der Chamer Pfleger Sebastian Pflug zum Rabenstein gewählt, der bereits als Führerpersönlichkeit im Böcklerbund einschlägige Erfahrungen gesammelt hatte. Als Räte stellte man ihm Heinrich Nothafft, Hans von Parsberg und Jobst Zenger zur Seite. Auch in fürstlichen Reihen fand der Bund der Löwler schnell Unterstützung: Pfalzgraf Otto von Neumarkt war schon anläßlich der Gründung beigetreten. Bald schlossen sich auch die beiden jüngeren Brüder Herzog Albrechts an. Christoph der Starke und Wolfgang fühlten sich stets von Albrecht übervorteilt, und so ist ihre Unterstützung nicht weiter verwunderlich.

Die Sache der Löwler schien sehr gut zu stehen, als sich auch noch der Kaiser in dieser Angelegenheit auf die Seite von Albrechts Gegnern stellte. Doch dann wendete sich das Blatt. Auf einem Landtag zu Amberg im März 1490 gewann Herzog Albrecht in Herzog Philipp von der Pfalz und Herzog Georg von Niederbayern Unterstützung und schließlich schwenkte sogar Pfalzgraf Otto auf seine Seite um. Man versprach Herzog Albrecht solange Beistand, bis seine »Untertanen im Löwen« zum Gehorsam gebracht und bestraft seien. Daraufhin gaben die Löwler ihre bisherige Zurückhaltung auf. Mit dem Schwäbischen Bund wurden Verhandlungen aufgenommen und ein Bündnis zu gegenseitiger Hilfe geschlossen. Auch der Böhmenkönig Wladislaus konnte für die Sache der Löwler gewonnen werden. In einer Urkunde vom 2. Oktober 1490 gewährte er der Gesellschaft mit ihren achtundsiebzig namentlich aufgeführten Burgen einen Schutz auf fünfzehn Jahre. Auch die böhmischen Landstände bekräftigten diese Verbindung.

1491 verhandelte König Maximilian auf einem Reichstag zu Nürnberg in Gegenwart einiger Reichsfürsten mit den Rittern des Löwlerbundes. Dreizehn Mitglieder, an ihrer Spitze die Herren von Degenberg, Stauf, Paulsdorf und Nothafft, überreichten eine lange Liste von Beschwerden gegen ihren Landesherrn. Herzog Albrecht wies diese Vorwürfe ent-

schieden zurück. Vergleichsvorschläge Maximilians führten zu keinem Erfolg, allein schon deshalb, weil der eigensinnige alte Kaiser Friedrich entschlossen war, ohne Rücksicht gegen Herzog Albrecht vorzugehen. Als die Herzöge Christoph und Wolfgang schließlich mit dem Vollzug der Reichsacht gegen die Stadt Regensburg beauftragt wurden, glaubten die Löwler ihre Zeit für gekommen. Gut gemeinten Warnungen zum Trotz schlugen sie viel zu früh los. Im Dezember 1491 überfiel Hieronymus von Stauf von seinem Schloß Köfering aus das herzogliche Dorf Pfatter und schleppte Gefangene fort. Sein Bruder Bernhardin plünderte von Ernfels aus die Umgebung und die Parsberger wurden auf der Burg Flügelsberg der Schrecken des gesamten Umlandes.
Diese politische Unklugheit der Löwenritter sollte sich bald bitter rächen. Als Folge ihres übereilten Losschlagens konnten die mächtigen Bundesgenossen gar nicht rechtzeitig eintreffen und so errang Herzog Albrecht noch vor Ende des Jahres einige entscheidende Siege. Viele der Oberpfälzer Burgen wurden geschleift, die Ortschaften geplündert und einige der Löwler gerieten in Gefangenschaft.
Die Sache des Löwlerbundes schien bereits verloren, als noch einmal Hoffnung aufkeimte: Der Kaiser erneuerte die Acht gegen Regensburg und sprach sie auch über alle Helfer der Stadt, vor allem aber über Herzog Albrecht aus. Der Schwäbische Bund und das Reich sammelten daraufhin Truppenverbände gegen Albrecht und obendrein ließ in dieser höchsten Gefahr auch noch der Landshuter Herzog Georg seinen Münchner Vetter im Stich. Doch bevor es zur entscheidenden Schlacht kam, traf man sich in Augsburg zu Friedensverhandlungen. Auch die Löwler wurden dazu eingeladen, doch verließen ihre Abgesandten enttäuscht die Stadt. Sie hatten sich mehr erhofft. Es wurde ihnen zwar die Rückgabe des im Krieg Verlorenen zugesprochen, nicht jedoch eine Regelung in der Streitfrage.
Als am 25. Mai 1492 der Friede verkündet wurde, schickten die Löwler noch am selben Tag dreiundneunzig Fehdebriefe an den Viztum von Straubing. Sofort gingen sie mit zwei-

hundert Berittenen und tausend Landsknechten zum Angriff gegen die herzoglichen Besitzungen im Bayerischen Wald vor. Nach anfänglichen Überrumpelungserfolgen zeigte sich die herzogliche Streitmacht jedoch bei weitem überlegen. Wieder fielen Burgen in Schutt und Asche, wieder gerieten einige Anführer der Löwler in Gefangenschaft. Erst jetzt war man in den Reihen der Löwler geneigt, sich dem in Augsburg vereinbarten Waffenstillstand zu unterwerfen. Es dauerte jedoch noch eine Weile, bis der Ausgleich zwischen ihnen und dem Herzog zustande kam. Am 7. August 1493 wurde die Versöhnung nach langen zähen Verhandlungen auf verschiedenen Landtagen erreicht. Die acht mächtigsten Ritter des Löwlerbundes waren in München erschienen. Im wichtigsten Artikel des Vertrages wurde bestimmt, daß die gemeine Landesfreiheit in Kraft bleibe. Damit hatten die Ritter in der wichtigen Frage der Besteuerung, die ja der Anlaß zu ihrer Gründung und der Fehde mit dem Herzog gewesen war, ihren Willen gegen den Herzog durchgesetzt. Ihre Burgen waren zwar vom Herzog zerstört, doch den Fortbestand der verbrieften Rechte der Ritter und Stände hatten die Löwler erkämpft. Die erlittenen Kriegsschäden wurden den Löwlern jedoch nicht ersetzt.
Damit hatte der Löwlerbund sein Ziel erreicht; ein Fortbestand war gegenstandslos geworden. Der Ritterbund der Löwler wurde zwar nicht förmlich aufgelöst, führte jedoch nur noch auf kurze Zeit ein Scheinleben. Die Bundesmitglieder erhielten vom Herzog wieder Ämter und Würden. Und der sogenannte »Löwlerkrieg« wurde zu einer Marginalie der bayerischen Geschichtsschreibung. Doch Herzog Albrecht IV. scheint die Niederlage, die ihm die Ritter des Bayerischen Waldes und aus dem Nordgau beigebracht haben, nie ganz verschmerzt zu haben. In den Akten zum Löwlerprozeß bittet er seine Erben, nach seinem Tod »die unlöbliche Geschichte, die hier beschrieben stehe, in ihr fürstlich Gemüt zu nehmen und nicht ungerochen zu lassen«.

Meister Albrecht und seine Löwen

»Am Pfingstag nach Kiliani [12. Juli] hab ich, Albrecht Dürer, uf mein Verkost und Ausgeben mich mit meim Weib von Nürnberg hinweg in das Niederland gemacht«, vermerkte der berühmte Maler und Kupferstecher anno 1520 in seinem Tagebuch. Auf eigene Kosten also war er zusammen mit seiner Frau Agnes und Bediensteten aufgebrochen, reiste über Aschaffenburg und Mainz den Rhein hinab bis Köln, wo sie nach knapp zwei Wochen eintrafen. Immer wieder hatten sie Besuche bei verschiedenen Kaufleuten und Künstlern aufgehalten. Der 1471 in Nürnberg geborene Albrecht Dürer hatte es längst geschafft, ein hochangesehener Mann und vor allem ein allgemein beliebter, gutbezahlter Künstler zu werden. An allen Stationen seiner Reise traf er mit lokalen Persönlichkeiten zusammen, wurde hofiert, herumgeführt und reich »beschenkt«, das heißt seine Werke wurden teuer bezahlt.
Nach drei Tagen in Köln reisten die Dürers weiter Richtung Westen, bis sie am 2. August in Antwerpen eintrafen. Hier war ein längerer Aufenthalt geplant, der mit Besuchen, Treffen mit Künstlerkollegen, Besichtigungen, mit Porträtmalereien und anderen Aufträgen sowie dem Verkauf seiner zum Teil mitgeführten Werke, vor allem von Kupferstichen und Holzschnitten, dahinging. Eigentlicher Zwecke der Reise war jedoch wohl in erster Linie die Bestätigung des von Kaiser Maximilian I. bewilligten Jahresgehalts durch dessen Nachfolger Karl V., was jedoch im Tagebuch kaum erwähnt wird.
Von Antwerpen aus unternahm das Künstlerehepaar verschiedene mehrtägige bis mehrwöchige Ausflüge. Inzwischen war es längst Winter geworden und wieder Frühling und Albrecht Dürer lebte noch immer in den Niederlanden. Am 9. April 1521 reiste er nach Gent. »Und do ich gen Gent kam, do kam zu mir der Dechant von den Malern, brachte

mit ihm die Vordersten [Vorsteher] mit in die Malerei, erboten mir groß Ehr, empfingen mich gar herrlich, boten mir an ihren guten Willen und Dienst und aßen mit mir zu Nacht.« Am nächsten Tag organisierten seine Malerkollegen eine Besichtigungstour durch die Stadt: »Am Mittwoch [10. April] frühe fuhrten sie mich auf S. Johannes Thurn, do übersahe ich die gross wunderbarlich Stadt, darin ich gleich vor gross ansehen ward. Darnach sahe ich des Johannes Tafel [gemeint ist der berühmte Genter Altar des Jan van Eyck und seines Bruders]. Das ist ein überköstlich, hochverständig Gemäl.« Als nächstes stand der Löwenzwinger, der in Gent um die Mitte des 14. Jahrhunderts eingerichtet worden war, auf dem Programm: »Darnach sahe ich die Lewen und conterfeit einen mit den Steft«, notierte der große Meister in sein Tagebuch, bevor er fortfuhr: »Gent ist hübsch und ein wunderliche Stadt. 4 grosse Wasser fließen dardurch [...]«, und abschließend vermerkte Dürer noch, daß er dem Mesner (wohl von St. Johannes) und den Löwenknechten 3 Stüber (eine niederländische Münze, die in etwa 80 Pfennig entsprach) Trinkgeld gegeben habe.

Erst nach über einem Jahr in den Niederlanden reisten die Dürers wieder Richtung Heimat. Am 15. Juli 1521 erreichten sie Köln. Dann brechen die Aufzeichnungen ab. Die letzten Jahre verbrachte der Maler – höchst beschäftigt und anerkannt – wieder in Nürnberg, wo er am 6. April 1528 starb.

Heute wird in der bedeutenden Graphischen Sammlung in Wien – nach Herzog Albert von Sachsen-Teschen »Albertina« genannt – die Zeichnung eines liegenden Löwen verwahrt, die, mit Silberstift gezeichnet, von Dürer eigenhändig mit »zw gent« bezeichnet wurde. Zweifellos handelt es sich dabei um den Löwen aus dem Genter Zwinger. Ein weiteres Blatt, das heute im Kupferstichkabinett in Berlin erhalten ist, zeigt gleich zwei Löwen: eine Frontal- und eine Seitenansicht, Porträts wohl desselben Modells, ebenfalls mit einem Silberstift gezeichnet, auf einem Blatt, das rückseitig ein in Antwerpen angefertigtes Männerporträt enthält. Der imposante Mähnenlöwe hat den Künstler offenbar sehr

»Zu Gent« hatte Dürer 1521 vermutlich erstmals Gelegenheit, am lebenden Objekt Studien vorzunehmen.

beeindruckt – er ist aber auch zu schön! Dürer hätte ihn sonst vermutlich in seinen äußerst knapp gehaltenen Reiseaufzeichnungen auch nicht erwähnt. Noch im selben Jahr 1521 fertigte er von diesem Löwen obendrein eine farbige Gouache auf Pergament an, die heute ebenfalls in der »Albertina« gelandet ist.

Dürer, von dem viele herrliche Tierporträts stammen – man denke nur an das grandiose Rhinozeros, zu seiner Zeit noch etwas ganz Exotisches, oder den allbekannten und tausendfach reproduzierten Feldhasen – scheint für Löwen eine besondere Vorliebe gehabt zu haben. Auf jeden Fall tummelt sich auf seinen Zeichnungen und Druckgraphiken gleich ein ganzes Rudel: rund fünfzig Beispiele sind heute bekannt. Dabei handelt es sich um Entwürfe zu Wappen und Helmzieren, zu einem Grabmonument, zum Thronstuhl für den Salzburger Kardinal Lang von Wellenburg von 1521 (dessen Löwen im übrigen wieder die Züge des Genter Modells zeigen) sowie für einen Schmuckanhänger in Löwenform. Dürers Löwen finden sich in den Tierkreiszeichen, als Begleiter der Gerechtigkeit, als Gegner Simsons, als Attribut des heiligen Markus, am häufigsten aber als Begleitfigur des heiligen Hieronymus.

Bereits das erste signierte Werk Dürers überhaupt zeigt den heiligen Hieronymus, wie dieser dem Löwen den Dorn auszieht. Am 8. April 1492 ist das Blatt als Titelholzschnitt einer in Basel erschienenen Ausgabe der Hieronymus-Briefe erschienen. »Albrecht Dürer von nörmergk« steht auf der Rückseite des Druckstocks. Viel Anschauungsmaterial für Löwen hatte dem Künstler damals offensichtlich noch nicht zur Verfügung gestanden. Der Löwe, dessen spitzes Ratten-Gesicht auf einem erbarmungswürdig ausgehungerten Körper sitzt, ist eigentlich nur an seiner langen Mähne zu erkennen. Etwas besser genährt erscheinen bereits die Löwen des heiligen Hieronymus in der Wüste (um 1496) und des büßenden Hieronymus (um 1506), doch läßt ihr Gesichtsausdruck noch immer zu wünschen übrig. Erst seit dem heiligen Hieronymus in der Zelle von 1511 wirken die Löwen naturnäher. Ein besonderes Prachtexemplar ist bereits der Löwe des um ein Jahr jüngeren Hieronymus in der Felsengrotte (1512). Es folgen noch die Stiche des Hieronymus neben dem Weidenbaum (1512) und der wohl bekannteste Dürer-Hieronymus, der »im Gehäus« (1514), wobei der Löwe hier schon fast zu einem faulen, fetten Hauskater mutiert ist. Gerade diesen letzten Stich hat Dürer äußerst erfolgreich auch auf seiner Niederlandreise an den Mann gebracht. Das Blatt zählt heute zusammen mit den Blättern »Melancholie« und »Ritter, Tod und Teufel« zu den drei Blättern Dürers, mit denen er die Kunst des Kupferstichs zu bis dahin unerreichten Möglichkeiten steigerte. Dürer zeigt den großen Kirchenlehrer Hieronymus (um 347–419/20) in der Abgeschlossenheit seiner Studierstube, wie er die Bibel aus dem Urtext ins Lateinische übersetzt. Er sitzt in einem kleinen, niedrigen Raum, durch dessen großes Fenster das Sonnenlicht fällt. Und auf der Schwelle liegt wachsam der

Löwe, den der Kirchenvater der Legende nach einst in der Wüste von einem eingetretenen Dorn befreit hatte und der ihm daraufhin aus Dankbarkeit zahm folgte. Er wurde schließlich zum Attribut des Heiligen, das selten auf den ungezählten Hieronymus-Stichen und Kirchenvater-Fresken und -Kanzelschnitzereien in Kirchen fehlt.

Es ist nicht auszuschließen, daß Dürer vor seinem Besuch des Genter Löwenzwingers schon einmal einen Löwen in natura gesehen hatte, etwa auf einer seiner ausgedehnten Reisen in die Schweiz, nach Straßburg oder nach Italien, doch ist eher anzunehmen, daß ihm andere Bilder als Vorlagen für seine frühen Löwen gedient haben. Es gab bereits eine Menge von Hieronymus-Bildern vor Dürer, etwa ein Jan van Eyck zugeschriebenes Gemälde von 1442 sowie diverse italienische Werke, die Dürer auf dem Weg nach Venedig gesehen haben dürfte. Südlich der Alpen war das Hieronymus-Motiv nämlich noch weitaus beliebter als in unseren Breiten. Ein 1494/95 auf der ersten Venedigreise entstandenes Skizzenblatt zeigt neben vielen anderen Figuren drei Löwenköpfe mit langer zottelinger Mähne in verschiedenen Positionen. Sie scheinen jedoch nicht nach einem lebenden Modell gezeichnet worden zu sein, eher nach einem Denkmal, von denen es in Venedig ja eine ganze Fülle zu entdecken gab. Die gleiche Mähne zeigt der Löwe einer Gouache von 1494, die möglicherweise nach diesem Skizzenblatt oder derselben Vorlage entstanden ist. Erst die Zeichnungen des Genter Löwen lassen ein lebendes Modell vermuten.

Etwas unterernährt wirkt der Begleiter des heiligen Hieronymus auf der ersten Löwendarstellung Albrecht Dürers von 1492. Dem großen Meister ist jedoch zugute zu halten, daß er bis dahin wohl noch keinen echten Löwen gesehen hatte.

Die glückbringenden Löwennasen vor der Münchner Residenz

Die beliebtesten Löwenschnauzen Bayerns sind wohl die vier vor der Münchner Residenz. Sowohl ein zaghaftes Streicheln im Vorübergehen als auch ein intensives Reiben verspricht Glück, weshalb die Nasen immer blitzblank geputzt in der Sonne glänzen. Ich kenne einen jungen Mann aus dem Norden Münchens, der allen Ernstes vor einer Lateinschulaufgabe zu den Löwen in die Stadt gefahren ist, mit der Begründung, daß es doch sehr viel weniger Zeit in Anspruch nähme, die Löwennasen zu streicheln, als nachmittagelang Vokabeln zu büffeln. Diese Taktik ist offensichtlich aufgegangen: längst hat der Schüler von einst das Abitur geschafft; heute ist er wohlsituierter Computerfachmann.

Woher der Brauch kommt? Man weiß es nicht so genau. Zwar schreibt Gisela Schinzel-Penth in ihrem Buch über Sagen und Legenden von München, daß die bronzenen Löwen »seit jeher« als Glücksbringer gelten. »Wer mit der Hand über ihre kalten Nasen streicht, dem ist«, so behauptet ein alter Aberglaube, »das Glück hold.«

Das »seit jeher« wird allerdings durch die Tatsache, daß die Löwenfiguren erst 1616 vor dem etwa zur selben Zeit errichteten Westflügel der Residenz aufgestellt wurden, zeitlich eingegrenzt. Sogar um 1900 scheint man sich an den Brauch noch nicht so richtig gewöhnt zu haben, wie anders wäre sonst die Bemerkung in einem Zeitungsartikel von 1905 zu verstehen, in dem von den »herrlich heraldischen Löwen« an der Residenz die Rede ist, »jenen weltberühmten Schildhaltern, an denen wir Münchner jeden Tag so gleichgültig vorübergehen und die doch kaum ihresgleichen haben«? Auf der anderen Seite sind auf historischen Aufnahmen derselben Zeit durchaus blank geputzte Näschen zu erkennen.

Wenn man es ganz genau nimmt: Gerieben wird nicht an den

Löwenschnauzen (so weit würde kein Arm hinauf reichen), sondern an einem Maskaron, einem Gesicht, das einem Menschen oder Fabeltier gehören könnte, nicht aber einem Löwen, und das lediglich den vom Löwen gehaltenen Schild künstlerisch nach unten abschließt. Die Löwen selbst blicken majestätisch über die Köpfe der reibenden und glückheischenden Besucher hinweg.

Gegossen wurden die Löwenstatuen als Wappenhalter bereits 1594 für ein großartiges Grabmonument für Herzog Wilhelm V. den Frommen und seine Frau Renata von Lothringen, das jedoch nie zur Aufstellung kam und dessen figuraler Schmuck heute über München verteilt ist.

Als Künstler vermutet man Hubert Gerhard und/oder Carlo Pallago, für die Schilde ihren kongenialen Kollegen Hans Krumpper – alle drei zählen zu den bedeutendsten Meistern des Erzgusses ihrer Zeit. Hubert Gerhard und sein Schüler und Nachfolger Hans Krumpper haben München geradezu zu einer »Bronzestadt der Spätrenaissance und des Frühbarock« gemacht. Speziell Gerhards Figuren, zu denen auch der heilige Michael vor der Michaelskirche, die Bavaria auf dem Hofgartentempel und der sogenannte Wittelsbacher Brunnen in der Residenz zählen, prägen – neben den Bronzen für das gescheiterte Grabmonument – bis heute das Stadtbild.

Die Urheberschaft der Löwen kann nicht eindeutig geklärt werden. Hier widersprechen sich die archivalischen Quellen ein wenig, doch scheint, daß Hubert Gerhard zumindest zwei Modelle erstellt und Carlo Pallago in Anlehnung daran zwei weitere geschaffen und schließlich alle vier gegossen hat. Auf jeden Fall verzeichnet der Augsburger Jurist Dr. Hieronymus Fröschel in seiner Chronik unter dem 24. April 1596, daß ihm – anläßlich seines Besuches in München – von Hubert Gerhard vier Löwen, die für das herzogliche Grabmal vorgesehen waren, gezeigt wurden. Ein Jahr später fordert Carlo Pallago je 150 Gulden für das Gießen von »zway Leben, so von Huebert possiert« (modelliert) sowie je 300 Gulden für zwei von Pallago selbst geformte, gegossene und in seinem Auftrag ziselierte weitere Löwen.

Die drückende Schuldenlast, die Herzog Wilhelm V. bereits bewogen hatte, die Zahl der lebenden Löwen am Alten Hof zu reduzieren, verhinderte schließlich auch die Fertigstellung des großartig geplanten Grabmonuments, das seine Aufstellung in der damals im Bau befindlichen Michaelskirche erhalten sollte. Seit dem 1. Januar 1595 übte Wilhelms Sohn Maximilian eine förmliche Mitregentschaft aus und übernahm am 4. Februar 1598 die volle Regierungsverantwortung. Doch schon früher hatte sich die finanzielle Lage dermaßen zugespitzt, daß die Entlassung so bedeutender Hofkünstler wie Hubert Gerhard unumgänglich geworden war. Spätestens mit dem Zeitpunkt der Regierungsübernahme Maximilians war das Projekt »Grabmonument« gestorben. Anläßlich der Weihe von St. Michael 1597 hatte man die Kreuzigungsgruppe, den Schutzengel und den Weihbrunnenengel dort provisorisch aufgestellt. Sie blieben in dieser Kirche – bis heute. Die anderen bereits fertiggestellten Statuen verteilte Herzog Maximilian, der spätere Kurfürst Maximilian I., in der Innenstadt: Einige Bronzen konnte er für das zwischen 1619 und 1622 neu gestaltete Grabmal Kaiser Ludwigs des Bayern in der Frauenkirche gebrauchen. Die Patrona Bavariae wurde 1638 auf die Mariensäule am gleichnamigen Platz gehievt und die Löwen stellte man 1616 vor dem von Maximilian neu errichteten Residenzflügel auf, vor die Fassade, an der ebenfalls eine von Hubert Gerhard geschaffene Patrona Bavariae wacht – stets mystisch von einem flackernden »ewigen Licht« beleuchtet. Kurfürst Maximilian, der die Gegenreformation in Bayern vorantrieb, war ein großer Marienverehrer. Flankiert wird die Madonnenstatue von zwei bronzenen kurbayerischen Wappen, ebenfalls gehalten von je zwei bayerischen Löwen.

Doch uns interessieren vor allem die majestätischen Tiere davor, von denen keines dem anderen gleicht. Sie stehen auf marmornen Sockeln und flankieren die Eingänge zum Kapellen- und Kaiserhof (und zu den Pfälzer Weinstuben!). In ihren behaarten Pranken halten sie je einen Bronzeschild mit Symbolen und Sinnsprüchen, korrespondierend zu den

Einer der Löwen vor der Münchner Residenz. Nicht das Reiben an den Löwenschnauzen, sondern an den Maskarons bringt Glück.

Allegorien der vier Kardinaltugenden, die als Giebelfiguren über den Portalen ruhen (ursprünglich war eigentlich das herzogliche Wappen für die Schilde vorgesehen gewesen).
Von Norden nach Süden handelt es sich um Prudentia, deren Sinnbild das Schiff ist und deren Spruch »Qua sidere, qua siderite« lautet, Justitia mit Sonne und »Super simul et infera«, Fortitudo mit Felsen im Meer und »Diffractas longe remittit« sowie Temperantia mit Sanduhr und »Temperato ponderibus motu«. In gutem Humanistenlatein will uns dies alles in etwa besagen: Die Klugheit achtet auf Stern und Magnetnadel; die Gerechtigkeit behandelt Hohes und Niedriges gleich; die Tapferkeit/Stärke/Macht bricht alles und wirft es weit zurück; die Mäßigung wägt ihre Bewegungen genau ab. Von Glück liest man nichts. Vielleicht erringt man es, wenn man die Kardinaltugenden beherzigt?
Daß das Reiben an den bronze-kalten Nasen Glück bringt, soll bereits anno 1848 ein Münchner Student erfahren haben. Er soll – so erzählt zumindest die Fama – eine Schmähschrift gegen Lola Montez, die in München allseits unbeliebte Mätresse König Ludwigs I., verfaßt und an der Residenz befestigt haben, so daß jeder sie im Vorübergehen lesen konnte. Der König war außer sich und wollte »die unbekannten Täter« – wie er meinte – auf jeden Fall fassen. Eine hohe Belohnung wurde für ihre Ergreifung ausgesetzt.
Doch der Student ließ sich dadurch nicht einschüchtern. Noch einmal schlich er zur Residenz, streichelte den Löwen die Nasen und hängte erneut ein Schriftstück auf, gekränkt, weil der König ihm die Tat nicht alleine zugetraut hat. Darauf war zu lesen: »Unbekannte Täter? Es waren deren vier – ich, Tinte, Feder und Papier!«
Diese Kühnheit führte jedoch zu seiner Verhaftung. Der König bewies allerdings Humor und erließ dem Sünder die Strafe, ja, er soll ihm sogar die auf seinen Kopf ausgesetzte Belohnung überreicht haben, »weil er ja selbst seine Ergreifung herbeigeführt habe«. So oder ähnlich erzählen die Stadtführer die Geschichte auf jeden Fall bis heute.

Der Amberger Löwenstreit

Zwei barocke Löwen sind seit Jahrzehnten ein Zankapfel zwischen den beiden Oberpfälzer Städten Amberg und Sulzbach-Rosenberg, die sich im übrigen ganz allgemein nicht immer grün sind. »Ihr Gauner! Gebt uns unsere Löwen zurück! Ihr habt sie gestohlen!« hörte man von seiten der Sulzbacher und Rosenberger. Das Corpus delicti – besser gesagt: die Corpora delicti – stehen allgemein gut sichtbar auf dem Maxplatz in Amberg, auch wenn sie, mittlerweile stark verwittert, mehr Fröschen gleichen denn dem sprichwörtlichen König der Tiere. Auch den Ambergern war lange Zeit nicht ganz klar, wie sie zu den Löwen gekommen waren, denn tatsächlich standen diese früher im Hofgarten von Sulzbach. Um dem ganzen Streit ein Ende zu bereiten, beauftragte der Amberger Oberbürgermeister Wolfgang Dandorfer den Stadtarchivar, der Sache auf den Grund zu gehen und dabei stellte sich heraus, was niemand für möglich gehalten hätte: Die Amberger haben die Löwen gekauft. Ganze 20 Gulden haben sie anno 1824 dafür auf den Tisch gelegt.
Damals hatten die Löwen bereits rund hundert Jahre auf dem Buckel. Der Sulzbacher Herzog Theodor Eustach (1659–1732) hatte den von seinem Vater, Herzog Christian August (1622–1708), angelegten Hofgarten in Sulzbach weiter ausgeschmückt und damit berühmt gemacht. Neben einer Vielzahl lebensgroßer Götterfiguren verschönte er den Park durch eben die beiden stehenden und zwei liegende Löwen. 1791 wurde der Regierungssitz in Sulzbach dann allerdings durch den Herzog von Sulzbach und gleichzeitigen Kurfürsten von Bayern, Karl Theodor (1724–1799), aufgehoben. Unter dem Vorwand, den Staatshaushalt zu vereinfachen, wurde die Regierung zu Sulzbach mit der Regierung zu Amberg vereinigt – ein Grund für ewige Rivalitäten.
Nach der Auflösung der Sulzbacher Regierung lud man den größten Teil des Mobiliars des Herzogsschlosses auf zehn

Wagen und karrte ihn nach Amberg. Die Ulmen und Linden des Hofgartens wurden gefällt, der Grund als Ackerland verkauft und zahlreiche Steinfiguren und Brunnen zerschlagen. Einen Springbrunnen, verschiedene Steine und die beiden stehenden Löwen konnte man jedoch in Amberg gebrauchen für ein Denkmal zu Ehren des ersten bayerischen Königs am heutigen Maxplatz.

Am 20. Mai 1824 fragte man von seiten Ambergs beim Rentamt Sulzbach nach, ob dieses nicht »zur Verschönerung des Max Joseph Platzes dahier, auf welchem ein Monument errichtet werden wird, die zwei steinernen Löwen, die sich noch in dem ehemaligen Hofgarten in Sulzbach ohn alle Bestimmung befinden« verkaufen wolle. In einem bis heute erhaltenen Schreiben vom 10. Juli 1824 nahm der Magistrat der Stadt Amberg das ebenfalls erhaltene Angebot des königlichen Rentamts vom 29. Juni des gleichen Jahres an, in dem dieses die Löwen offeriert und gleichzeitig empfohlen hatte, den Transport im Winter mit Schlitten durchzuführen, um eventuelle Beschädigungen zu vermeiden. Gleichzeitig erbat sich der Magistrat der Stadt Amberg eine Quittung über den Kaufpreis von 20 Gulden – zum Glück der Heutigen, denn damit sind die »bösen Amberger« rehabilitiert, »und die Sulzbacher haben ein Argument weniger, die Amberger nicht zu mögen« – so steht es zumindest im »Amberger Volksblatt« vom 22. April 1992. Überbezahlt waren die Löwen mit 20 Gulden allerdings nicht. Für diesen Preis hätte man damals etwa fünf Zentner Schafwolle kaufen können, oder – vielleicht ein wenig anschaulicher – 400 Maß Bier bekommen. Doch der Kauf war rechtens und so müssen die Löwen nicht zurück nach Sulzbach, auch wenn sich dies einige wünschen würden.

Einer der beiden liegenden Löwen ist heute übrigens in Privatbesitz; über den Verbleib des zweiten liegenden Löwen ist nichts bekannt. Und ob die neuerliche große Löwenaktion der Amberger im Jahr 2003 die Liebe der Sulzbacher und Rosenberger gewonnen hat, bleibt mehr als fraglich. Damals hat man anläßlich der Ausstellung über den »Winterkönig«, dessen Wappentier natürlich der Pfälzer Löwe war, an Interessierte etwa lebensgroße Löwenrohlinge aus Plastik ausgegeben (nicht Nachbildungen der Sulzbacher Hofgartenlöwen, sondern einfach sitzende Löwen) und diese bevölkerten dann jeweils individuell verziert die Amberger Innenstadt – eine Idee, die die Landeshauptstadt München für die Jahre 2005 und 2006 erneut aufgreifen will, allerdings aus Anlaß der Bundesgartenschau und der Fußballweltmeisterschaft.

Einer von vielen lebensgroßen und ganz individuell gestalteten Plastiklöwen, die anläßlich der Ausstellung über den »Winterkönig« im Jahr 2003 über ganz Amberg verteilt waren.

Die Löwen an der Donau bei Bad Abbach

Auf der Bundesstraße 16 von Abensberg nach Regensburg, kurz vor Bad Abbach, fährt man unvermittelt an zwei grimmig blickenden Löwen vorbei. Auf ihren hohen Sandstein-Postamenten scheinen sie die Straße zu bewachen. In Wahrheit gilt ihre Aufmerksamkeit jedoch einer großen Inschriftentafel, am Felsen auf der gegenüberliegenden Straßenseite, die man – die Augen auf die Löwen und den Verkehr gerichtet – meist gar nicht wahrnimmt.
Schon seit Jahrhunderten führte eine wichtige Fernroute von Augsburg über Regensburg nach Prag, die sich hier zwischen Fels und Donau hindurchzwängte. Da es entlang des Flusses kaum Steigungen gab, wurde die Route von den Fuhrleuten mit ihren Pferdegespannen äußerst geschätzt. Doch kurz vor Abbach drängten sich die Felsen bis hart an die Donau. Die steil abfallende Wand ließ kaum Platz für eine schmale Straße unmittelbar am Flußufer. Besonders nach heftigen Regenschauern, bei Eisgang oder schon bei geringem Hochwasser wurde der Weg von Eisschollen bedeckt oder überschwemmt und dadurch unpassierbar. Kutschen und Fuhrwerke waren dann auf den beschwerlichen Umweg über die Höhen angewiesen. Immer wieder wird davon berichtet, etwa 1784, als sich die Eisschollen drei bis fünf Meter hoch auf der Straße türmten und fünfundachtzig Arbeiter zehn Tage lang damit beschäftigt waren, die Fahrbahn für den Verkehr freizuschaufeln. Fast für jedes Jahr des ausgehenden 18. Jahrhunderts sind ähnliche Katastrophenmeldungen überliefert. Dem Mißstand sollte nun abgeholfen werden.
Damals saß in München der kurfürstliche General-Straßen- und Wasserbaudirektor Adrian von Riedl (1746–1809), dem wir unter anderem den »Reise-Atlas von Baiern« zu verdanken haben. Er machte den Vorschlag, an den Engstellen die

Einer der furchterregenden Löwen des Denkmals an der Donau.

hinderlichen Felsen auf einer Länge von rund 100 Metern einfach wegzusprengen, die Straße dadurch zu verbreitern und gleichzeitig durch die anfallenden Schuttmassen das Straßenniveau zu heben. Für heutige Verhältnisse ist eine solche Sprengung keine Besonderheit; Ende des 18. Jahrhunderts bedeutete sie jedoch eine risikoreiche Meisterleistung.

Am 18. März 1791 erhielt Adrian von Riedl die Genehmigung zur Durchführung dieser kühnen Straßenbaumaßnahme. Im Mai schritt man zur Tat. Über die Sprengung wurden genaue Berichte angefertigt. Insgesamt 269 Wochenberichte sind bis heute im Bayerischen Hauptstaatsarchiv in München erhalten, die meisten geschrieben von Leopold Benedikt Peucker, Zeichner und Architekturmaler in Prag, dem mit der örtlichen Bauaufsicht betrautem Architekten.

Neben den ortsansässigen Arbeitern und professionellen Steinbrechern aus Reichenhall – in den Berichten mehrfach »tyrollerische Felsensprenger« genannt – wurde eine ganze Reihe von Soldaten auf die Baustelle abkommandiert, alles »arbeitsame, starke Männer von guter Conduite«. Für sie wurden eigene Unterkunftsbaracken errichtet.

Als erstes mußte die Straße etwas erhöht werden, damit die Arbeiten auch bei Hochwasser fortgesetzt werden konnten. Gleichzeitig wurden mit Hilfe von Brechwerkzeugen und kleineren Sprengungen erste Abbrucharbeiten an den Felsen vorgenommen. Als Herr von Riedl am 3. September zur Besichtigung anreiste, zeigte er sich mit dem Fortgang zufrieden. Gut drei Monate später wohnte er den ersten größeren Sprengungen bei: Am 13. Dezember wurde eine 51 Pfund schwere Bombe mit einem Kaliber von 30 Pfund in eine lange Mine in der Mitte des Felsens eingeschoben und die Mine mit einer dicken Mauer verschlossen. Anschaulich wird darüber sowie über die Fehlschläge im Wochenbericht geschrieben: »Sodann um 5 Uhr abends diese Bombe an den 6 Schuh lang eingerichteten Lunten angezunden und der Zerplatzung dieser Bombe, dann erfolgenden Effect 3 ganzer Stunden lang abgewarthet, wo diese Bombe nicht loß gegangen, weil wie man anderten tages für beyer genohmen genauen Nachsicht ersehen, daß der Lunte wegen feichter neblichten Abendswitterung nicht bis zum Brand-Rohr hinein gebronnen, sondern inner denen Comunications-Röhren abgeloschen und erstickt ist.« Am nächsten Tag wurde der mißglückte Versuch mit einer neuen Bombe wiederholt, welche dann tatsächlich losgegangen ist und die Verschlußmauer mit einem »dumpfen Knall herausgesprengt« hat, »übrigens aber keinen weiteren Effect gemacht, als daß sie die ganze Felsenmaßa heftig erschitteret und von oben herab in der Mitte durchaus einen 1 Zoll weiten Sprung und Oeffnung gemacht«. Weitere Sprengungen brachten ebenfalls nicht den gewünschten Effekt. In ihrer Masse zeigten sie schließlich doch Wirkung und so wurde »jedesmal unter erschrecklichem Knall eine außerordentliche Menge der größten Felsensteinen herunter gestürzt«. Über Monate zogen sich die Sprengungen hin. Erst am 25. August 1792 kam es zur abschließenden Detonation, die Adrian von Riedl höchstpersönlich auslöste – in Anwesenheit hoher Zeugen wie des Erbprinzen von Thurn und Taxis sowie schaulustigen Volkes von nah und fern.

Nachdem die großen Sprengarbeiten am Teufelsfelsen abgeschlossen waren, wurden die Soldaten zurückkommandiert, doch die Arbeiten gingen weiter. Erst im darauffolgenden Jahr konnte auch der Löwenfelsen gesprengt werden, wieder in Anwesenheit einer riesigen Menge Schaulustiger, mit »einem ganz außerordentlichen, alle Erwartung weit übertroffenen, ja von jedermann für unmöglich gehaltenen Effect [...], indem nicht nur allein haußhohe und kirchenturmbreite Felsenstücke auf die Straße und in die Donau gestürzt, sondern auch 3 ganze Felsenwände von der obersten Spitze biß auf den Boden herab sich ganz von Grund aus loßgerissen und wegen ihrer erschrecklich unschäzbaren Schweren theils auf der Straße wie ein Thurm stehend geblieben, theils an die die Felsen-Rückwände sich gebogener angelehnt haben, daß also ein derley Mineneffect, wie dießer gewesen, weder bey allen hiesigen bisherigen Felsensprengungen noch sonst bei

allen Felsensprengungen in ganz Teutschland jemalen gesehen worden ist«.
Dieses Mal ließen sich die Geröllmassen nicht so leicht beseitigen wie bei früheren Sprengungen, als nach ein oder zwei Tagen die Straße wieder für den Verkehr freigegeben werden konnte. Man behalf sich jetzt mit einem Holzsteg. Wieder gingen Monate ins Land. Langsam wurden die Beamten an höherer Stelle jedoch ungeduldig, weil die Sprengungen in Abbach so gar kein Ende nehmen wollten. Doch schließlich war es soweit: Am 20. Mai 1794 – drei Jahre nach Beginn der Arbeiten – konnte der kurfürstliche Hofratspräsident Reichsgraf Josef August von Törring das vollendete Werk besichtigen. Graf Törring war äußerst angetan und regte an, zu Ehren des Kurfürsten – es war damals Karl Theodor – »alß auch zur ewigen Verschönerung der Gegend und Zierde des Landes« ein Denkmal zu errichten. Deswegen wurden die Arbeiter und die Reichenhaller Steinbrecher vorerst nicht entlassen.
Den Auftrag zur Errichtung einer monumentalen Inschriftentafel an der Felswand erhielt der Münchner Hofsteinmetz Michael Mattheo, der sie zusammen mit seinem Gesellen Gabilino ausführte. Der Münchner Hofbildhauer Franz Josef Muxel (1745–1812) wurde dagegen mit der Herstellung von zwei steinernen Löwen beauftragt, die zwischen der neuen Straße und der Donau, gegenüber der Steintafel aufgestellt werden sollten. Die geeignete Felswand und der Standort für die Löwen wurden von Herrn von Riedl persönlich ausgewählt.
Wieder dauerten die Arbeiten eine ganze Weile, was den Beamten in München nun doch den Kragen platzen ließ: »Herr von Riedl soll mit mir hierueber ex officio sprechen, denn die Löwenarbeit scheint auf lang hinaus calculirt zu werden. Und das Beygerüst zur Felsenmonuments Einfassung muß, der Zeit nach zu urtheilen, ein enormes Gerüst werden, man hätte in der Zeit einen Dachstuhl über einer Kirchen abgebunden!«
Doch irgendwann waren auch Denkmal und Inschriftentafel

fertig. Die Verzögerungen hatten sich ergeben, da Muxel zunächst versucht hatte, im nahen Kapfelberger Steinbruch geeignetes Material für die Löwen zu finden, doch wegen seiner vielen Risse erwies sich dieser Stein als ungeeignet. In Steinbrüchen bei Kelheim wurde der Bildhauer jedoch fündig. Vor Ort schuf er die beiden überlebensgroßen Löwen, jeweils in zwei Teilen. Im Frühjahr 1796 standen die jeweils über 15 Tonnen schweren Sandsteinkolosse zum Abtransport bereit. Doch trotz des ehrenvollen Auftrags fand sich schließlich nur ein einziger Fuhrunternehmer bereit, diesen riskanten Transport zu übernehmen – und ließ sich dies auch teuer bezahlen. Wir haben hier einen der wenigen Fälle, in denen die Schwierigkeiten bei der Errichtung eines Monuments detailliert überliefert sind:

Am 10. Mai 1796 brachte man zunächst eines der mit 130 Zentnern leichteren Hinterteile nach Abbach. Obwohl man zwanzig Pferde vor den Wagen gespannt hatte, schaffte man es nur mit Ach und Krach. Bei dem schwereren Vorderteil (mit einem Gewicht von rund 180 Zentnern) warfen die Fuhrleute das Handtuch. Bereits auf den ersten siebzig Schritten war der Wagen achtmal steckengeblieben. Trotz Inaussichtstellung einer erhöhten Belohnung weigerten sie sich, einen weiteren Versuch zu unternehmen.

Während drei Löwenteile im Kelheimer Steinbruch auf den Abtransport warteten, baute man in München einen speziellen Blockwagen, der am 9. Juni an der Donau eintraf. Mit dreißig vorgespannten Pferden gelang es schließlich in zwei Tagen das Vorderteil des ersten Löwen von Kelheim ins rund zehn Kilometer entfernte Abbach zu bringen. Bis zum 16. Juni waren dann auch noch die restlichen beiden Löwenhälften herangeschafft und auf die drei Meter hohen Postamente gesetzt worden. Diese Postamente sollen aus dem gesprengten Felsgestein gehauen worden sein, andere Vermutungen gehen dahin, es handelte sich dabei um noch brauchbare Quadersteine der alten Ringmauer des ehemaligen Abbacher Schlosses.

In den folgenden Wochen wurde auch das Baugerüst am Fel-

Das Denkmal für Kurfürst Karl Theodor mit den Löwen bei Bad Abbach.
Kreidelithographie von Johann Jakob Dorner, um 1803.

senmonument abgetragen. In großen, mit einer Kupferlösung bestrichenen Lettern war dort nun zu lesen:

> CAROLO. THEODORO
> C. P. R.
> BOIORUM. DUCI. ELECTORI
> OPTIMO. PRINCIPI
> EVERSA. DEIECTA
> IMMINENTIUM. SAXORUM. MOLE
> LIMITE. DANUBIO. POSITO
> STRATA. A. SAAL. AD. ABBACH
> VIA. NOVA
> MONUMENTUM. STATUI. CURAVIT
> JOS. AUG. TOERRING
> AER. BOIC. PRAEFECTUS
> MDCCVIC

Zu Deutsch (so auf einer 1937 nachträglich angebrachten Tafel zwischen den Löwen zu lesen): »Dem Carl Theodor, Pfalzgraf bei Rhein, Herzog und Kurfürst von Bayern, dem besten Fürsten, ließ, nachdem die Masse drohender Felsen abgesprengt und entfernt, der Donau eine Grenze gesetzt und eine neue Straße von Saal nach Abbach gebaut war, dieses Denkmal errichten, Josef August Törring, Bayer. Hofkammervizepräsident. 1794.«
Davor wurde eine steinerne Ruhebank für die Wanderer aufgestellt. Die Abrechnung der 269. Arbeitswoche weist aus, daß die Felsensprengarbeiten bei den Abbacher Felsen inklusive Löwendenkmal und Inschriftenplatte 56834 Gulden und 23 Kreuzer gekostet haben.
1797 wurde dann noch ein letzter freistehender Felsen von ungefähr 50 Metern Höhe gesprengt. Riedl gelang die Zertrümmerung des Felsenkolosses diesesmal mit einem einzigen Sprengschuß. Dafür setzte man auch ihm ein Denkmal: eine Marmorplatte mit klassizistischer Umrahmung.
Und als im Jahr darauf die zweite Lieferung von Riedls »Reise-Atlas von Baiern« erschien, gedachte er auch der

zwei »große[n] schöne[n] vom Stein gehauene[n] Löwen, die der geschickte Bildhauer Muxel künstlich ausgearbeitet hat: Diese wahren Kunststücke sind der Würde des Landesfürsten, und der großen an beyden Plätzen geschehenen nützlichen Arbeit ganz angemessen. So verewigen sich Landesfürsten, und machen ihr Andenken durch große und gemeinnützige Unternehmungen, die sie anfangen und ausführen, den Nachkommen unvergeßlich.«
Rund hundertfünfzig Jahre lang bewachten die Löwen das Denkmal, dann wurden sie zerstört: Beim Einmarsch der amerikanischen Truppen im April 1945 versuchten die Deutschen notdürftig eine Straßensperre zu errichten – ein gänzlich sinnloses Unterfangen. Die beiden Löwen und die Sockel wurden in diesem Zusammenhang gesprengt, doch die Steinbrocken fielen größtenteils ins Ufergebüsch und in die Donau selbst. Erst bei Arbeiten zum Ausbau der Bundesstraße 16 in den 1970er Jahren fand man die beiden Vorderteile der Löwen in einem relativ guten Erhaltungszustand wieder. Die Hinterteile dagegen blieben verschollen. Sie wurden vermutlich durch die Sprengung völlig zerstört.
Richard Triebe, der Leiter der Regensburger Dombauhütte, übernahm die schwierige Aufgabe, nach vorhandenen Plänen und unter Verwendung der noch erhaltenen Fragmente die fehlenden Teile neu zu schaffen und die beiden Löwen wieder in ihrer ursprünglichen Form und Größe herzustellen, gleichzeitig zur Erweiterung des Teilstücks der Bundesstraße 16 bei der nach dem Löwendenkmal sogenannten »Löwenwand«. Die Straße, eine der wichtigsten und am stärksten befahrenen Fernstraßen Ostbayerns, die den Großraum Regensburg mit den Regionen Kelheim, Neustadt a. d. Donau und Ingolstadt verbindet, war bereits seit Jahren großzügig ausgebaut worden. Als letztes war nun der Abschnitt westlich von Abbach an der Reihe.
Wieder brachte die Aufstellung der Löwen einige Probleme mit sich. Mit einem Spezial-Autokran wurden die Teile versetzt. Die Lieferung der jeweils vier Kubikmeter großen Sandsteinblöcke für die Ergänzung der Löwenkörper und

der Sockel sowie die Restaurierung der Inschriftentafel erfolgte durch die Firma Karl Teich in Kelheim; die Betonarbeiten wurden – wie auch die gesamten Straßenbauarbeiten – von der Bauunternehmung Heilmann & Littmann ausgeführt.

Im Juli 1978 konnten das neu erstandene Denkmal und der ausgebaute Straßenabschnitt im Rahmen einer Feier der Öffentlichkeit übergeben werden. Seither wachen die beiden fast fünf Meter großen Löwen wieder über die Donau und den Verkehr. Längst hat sich der Volkswitz ihrer bemächtigt und folgende »Deutung« gefunden: Der Löwe mit dem dummen Gesicht glotzt verständnislos auf die Inschriftentafel; es gelingt ihm nicht, sie zu enträtseln. Der »Kluge« ergötzt sich indessen am erfolglosen Bemühen seines Kollegen und blickt lächelnd auf die Wellen der vorbeifließenden Donau.

Der »lächelnde« Löwe.

... *und der kleine Kollege donauabwärts bei Passau*

»So verewigen sich Landesfürsten«, behauptete Adrian von Riedl im Zusammenhang mit dem Löwendenkmal bei Bad Abbach. Bei dessen Errichtung 1794 war Karl Theodor Kurfürst von Bayern.
1822 eröffnete sein Nachfolger, König Maximilian I. von Bayern, die Staatsstraße 1. Klasse an der Donau, von Straubing über Vilshofen nach Passau. Auch sie führte auf einer neu geschaffenen Trasse über ein vorher unbegehbares Felsstück. Und um diesen Straßenausbau für die Nachwelt in der Erinnerung zu halten, ließ man hier ebenfalls ein Löwenmonument errichten. Christian Jorhan der Jüngere (1758–1844), der kurz darauf auch das Monument für König Maximilian I. auf dem Domplatz in Passau errichten sollte, erhielt den Auftrag. Anders als das Abbacher Denkmal war es in kürzester Zeit fertiggestellt. Vermutlich 1823 wurde das neue Denkmal an der Donaustraße bei Schalding rechts der Donau enthüllt. Es ist jedoch auch viel kleiner: Nur ein einziger, auch längst nicht so großer Löwe ruht hier auf seinem Postament mit der Inschrift:

MAXIMILIAN I.
Koenig von Baiern
öffnete hier auf von keinem Wanderer je
betretenen Felsen dem öffentlichen Verkehre
diese sichere Bahn.
Zum Denkmale seiner Fürsorge
von den Bewohnern des Unterdonau Kreises.

»Der Löwe und der Baribal« – Wandermenagerien in München

Die Löwen im Alten Hof zu München oder im Schloß zu Heidelberg konnte jedermann bestaunen. Doch irgendwann gab es sie nicht mehr. Für die kurfürstlichen Menagerien ist die Überlieferung bruchstückhaft bis nicht vorhanden, doch man kann davon ausgehen, daß sie – wenn es sie denn überhaupt gegeben hat – dem einfachen Volk verschlossen waren. Es war also nicht einfach, exotische Tiere zu besichtigen. Um so größer war der Zustrom, wenn eine Wandermenagerie in einer Stadt Halt machte. Gegen Eintrittsgeld konnte man in ihnen mehr oder weniger unbekannte Tiere bewundern. Bevorzugte Termine für diese Wandermenagerien waren Jahrmärkte, in München die Dulten und das Oktoberfest. Für frühere Zeiten sind die Hinweise sehr spärlich. Wandermenagerien im eigentlichen Sinn gab es sicher im Mittelalter noch nicht, doch die von Jahrmarkt zu Jahrmarkt mitgezerrten Tanzbären, Äffchen und anderen Sensationen könnten als eine Art Vorläufer der Wandermenagerien gelten. Erst für das 19. Jahrhundert existieren ausführliche Beschreibungen und Gemälde, wie die ob ihres Erfolges immer wieder gemalten Menagerien auf der Wanderung über einen Paß, in Scheunen oder vor einem Wirtshaus von Heinrich Bürkel. Die frühesten dieser Bilder sind um 1847/50 entstanden. Im Mittelpunkt stehen bei Bürkel immer Kamele und Bären, natürlich auch Äffchen und Auerochsen – Löwen lassen sich bei ihm nicht entdecken. Anders auf einem Gemälde von Paul Meyerheim von 1854, das sich heute im Münchner Stadtmuseum befindet. Es erlaubt einen Blick in eine Menagerie und dort – zwischen Papageien und einem Pelikan, zwischen einem Kamel, einem Äffchen und einer gerade vorgeführten Riesenschlange – erblickt man einen mißgelaunten Löwen in seinem Käfig.

Daß Löwen zu den Hauptattraktionen der Wandermenagerien zählten, beweisen die zahlreichen Augenzeugenberichte: »Hier ist zu sehen die weltberühmte Menagerie des Herrn van Aken, mit 3 großen asiatischen Löwen, einer Hyäne – 2 Tigerkatzen, 35 Arten Papageyen, Cacadus, viele seltene Affen, Wölfe, 1 weißer Fuchs – Meerschweine und anderes derley Geflügel, was eben so merkwürdig zu sehen. Alles selten – nur herein – alleweil ist es am schönsten, weil eben gefüttert wird!« So und ähnlich schallten die Rufe der Rekommandeurs anno 1824 über den Dultplatz in München, der damals noch an der Stelle des heutigen Maximiliansplatzes gelegen war.

Fünf Jahre später besuchte Carl Emil Schafhäutl, Professor der Geologie in München, zusammen mit einigen Kindern eine Menagerie auf der Jakobi-Dult. »Wir traten ins Innere und fanden außer Löwen, Pardern, Affen und anderen Thieren unsere Schlangen wieder, die wir schon voriges Jahr gesehen hatten, nebst mehreren kleinen und ganz zahmen Krokodilen.«

Diese Wandermenagerien waren in München das ganze 19. Jahrhundert hindurch anzutreffen, teilweise noch durch Elefanten und Nilpferde ergänzt. Um die Mitte des Jahrhunderts war es vor allem die Kreutzbergsche Menagerie, die häufig in München sogar überwinterte.

Die »Große kgl. Niederländische Menagerie« des Herrn Kreutzberg warb etwa 1850 zur Dultzeit mit »täglich drei Vorstellungen des Thierbändigers in der Dressur und zwar die erste Vorstellung 11 Uhr, die zweite nebst Hauptfütterung sämmtlicher Raubthiere 4 Uhr und die dritte 7 Uhr Abends«. Man mußte schon einiges bieten, denn die Konkurrenz war groß. Auf der gleichen Dult war nämlich auch Monsieur Le Cerfs »Große Affenschau aus Paris« zu bestaunen. Den ersten Rang unter den Sehenswürdigkeiten nahm in diesem Jahr allerdings Isabella, der »Monstre-Elephant«, ein. Für Furore sorgten einige Jahre später ebenfalls ein paar Elefanten. Im Sommer 1888 gastierte der wohl berühmteste Tierhändler und Menagerienbesitzer, Carl Hagenbeck aus

Eine Menagerie um die Mitte des 19. Jahrhunderts. »Quäle nie ein Tier zum Scherz, denn es fühlt ...« ist auf dem Holzbalken im Bild oben rechts zu lesen. Gemälde von Paul Meyerheim, 1854.

Hamburg, in München auf der Theresienwiese. Gerade rechtzeitig zur Centenarfeier, zum großen Huldigungsfest anläßlich des hundertsten Geburtstags von König Ludwig I. – das allerdings wegen des Todes von König Ludwig II. um zwei Jahre verschoben werden mußte – war die Hagenbecksche Karawane aus Italien in München eingetroffen. Warum sollten die mächtigen Dickhäuter nicht den Glanz des sowieso schon auf das prächtigste ausgeschmückten Festzugs erhöhen? In die Gruppe der Kaufleute und des Handels, die ohnehin reichste Abteilung des ganzen Zuges, reihte man also die Elefanten ein. Sie sollten neben der türkischen Musik und einer Gruppe von Beduinen, neben einer Karawane aus fünf Kamelen und einem pomphaften Aufzug von Indern mit Fürsten und Kriegern zu Pferd die ganze Pracht des Orients verkörpern. Die beiden größten Elefanten waren mit Palankinen beladen. In einer dieser indischen Transport-

Große kgl. niederländische Menagerie

Bude Nr. 1. vor dem Karlsthore,
täglich drei Vorstellungen des Thierbändigers in der Dressur und zwar die erste Vorstellung **11 Uhr**, die zweite nebst **Hauptfütterung sämmtlicher Raubthiere 4 Uhr**, und die dritte **7 Uhr Abends**. Zum Schluß der Vorstellungen:

Das afrikanische Gastmahl,

bei welchem der Thierbändiger mit der Hyänen-Familie, dem Panther, Tiger und den zwei Leoparden an einem Tische speisen, und die spaßhaftesten Exercitien ausführen wird.

Preise der Plätze:
1ter Platz 48 kr. 2ter Platz 24 kr. 3ter Platz 12 kr. Kinder unter **10** Jahren zahlen auf dem **1**ten und **2**ten Platz die Hälfte.
Abonnements à Person für die Zeit der Dult 3 fl; für die ganze Dauer meines Aufenthaltes 5 fl.

Zu gleicher Zeit mache ich hiemit denjenigen P. P. Herrschaften, welchen die Zeit nicht erlaubt, den Vorstellungen um 4 Uhr beizuwohnen, die ergebene Anzeige, daß die Vorstellungen um 7 Uhr mit Ausnahme der Fütterung gleich denen um 4 Uhr ausgeführt werden.   625.26. (2b)

G. Kreutzberg.

Dultplatz Bude Nr. 280.
gegenüber dem Herrn Kaufmann Flad.

616.17. (2b) - Niederlage französischer Shawls und Tücher (acht- und viereckige), welche in einer großartigen Auswahl vorhanden, zu folgenden außerordentlichen herabgesetzten Fabrikpreisen sowohl en gros als en detail abgegeben werden:

150 Stück Long Châles (achteckig), die allerneuesten und geschmackvollsten Muster in allen erdenklichen Grundfarben unter Garantie von reiner Wolle, deren Preis 42, 48, 54 fl. ist, zu **28, 33, 44** fl.

100 Stück Cachemire long Shawls, deren Preis 60, 80, 100, 120 fl. ist, zu 40, 55, 70, 80 fl.

Große viereckig gewirkte Shawls unter Garantie von reiner Wolle, in allen Farben, zu 12, 15, 20 bis 30 fl.

Tartan Winter long Shawls, Plaids, glatt und karrirt, in reiner Wolle, zu 6, 7 bis 9 fl.

Zurückgesetzte gewirkte long Shawls, und Tücher, sowie eine Partie schwere Seidenkleider und Umknüpftücher werden, um gänzlich damit zu räumen, sehr preiswürdig erlassen

bei Hermann Gutmann aus Leipzig.

Ecke des Dultplatzes, Bude Nr. 280., gegenüber dem Herrn Kaufmann Flad.

.603. Zu verkaufen: Ein Sopha mit überzogen, welches 150 fl. kostete, wird um 7 Stühlen nach neuester Form, noch völlig neu Karolin abgegeben. Näheres Sendlingerstraße und unbenützt, von Roßhaaren und mit Damast Nr. 13. über 4 Stiegen.

Anzeigen im »Münchener Tagblatt«, 1850.

gelegenheiten thronte in reicher Tracht eine hübsche »Inderin« in Person der Zirkusreiterin Ella Wagner.
Eine andere Gruppe des Zuges, die der Eisenindustrie, führte als Hauptattraktion eine Straßenlokomotive in Form eines feuerspeienden Drachen mit sich. Als das blecherne Ungetüm und die Elefanten auf dem Odeonsplatz zusammentrafen (der Zug ging aus der Residenzstraße kommend bis zum Siegestor und dann wieder zurück zum Odeonsplatz und weiter in die Brienner Straße), erschraken die Dickhäuter derart, daß sie Reißaus nahmen, mitten durch die dichten Reihen der Zuschauer. Durch deren Geschrei noch mehr irritiert, liefen sie quer durch die Münchner Altstadt, bis sie endlich verteilt in der Residenz, am Gärtnerplatz und in der Veterinärstraße gestoppt werden konnten. Die Zirkusreiterin hatte sich zunächst noch schreiend an den Palankin geklammert, bis sie irgendwo vom Elefanten fiel. Ein älteres Fräulein hatte in der Fürstenstraße vor Aufregung der Schlag getroffen, aber ansonsten ist die ganze Elefantentragödie noch einmal glimpflich abgegangen, wenn auch mit zahlreichen kleineren Verletzungen, meist von Schirmen, Stöcken oder Leitern anderer panischer Zuschauer, darunter dreiundzwanzig Arm- und Beinbrüche – doch angesichts der durch die Stadt donnernden Elefanten hätte viel mehr passieren können. Nur drei Verletzte mußten im Krankenhaus bleiben, darunter Fräulein Wagner, die Zirkusreiterin.
Die Zeitungen waren voll von Berichten über die »acht wüthenden Elephanten« und den »großen Unfall«, meist noch wortreich und dramatisch ausgeschmückt. Jeder war von den Elefanten bedroht gewesen oder kannte zumindest jemanden, der jemanden kannte, der bedroht gewesen war. Noch tagelang bewegte die Elefantenkatastrophe die Gemüter. Tatsache war, daß die meisten Festgäste den Ausbruch der Elefanten gar nicht miterlebt haben. Der Zug nahm trotzdem seinen planmäßigen Fortgang bis zur Theresienwiese. Und die acht Elefanten, die nicht minder erschreckt waren, beruhigten sich alsbald wieder und wurden in ihre Menagerie Hagenbeck zurückgebracht. Und dann zogen sie

weiter durch die Lande, friedlich, als ob nichts gewesen wäre, von Jahrmarkt zu Jahrmarkt.
Ende des 19. Jahrhunderts war »Ehlbeck's größte Menagerie« die Hauptattraktion auf dem Oktoberfest mit ihren »einzig nur hier« zu sehenden fünfundzwanzig Löwen. Die Menagerien Malferteiner, Wolfinger, Berg und die eben genannte Menagerie Ehlbeck waren in der Zeit um 1900 ständige Gäste auf der Wiesn. 1893 präsentierte sich die Menagerie »Nouma Hawa« auf dem Oktoberfest. Nouma Hawa, »La première dompteuse du monde«, die Prinzipalin dieser Menagerie, war eine Französin, die sich den exotisch klingenden Namen zugelegt hatte und mit ihren Tieren, darunter Elefanten und Löwen, durch Deutschland und Frankreich tingelte. Während des Gastspiels auf der Wiesn »welpte« – wie zu herzoglichen Zeiten – die Löwin Cora drei kleine Löwlein, von denen einer den beziehungsreichen Namen »Monachia« erhielt. Die Menagerie Berg machte 1898 auf dem Oktoberfest Station mit indischen Elefanten, afrikanischen und Berberlöwen, Königstigern, Panthern, Leoparden, Silberlöwen, Eisbären, Braunbären, Waschbären, Kragenbären, Rüsselbären und einem Känguru, mit Wölfen, Hyänen, Lamas, Mufflons und Affen. Doch auch die Konkurrenz schlief nicht. 1903 annoncierte Johan Ehlbecks Witwe: »Europa's größte Menagerie und Raubthier-Arena. Oktoberfestwiese in der Hauptreihe. Ohne Concurrenz: Der Löwen- oder Wüstenritt! Neu! Löwenringkampf. Neu! Hauptvorstellung und Fütterung um 4 und 7 Uhr.« Zwei Jahre später bot Ernst Malferteiner als Sensation einen »Heiligen Stier«, 1912 sogar Riesenkrokodile und die »größte Riesenschlange«. 1910 gastierte »La Course a la Mort«, eine Schau mit todesmutigen Radlern, die in einer offenen Stahlkonstruktion direkt über den Mäulern zähnefletschender, furchterregender Löwen ihre waghalsigen Bahnen zogen. Um mit den zunehmenden Eröffnungen von zoologischen Gärten mitzuhalten, aber auch wegen der Konkurrenz der immer beliebter werdenden Völkerschauen mußten die Menagerien immer größere Attraktionen bieten. Allerdings

erhoben sich auch immer mehr kritische Stimmen über die unwürdige Tierhaltung in Käfigen.

Mit der Eröffnung des Tierparks Hellabrunn 1911 ließ das Interesse an Menagerien in München merklich nach. Viele Menagerien verschwanden; andere stiegen um, Malferteiner zum Beispiel auf Liliputaner. Fritz von Ostini hat die Menagerienwelt noch einmal in Reimen in der Jubiläumsschrift anläßlich des hundertsten Oktoberfestes verewigt: »Dort gleichet einer Arche Noah / ein Menageriezelt kolossal – / Man zeigt das Stinktier und die Boa, / den Löwen und den Baribal [...]«, wobei mit »Baribal« der amerikanische Schwarzbär gemeint war.

Im Jahre 1933 wurden Wandermenagerien schließlich nach dem Reichstierschutzgesetz in Deutschland verboten.

»Simson«, der Bildhauer Johann Halbig und die Denkmäler

Die Löwen des Herrn Kreutzberg waren beliebte Modelle der Münchner Künstler, vor allem der Bildhauer. Besonders Johann Halbig (1814–1882) zog es immer wieder hinaus auf die Theresienwiese oder auf den Dultplatz. Bereits im Frühjahr 1845 notierte Sulpiz Boisserée (einer der beiden Brüder, denen wir – aufgrund der Umsicht König Ludwigs I. – einen Großteil der Bilder in der Alten Pinakothek verdanken) in sein Tagebuch, daß der Künstler, »Freundschaft mit einem Löwen hier vor zwei Jahren in einer Menagerie« geschlossen habe. »Er hat das Tier sehr schön modelliert, hat es 14 Tage lang täglich besucht und studiert.« Als die Kreutzbergsche Menagerie im Winter 1853 auf 1854 erneut Station in München machte, war ein damals angeblich dreiundzwanzig Jahre alter nordafrikanische Löwe dabei, der auf den passenden Namen »Simson« hörte.
Simson, auch Samson genannt, war ein alttestamentarischer Muskelprotz, der allerdings seiner Kraft beraubt wurde, nachdem ihm seine Geliebte Dalila die üppige Mähne beschnitten hatte. Doch die Haarpracht wuchs wieder und mit ihr die Kraft, so daß er anläßlich eines Opferfestes das Heiligtum seiner Feinde zerstören konnte und viele Philister mit sich in den Tod riß. In der bildenden Kunst ist häufig Simsons Kampf mit einem Löwen dargestellt, ein Motiv, das seit der Renaissance mit dem des löwenbekämpfenden Herkules vermischt wurde.
Laut Augenzeugenbericht zeichnete sich der Löwe »Simson« »besonders durch seinen außerordentlich schönen Kopf und die über die Brust hinziehende, dunkelgelbe Mähne aus. [...] Sein Ganzes hatte etwa wahrhaft Majestätisches. Alles schien zu sagen: ›das ist ein König der Thiere‹«. In einer Broschüre, herausgegeben vom Münchner Tierschutz-Verein anno 1860,

wird dieser Modell-Löwe ausführlich besprochen, auch die Tatsache, daß sich die Künstler früherer Zeiten häufig eher an der Phantasie als der Natur orientiert hatten. Der »Tierfreund«, wie der Autor sich selbst nur nennt, geht sogar so weit, zu behaupten, daß viele bisher dargestellte Löwen lediglich Fratzenbilder gewesen seien. »Herrn Professor Halbig gebührt vor Allem das Verdienst, von jener naturfeindlichen Idee abgegangen zu sein und eigentliche Löwen darzustellen. Ein schöneres Muster hatte sich freilich nie gezeigt, als gerade jener Leu [...] in der Menagerie, der selbst eingeschlossen, seine königliche Würde nie verleugnete.« Außer, er wurde von seiner Löwin getrennt!
Halbig bat, den Löwen für ein paar Tage in sein Atelier ausleihen zu dürfen, was Herr Kreutzberg »mit aller kunstfreundlichen Gefälligkeit zugab«. »Der Löwe mußte also die Löwin, sein Weib, mit welcher er seit langer Zeit in einem Behälter war, auf einige Tage verlassen und wurde, da es Winter war, auf einem Schlitten in das Atelier des Herrn Halbig [in der Landwehrstraße] transportirt. Die Löwin fügte sich in der auf einmal eingetretenen Einsamkeit ziemlich gefaßt in ihr Schicksal.« Der »Tierfreund« mutmaßte, weil »Geduld und Entsagung ja gar oft des Weibes Loos« seien. »Doch ein stummer Schmerz über die Abwesenheit ihres Gatten war nicht zu verkennen, denn die Natur gibt oft gerade den stärksten Thieren die zartesten Gefühle.«
»Fürchterlich war unterdessen der Seelenzustand des Löwen. Als im Atelier sein Käfig geöffnet wurde, er fremde Gegenstände sah und seine Gefährtin vermißte, stieß er ein schauerliches Gebrüll aus, schüttelte die Mähne, rüttelte an den Eisenstangen und sah mit glühenden Augen auf die fremdartige Umgebung heraus, von welcher ihn besonders die weißen Gypsfiguren zu geniren schienen. Ungeheuer schwierig war es daher, ihn aus dem mitgefahrenen Käfig in einen größeren zu bringen, wo er sich eigentlich zeigen sollte. [...] Man warf ihm brennende Heubüschel hinein, um ihn in den andern Käfig zu bringen; er zertrat diese feuerigen Knäuel und wurde nur noch furchtbarer, und nur der freundlichen

Zusprache seines Herrn und der Manipulation von diesem gelang es endlich nach zwei Stunden, das aufgeregte Thier in den Modellkäfig zu bringen.«

Meister Halbig hatte aber an dem Modell keine rechte Freude. Immer unruhig, erlaubte »Simson« kaum einen längeren Blick. Nach drei Tagen – viel früher als eigentlich vorgesehen – brachte man den Löwen zurück. Und wieder war es äußerst schwierig, ihn zum Abtransport in seinen Käfig zu bewegen. Wieder gebärdete er sich fürchterlich, doch schließlich war auch dies geschafft und man brachte ihn zurück zu seiner Löwin, die sich unterdessen, wie der »Tierfreund« vermutete, »immer mehr gelangweilt hatte«. »Sehr rührend war es dann, als das Paar wieder zusammengelassen wurde in einen Käfig, denn das Umhalsen und Belecken der beiden Gatten wollte kein Ende nehmen! Endlich als sich der Löwe legte, schmiegte sich die Löwin zärtlich an.« So war der Löwe »Simson« glücklich wieder in seiner Kreutzbergschen Menagerie.

Doch auch der Bildhauer war zufrieden. Schließlich war es ihm doch noch gelungen, wenigstens den herrlichen Kopf des mißgelaunten Modells und eine Form des Körpers in Lehm herzustellen. Nach diesem Vorbild wurde der kolossale Löwe für die Hafeneinfahrt in Lindau geschaffen – wohl eine der schönsten Löwenstatuen Europas. Das fast 1000 Zentner schwere, sitzende Raubtier, das hier allerdings einen eher friedlichen Eindruck vermittelt, gilt als eines der besten Werke Johann Halbigs.

Erst 1805 war Lindau zu Bayern gelangt, 1811 wurde ein neuer Hafen angelegt. Durch die Verlängerung der Eisenbahn bis auf die Lindauer Insel in den Jahren 1851 bis 1854 stieg der Verkehr sprunghaft an. Eine Vergrößerung des Hafens war unumgänglich: Haupt- und Vorhafen wurden vereinigt, die westliche Hafenmole abgerissen und durch eine neue ersetzt. An deren Ende errichtete man einen 33 Meter hohen Leuchtturm. Gegenüber begrenzte der von Halbig in Kelheimer Sandstein geschaffene Löwe seit 1856 die östliche, unverändert gebliebene Hafenmole.

Stolz wacht der Löwe »Simson« über die Hafeneinfahrt von Lindau. Postkarte, 1923.

Trotz der allgemein verordneten Sparsamkeit beim Eisenbahnbau hatte König Maximilian II. am 13. Januar 1853 persönlich den Wunsch geäußert, »daß der Bahnhof zu Lindau, als der Grenzstein des Königreiches durch ein passendes Monument, beispielsweise durch zwei gegen den See gewendete Löwen geziert werde«. Eine Ortsbesichtigung durch den Staatsminister von der Pfordten ergab, daß für ein Löwenmonument kein passenderer Ort gefunden werden könne als der Abschluß der alten Mole. Anstelle des zweiten Löwen wurde jedoch vorgeschlagen, ein Standbild des Königs selbst an der Kaimauer zu errichten. Unter der Bedingung, daß die Angelegenheit schicklich eingeleitet werde, stimmte seine Majestät im Sommer 1853 dem Vorschlag zu. Das fast zehn Meter hohe Bronzestandbild wurde wie der Löwe im Jahr 1856 enthüllt: genau am 12. Oktober 1856, dem Namenstag des Königs. Der Entwurf für das Denkmal stammte wiederum von Johann Halbig; den Guß besorgte Ferdinand von Miller.

Während der majestätische, bayerische Löwe zu einem Wahrzeichen der Stadt wurde – und das bis heute –, war man des Max-Monuments im 20. Jahrhundert überdrüssig. Im April 1937 verpflanzte man es, da es zwischen Bahnhof und Hafen als störend empfunden wurde, einfach auf die Karlsbastion auf der Hinteren Insel. Fünf Jahre später wurde das Denkmal eingeschmolzen. Erst zu spät bemerkte man, daß das Metall für Kanonenkugeln überhaupt nicht geeignet war. Übrig geblieben ist lediglich das Postament.
Doch der Hafen selbst zeigt sich heute noch immer fast wie anno 1856: Löwe und Leuchtturm markieren wie damals das südwestlichste Ende von Bayern. Doch beinahe wäre der Löwe im Jahr 2003 badisch geworden. Unter größter Geheimhaltung verkaufte die Deutsche Bahn AG den gesamten Lindauer Hafen samt Löwen, Leuchtturm und der dort angedockten Bodenseeflotte an die Stadtwerke Konstanz. Nach Bekanntwerden kam es zu einem kleinen Aufstand. Nicht der bayerische Löwe! Er durfte nicht badisch werden!
Nachdem der Löwe schließlich nicht zum Kerngeschäft der Konstanzer Stadtwerke gehöre, war man bereit, den Löwen wieder an Bayern abzugeben – zum symbolischen Preis von einem Euro. Obwohl der Halbgische Löwe so günstig wiederzuerlangen war, wurde nun intensiv darüber verhandelt, wer ihn in seine Obhut nehmen solle: die Stadt Lindau oder der Freistaat? Das hat einen guten Grund, denn der Besitzer des Löwen müsse »ihm auch zu fressen geben«, sprich: für den Unterhalt aufkommen, die Statue pflegen und für die Verkehrssicherheit in ihrer Umgebung sorgen. Zudem wird der Prachtlöwe nächtens angestrahlt. Doch dann kam zunächst einmal wieder alles ganz anders. Beruhigenderweise berichtete die »Süddeutsche Zeitung« am 30. Dezember 2003, daß der ganze Hafenverkauf rechtsunwirksam war, da man offensichtlich völlig übersehen hatte, daß der Stadt Lindau im Grundbuch ein gesichertes Vorkaufsrecht eingetragen war, von dem sie jetzt Gebrauch machen will. Die Verhandlungen sind noch nicht abgeschlossen und das weitere Schicksal des Löwen ist derzeit noch ungewiß.

Löwenmonument und Königsdenkmal von Lindau waren das Gegenstück zum Erlanger Tunneldenkmal aus dem Jahr 1846 und bildeten die Krönung des großen Unternehmens, eine moderne Transitstrecke zur Verbindung Norddeutschlands mit Italien zu bauen.

Dieses großangelegte Eisenbahnprojekt hatte Maximilians Vater, König Ludwig I., initiiert. Eine nicht hoch genug zu schätzende Leistung der Ingenieurbaukunst waren die zahlreichen Kunstbauten der frühen bayerischen Staatsbahn, wie hier der Ludwigs-Süd-Nordbahn, die die topographischen Gegebenheiten auszugleichen hatten. Eine dieser Pionierarbeiten war der Eisenbahntunnel durch den Burgberg bei Erlangen. Mit der Eröffnung der Teilstrecke Nürnberg-Bamberg am 25. August 1844 wurde auch dieser älteste Eisenbahntunnel Bayerns eingeweiht. Auf einer Länge von 306,65 Metern führte das herausragende technikgeschichtliche Denkmal durch den Burgberg. Spötter meinten zwar, seine Existenz verdanke der Tunnel lediglich einer vom König selbst gewünschten Zurschaustellung bayerischer Ingenieurfertigkeit, doch die topographische Situation erlaubte keine kostengünstigere Lösung. Mit erheblichen technischen Schwierigkeiten begann man 1842 mit dem Bau des Burgbergtunnels. Kein Geringerer als Leo von Klenze wurde mit der Gestaltung beauftragt, die Pläne später jedoch von Friedrich von Gärtner umgearbeitet. Repräsentativen Tunneleinfahrten galt damals ein besonderes Augenmerk.

Als Tunnelwärter flankieren im Norden ein Sphinxen-, im Süden – also auf der Stadtseite – ein Löwenpaar die Einfahrt. Die Löwenfiguren sollten die »nutzbar gemachte Feuerkraft« symbolisieren, die Sphinxen galten als »Symbol des gelösten Räthsels der Wissenschaft«. Wappen und Namenszug des Königs vervollständigten das Programm. Die steinernen Figuren verraten, welche Bedeutung diesem ersten Eisenbahntunnel Bayerns beigemessen wurde. Ludwig I. beschloß 1842 höchstselbst die Ausführungsplanung und soll sogar die Anbringung eines Dreifußes und eines Kandelabers angeregt haben, um die Statuen bei festlichen Anlässen würdig mit Fackeln illuminieren zu können. Letztere blieben allerdings unausgeführt.

Am Erlanger Burgberg kamen sich die »Rivalen« Eisenbahn und Ludwigs-Donau-Kanal am nächsten. Sie suchten sich offenbar zu überbieten: hier der auf das sorgfältigste gestaltete Tunnel mit den Löwen und Sphinxen, dort die Schleusenanlage und Ludwig Schwanthalers berühmtes Kanaldenkmal. Beiden aber ist gemein, daß sie gleichermaßen vom hohen Rang des frühen bayerischen Verkehrsbaus zeugen. Die Figuren blieben – mit Ausnahme einer Sphinx – bis in unsere Tage erhalten, doch bauliche Veränderungen verstellen heute den Blick auf die südliche Einfahrt mit den Löwen nahezu vollständig.

Die Löwen und Sphinxen vor dem Burgbergtunnel sind – wie der Lindauer Löwe – Werke des Bildhauers Halbig, vielleicht sogar seine frühesten Löwen.

Bereits etwas verwittert: die Halbig-Löwen vor der Alten Pinakothek in München.

Der Bildhauer Johann Halbig gilt als einer der besten Tierplastiker des 19. Jahrhunderts, namentlich Löwen hatten es ihm angetan, wie neben dem Lindauer und den Erlanger Löwen auch jene auf dem Siegestor in München, vor der Alten Pinakothek oder vor dem einstigen Wittelsbacher Palais* beweisen. Von den beiden Löwen, die einst die königlichen Privatgemächer am südlichen Flügel des alten Würzburger Bahnhofs bekrönten, wird ebenfalls angenommen, daß sie von Halbig stammen, auch wenn der Beweis noch nicht angetreten werden konnte. Zeitlich würde es auf jeden Fall passen: Der Bahnhof ist in den Jahren 1851 bis 1856 errichtet worden. Heute ist das Löwenpaar allerdings getrennt: Einer steht am Mainkai nahe dem Alten Kranen, der andere am Dicken Turm in Würzburg.
Pferde gehörten ebenfalls zum Repertoire des 1814 im unterfränkischen Donnersdorf geborenen Künstlers. »Ja, die Pferde macht Halbig recht gut«, meinte Ludwig I. im Jahr 1856, als man über einen geeigneten Künstler für des Königs Reiterstandbild auf dem Odeonsplatz nachdachte, »aber der Reiter würde scheußlich werden. Figuren kann er nicht machen!« erinnerte sich später Ferdinand von Miller in seinen Lebenserzählungen. Den Auftrag für das Reiterstandbild bekam schließlich Halbigs Konkurrent Max Widnmann. Doch auch Halbig wurde nicht arbeitslos. Neben zahlreichen Grabmonumenten schuf er zum Beispiel die Viktorien auf den Strebepfeilern der Befreiungshalle in Kelheim, die Denkmäler von General Deroy und Fraunhofer für München, das Platen-Denkmal für Ansbach, das des Erzherzogs Josef für Budapest oder des Generals Radetzky für Prag, ein Reiterstandbild König Wilhelms I. von Württemberg für Bad Cannstatt oder die Standbilder der Könige Ludwig I. und Max II. für die Befreiungshalle. Auch wenn Ludwig I. von seinen Figuren nicht begeistert war, waren Halbigs Hauptarbeiten doch Büsten – an die hundert sollen es gewesen sein.

* Siehe dazu die Kapitel »Der Löwe ›Swapo‹« und »The Colossal Bavarian Lion«.

Man muß aber zugeben, daß es seit den 1850er Jahren tatsächlich einige schwächere Arbeiten des Bildhauers gab. Vielleicht hatte er doch zu viele Aufträge angenommen? Drei bayerische Könige schätzten Johann Halbig. Ludwig I. ernannte ihn bereits 1846 zum Professor am Münchner Polytechnikum. Zahlreich waren die Aufträge von König Max II. »Prof. Halbig modelliert gegenwärtig an der Büste des Königs, eine große Auszeichnung, wenn man bedenkt, daß Se. Maj. seit Jahren keinem Künstler mehr gesessen ist, und einem Bildhauer noch nie. Die Büste der Königin Marie ist von demselben Künstler bereits seit zwei Jahren vollendet. Ein schöneres Frauenbild in der Plastik mag vielleicht nicht existieren.« So konnte man am 24. November 1851 im »Münchener Tagblatt« lesen. (Die Büsten von König Max II. und seiner Frau Marie befinden sich heute in den Nibelungensälen der Münchner Residenz.)
Als letztes großes Werk vollendete der gefragte Künstler 1875 die kolossale Kreuzigungsgruppe aus Kelheimer Marmor bei Oberammergau im Auftrag König Ludwigs II. Es soll mit seiner Höhe von zwölf Metern und einem geschätzten Gewicht von 1400 Zentnern zu seiner Zeit das größte aus Stein gemeißelte Denkmal der Welt gewesen sein.
1882 ist der Bildhauer – inzwischen längst geadelt – als Johann von Halbig in München gestorben. Er wurde auf dem Südlichen Friedhof beerdigt, in unmittelbarer Nähe zahlreicher von ihm geschaffener Grabmonumente und des großen, zentralen Bronzekruzifixes.

Dem Lindauer Löwen nicht unähnlich, zwar aus Bronze gegossen, doch in der gleichen majestätischen Pose wie dieser, ist der sogenannte Idstedt-Löwe von Flensburg, quasi das Gegenstück des bayerischen Grenzwächters am nördlichsten Ende Deutschlands, allerdings mit »entgegengesetzten Vorzeichen«. Er war nämlich von dänischer Seite errichtet worden. Der schleswigsche Bildhauer Hermann Wilhelm Bissen (1798–1868) schuf die Raubkatze, die nur unwesentlich jünger als die Halbigsche ist. Erste Pläne entstanden

1858, also zwei Jahre nach der Enthüllung des Lindauer »Kollegen«; die Enthüllung in Flensburg fand am 25. Juli 1862 statt. Und auch wenn es sich dabei wirklich um keinen bayerischen Löwen handelt, soll seine Nennung hier nicht fehlen. Immerhin ist es eines der bekanntesten Löwendenkmäler, das zudem ein Politikum wurde im Streit um die Zugehörigkeit Schleswig-Holsteins zu Dänemark oder Deutschland. Der Idstedt-Löwe wurde zum Symbol des wachsenden dänischen Nationalgefühls in Schleswig-Holstein. Entsprechend konzentrierte sich der Widerstand der deutschgesinnten Kreise von Anbeginn auf den ungeliebten Löwen, der seinen triumphierenden Platz auf dem Alten Flensburger Friedhof seit dem Tag der Enthüllung denn auch nur knapp zwei Jahre behaupten konnte. Nach der dänischen Niederlage von 1864 wurde der Löwe demontiert und als Trophäe nach Berlin gebracht und in Karikaturen verspottet. 1945 kam er nach Dänemark, in den Hof des Zeughausmuseums von Kopenhagen, wo er noch heute steht. An seinen ursprünglichen Platz konnte er nicht zurückkehren, denn Flensburg war nach der Volksabstimmung von 1920 bei Deutschland geblieben.

Das »Gegenstück« zum Lindauer Löwen im hohen Norden: der Idstedt-Löwe. Holzschnitt, 1860.

Der Löwe »Swapo«

Vor der Katholischen Akademie in Bayern, mitten im Herzen des alten Schwabings, begrüßt der Löwe »Swapo« ehrfurchtheischend die Besucher – ebenfalls ein Werk Johann Halbigs. Die steinerne Raubkatze stand nicht immer dort – und den Namen Swapo, nach dem mittelalterlichen Namengeber Schwabings, hat man dem Tier auch erst vor kurzem verpaßt. Der 2,80 Meter hohe und 15 Tonnen schwere bayerische Steinlöwe bewachte einst zusammen mit einem in die entgegengesetzte Richtung blickenden Bruderlöwen das Hauptportal zum Wittelsbacher Palais – als Symbole der Macht und Stärke, wie sie Königen laut Bericht der »Leipziger Illustrierten Zeitung« vom 14. Dezember 1850 eigentümlich sind.
In den Jahren 1843 bis 1848 war das monumentale Gebäude in der Brienner Straße nach den Wünschen des Kronprinzen Maximilian, des späteren Königs Max II., und nach den Plänen Friedrich von Gärtners in rotem Ziegel ausgeführt worden. Etwa zeitgleich mit der Vollendung des bis dahin stets »Kronprinzen Palais« genannten Gebäudes, dankte König Ludwig I. 1848 zugunsten seines Sohnes Max ab. Und so kam es, daß der Urheber des Baus nicht einen Tag darin wohnte. Er zog innerhalb der Residenz in den Königsbau um. Der abgedankte König Ludwig hatte den Weg frei gemacht und seine Haushaltung in das von nun an Wittelsbacher Palais genannte Gebäude verlegt. Stilistisch hatte es ihm nie gefallen – nicht während der Bauzeit und nicht, als er darin die letzten zwanzig Jahre seines Lebens verbrachte.
Zum Schmuck des Eingangs hatte Kronprinz Max – wie könnte es anders sein – zwei bayerische Löwen bestimmt. Den Auftrag dazu erhielt der »Löwenspezialist« Johann Halbig, auch wenn die Löwen später fälschlicherweise gelegentlich Ludwig von Schwanthaler, dem Schöpfer der Bavaria, zugeschrieben wurden.

Die Halbigschen Löwen wachen über den Schäfflertanz vor dem Wittelsbacher Palais am 6. Januar 1914. Foto, 1914.

Sechzig Jahre lang begleiteten die Löwen vor dem Wittelsbacher Palais die bayerische Monarchie, ehe diese 1918 unterging. Der letzte königliche Bewohner im Wittelsbacher Palais dürfte Prinz Ludwig gewesen sein, bevor er als Ludwig III. in die Räume der Residenz umzog. Dann sahen die Löwen und das Gebäude bewegte Zeiten. 1919 ließ sich, nachdem zwischenzeitlich die »Weißen Truppen« den Bau gestürmt hatten, die provisorische Regierung der Münchner Räterepublik im »Roten Palais« an der Brienner Straße nieder. Von hier aus wurde die Republik ausgerufen. An den beiden Löwen hasteten nun Leute wie Kurt Eisner oder Ernst Toller, Erich Mühsam oder Eugen Leviné vorüber.

In den zwanziger Jahren zog eine Reihe staatlicher Einrichtungen ins ehemals königliche Palais, bevor im Herbst 1933 die »Bayerische Politische Polizei« (1936 in »Geheime Staatspolizei«, kurz »Gestapo«, umbenannt) sich des Gebäudes bemächtigte. Innerhalb kürzester Zeit wurde die Gestapo-Zentrale zu einem Inbegriff des Schreckens. Auch der

Der gerettete Löwe im Hof der Bayerischen Staatsbibliothek. Foto, um 1960.

von Reinhard Heydrich aufgebaute Staatssicherheitsdienst residierte im Wittelsbacher Palais, in dessen Kellern sich Zellen für zweiundfünfzig »Schutzhäftlinge« befanden. Tausende von Menschen, darunter auch die Mitglieder der »Weißen Rose« oder Pater Rupert Mayer SJ, wurden an den Löwen vorbei zum Verhör und schließlich in den Tod geführt.

1944, von einer Bombe schwer getroffen, mußte das Palais evakuiert werden. Nach dem Krieg konnte man die Reste nur noch abreißen.

Dem Bombardement ist auch einer der beiden Löwen zum Opfer gefallen. Der andere überlebte, wenngleich mit

beschädigtem Unterkiefer. Das weitere Schicksal dieses Löwen nach 1945 beschrieb später Hermann Syndikus, Ministerialrat der Bayerischen Obersten Baubehörde: »Das Grundstück des ehemaligen Wittelsbacher Palais wurde seinerzeit von der Stadt München gegen den Leopoldpark* getauscht als Baugrundstück für eine geplante Konzerthalle. Der steinerne Löwe fand in keiner Urkunde Unterschlupf, war demnach also ohne festen Wohnsitz. Aus städtebaulichen und wohl auch verkehrstechnischen Gründen gab die Stadt ihre Bauabsichten an der Briennerstraße auf und verkaufte das Baugrundstück an die Gemeindebank, offensichtlich mit der Auflage, es plan zu übergeben, denn während der Kaufverhandlungen zogen Abbruchfirmen auf dem Grundstück auf und beseitigten die noch stehenden Gebäudereste. Der Löwe wurde von seinem Postament gehievt und sollte mit dem übrigen Schutt, wie mir damals ein städtischer Beamter mitteilte, auf dem Schuttberg landen. Es wäre schade um das Tier, meinte er, und ob wir nicht Interesse hätten. Der Stadt gehöre ja nur das Grundstück, der Löwe, mit diesem nicht fest verbunden, sicher noch dem ursprünglichen Eigentümer, also dem Freistaat Bayern.«
In letzter Minute vor dem Abtransport zum Schuttberg wurde der Löwe gerettet. Doch wohin mit ihm? Man schaffte ihn auf einen anderen staatlichen Grund: auf den Parkplatz zwischen Bayerischer Staatsbibliothek und Bayerischem Staatsarchiv an der Ludwigstraße. Eigentlich stand er auch hier im Weg; Witzbolde sperrten das Tier sogar hinter ein Gitter und brachten davor ein Schild an: »Bitte nicht füttern!«
Daran erinnerte sich Jahre später der gerade zum Direktor der Katholischen Akademie in Bayern berufene Franz Henrich auf der Suche nach einer prägnanten Eingangsverschönerung für das Schwabinger Tagungshaus. Auf informellem Weg entlockte er anläßlich einer Fronleichnamsprozession

---

* Der Leopoldpark war das Gelände westlich der Leopoldstraße, auf dem heute unter anderem die Mensa der Universität steht.

den obersten Löwenhaltern, dem damaligen Ministerpräsidenten Alfons Goppel und dem Finanzstaatssekretär Anton Jaumann, ein wohlwollendes Nicken auf seine Frage nach dem Löwen. Kurze Zeit später rollte der Tieflader durch die Ludwigstraße. Auch der damalige Generaldirektor des Bayerischen Staatsarchivs, Bernhard Zittel, unterstützte die neue Beheimatung des Löwen an einer populäreren Stelle als dem Parkplatz. Ehe noch die bürokratische Maschinerie ins Rollen kommen konnte, war der Coup geglückt. In einem Husarenstück hatte man den ehrwürdigen Löwen 1970 schlichtweg entführt. Ein Kran plazierte den steinernen Koloß an seinen neuen Bestimmungsort an der Ecke Mandl-/Gunezrainerstraße, umringt von staunenden Passanten.
Ganz ohne Nachspiel blieb die Löwenentführung freilich nicht. Der ursprüngliche Sitzplatz des majestätischen Tieres an der Brienner Straße war mittlerweile von der Gemeindebank an die Bayerische Landesbank übergegangen. Und die wollte nun partout »ihren« Löwen wiederhaben. Erst nach heftigen Debatten wurde die Sache gütlich geregelt: Die Landesbank ließ eine Rekonstruktion des zerstörten zweiten Löwen für ihren Neubau anfertigen und in den Sockel einmeißeln: »Neuschaffung des A. D. 1944 zusammen mit dem Wittelsbacher Palais durch Bomben zerstörten Löwen«. Die von Alfred Görig 1981 geschaffene Nachbildung steht nicht am alten Platz in der Brienner Straße, sondern an der Ecke Oskar-von-Miller-Ring/Gabelsbergerstraße. In der Brienner Straße jedoch – nur wenige Häuser weiter Richtung Westen – wachen zwei kleine Nachbildungen der Halbig-Löwen über die Toreinfahrt des Bayerischen Sparkassen- und Giroverbands-Gebäudes.
Der einzige Originallöwe, den man in Erinnerung an den sagenumwobenen Gründer Schwabings inzwischen auf den Namen »Swapo« getauft hatte, bewacht heute nicht nur den Eingang zur Katholischen Akademie, sondern seit 1994 auch eine vom Münchner Bildhauer Max Faller gestaltete Gedenktafel für den katholischen Publizisten Fritz Gerlich, der als einer der ersten gegen Hitlers Diktatur aufgestanden war und

Nachbildung des verlorenen Halbig-Löwen von Alfred Görig vor der Bayerischen Landesbank.

diesen Protest mit dem Leben bezahlt hatte. Die Inschrift zu Füßen des Löwen lautet: »›Die Freiheit verteidigen …‹ Dieser Löwe (1848) befand sich einst vor dem Wittelsbacher Palais, der späteren Gestapo-Zentrale. Seit 1970 steht der Löwe ›Swapo‹ vor der Katholischen Akademie in Bayern. Er soll erinnern an den katholischen Publizisten Fritz Gerlich, der am 1. Juli 1934 in Dachau von den Nazis ermordet wurde.«

Das Tier ist längst zum Symbol geworden. Eine Bronzenachbildung en miniatur von der Bildhauerin Christine Stadler wird als Dankeschön an Freunde der Katholischen Akademie überreicht, Nachzeichnungen wurden zu wohltätigen Zwecken versteigert.

»The Colossal Bavarian Lion«

»Die Bildhauerarbeiten in der ausländischen Abtheilung zogen gestern die fashionablen Besucher vorzüglich an, unter diesen besonders der kolossale bayerische Löwe«, war am 8. Mai 1851 in der »Augsburger Abendzeitung« zu lesen. Am 1. Mai hatte in London die erste große Weltausstellung im neuerbauten Kristallpalast ihre Pforten geöffnet. Sie wurde zu einem nie dagewesenen Spektakel. Bis Oktober zogen die Massen durch die riesigen Schauhallen. Besucherzahlen von weit über 50 000 pro Tag waren keine Seltenheit, vereinzelt waren es sogar über 100 000. Mit zu den größten und meistbestaunten Exponaten zählte ein großer bayerischer Löwe aus goldglänzender Bronze. Er stammt aus der königlichen Erzgießerei in München und gehörte eigentlich zur Figurengruppe der Quadriga auf dem Münchner Siegestor.
Bereits kurz nach seiner Thronbesteigung hatte König Ludwig I. die Idee, in München einen Triumphbogen bauen zu lassen. Im Juni 1826 schrieb er aus Italien, daß er »ein Stadtthor aus Quadern wie Röm. Triumphpforte aufzuführen vorhabe«. Als Baumeister wählte er Friedrich von Gärtner; für den plastischen Schmuck war Johann Martin Wagner zuständig. 1840 erhielt Gärtner den Auftrag; der Grundstein für das Siegestor wurde am 12. Oktober 1843 gelegt, dreißig Jahre nach der Völkerschlacht bei Leipzig. Die feierliche Eröffnung fand sieben Jahre später statt, am 15. Oktober 1850, dem Geburtstag Königin Maries und gleichzeitig dem Namenstag Königin Thereses. »Bayerns tapferem Heere, das zu jeder Zeit, in allen Lagen seinem Landesfürsten unerschütterlich treu war, ihm widme ich das Siegesthor.« Bürgermeister Bauer wurde eine Urkunde übergeben, in der Ludwig das aus seinen Privatmitteln erbaute Siegestor dem Münchner Magistrat schenkte. Die das Siegestor bekrönende Quadriga wurde zwei Jahre später hinaufgehievt und am 16. Oktober 1852 würdevoll enthüllt.

Der Löwe des Siegestors 1851 auf der Weltausstellung in London. Holzschnitt, 1859.

Mit der Ausführung der Quadriga hatte König Ludwig seinen Kunstagenten Johann Martin Wagner beauftragt. Dieser stöhnte: Schon wieder eine Bavaria! Erst vor kurzem war die Bavaria am Sockel des Denkmals für Max I. Joseph enthüllt worden; und die Arbeiten für die Kolossalstatue auf der Theresienwiese waren längst nicht abgeschlossen. Doch schließlich fand sich Wagner mit dem Gedanken ab, noch einmal eine Bavaria darzustellen. 1846 konzipierte er die Quadriga: ein Gespann von vier Bestien, die den Triumphwagen, gelenkt von Bavaria ziehen, – gedacht als Allegorie des Landes Bayern. Den Auftrag für die Löwen erhielt – wie könnte es anders sein? – Johann Halbig, der Spezialist auf dem Gebiet der Tierplastik. Die Bavaria, die einer Amazone gleicht, sollte der Bildhauer Friedrich Brugger schaffen – Ludwig I. hielt von Halbigs Menschenfiguren nicht allzuviel, sosehr er ihn als Tierplastiker schätzte!

Am 8. April 1847 traf beim Erzgießer Ferdinand von Miller das Modell des ersten kolossalen Löwen für die Quadriga ein. »Derselbe war so schlecht in Gyps gegossen, daß er uns schon in der Stadt beim Herzogspital in der Mitte auseinander brach. Nach unsäglicher Mühe kamen wir Nachts neun Uhr mit dem Ungethüm in der Gießerey an. Die Löwen sind von Halbig nach Wagners Angaben meisterhaft modelliert. Der Schaden war bald wieder gut gemacht«, vermerkte Miller in seinem Tagebuch. Im März 1848 wurden die beiden ersten Löwen in einem Stück gegossen, wobei extra ein neues Mauerwerk zur großen Gußgrube aufgezogen worden war.
1850, zum Zeitpunkt der Eröffnung des Siegestors, war die bekrönende Quadriga noch längst nicht fertig. Während in der königlichen Erzgießerei noch an den anderen Figuren der Gruppe gegossen, ziseliert und poliert wurde, war »mit der Eisenbahn dieser Tage einer jener Löwen, welche auf das Siegesthor zu stehen kommen und aus der hiesigen kgl. Erzgießerei hervorgingen, zur Industrie-Ausstellung nach London« abgegangen. Dies meldete am 21. Januar 1851 das »Münchener Tagblatt«.
Der königliche Erzgießer Ferdinand von Miller hatte ihn auf eigene Kosten auf die Reise geschickt – aus Werbegründen. Der Löwe sollte dem internationalen Publikum zeigen, daß die Münchner Erzgießerei – übrigens das weltweit führende Unternehmen seiner Art – imstande war, Güsse in einem Stück und in nahezu beliebiger Größe, dabei ohne nachträgliche Bearbeitung mit dem Meißel, auszuführen. Auch die hohen Kosten, die er aus eigener Tasche zu tragen hatte, hielten Miller nicht davon ab, sich an der Ausstellung zu beteiligen. »An einem Sonntagsmorgen im Herbste des Jahres 1850 las ich im Bette von der großartigen Idee einer Weltausstellung aller Völker, welche die Engländer für London planten. Die Sache interessierte mich außerordentlich. Ich weckte meine Frau und schilderte ihr die Wichtigkeit des Gedankens einer solchen Ausstellung. – ›Ja, hättest du denn etwas auszustellen?‹ meinte sie. Ich dachte sofort an einen der vier

Löwen vom Siegestor. – ›Welche Arbeit, solchen Koloß nach London zu senden. Welche Mühe, welche Kosten, welches Risiko!‹ war ihre Sorge. Es konnte mich nichts abbringen von meiner Idee.« So schilderte Ferdinand von Miller seinen Entschluß, sich an der ersten Weltausstellung zu beteiligen. Er wählte jenen Löwen, »der links an die Deichsel gehörte«, dazu zwei Figuren der böhmischen Walhalla, und zum Größenvergleich wollte Miller auch noch einmal die Hand der Bavaria auf der Theresienwiese gießen.

Natürlich mußte er beim König anfragen, ob dieser nichts dagegen habe, wenn er die Bronzeplastiken ausstelle. Die schriftliche Antwort lautete: »Den Löwen ja, die zwei Figuren gehen mich nichts an, die Bavariahand nochmals zu gießen erlaube ich nicht.« Der König hatte Angst, daß die Hand in London verkauft würde, »dann einmal Gott weiß wohin in ein Museum« käme und man irgendwo einen ähnlichen Koloß wie die Bavaria vermuten würde. »Nein, wie alle Welt weiß, gab es nur einen Koloß von Rhodos und so soll auch alle Welt wissen, daß es nur eine Bavaria in München gibt.«

Auch die Reaktion des bayerischen Ausstellungskomitees auf die Idee der Ausstellungsbeteiligung war nicht gerade ermutigend! »Das ist ja ein Unfug, den Sie da planen. Wir selbst haben dafür kein Geld, und Sie ihrerseits haben nicht überlegt, was es heißt, solche Kosten allein zu tragen.« Trotz – oder gerade wegen – dieser ablehnenden Haltung ließ Miller seine Plastiken nach London transportieren, wo sie im Frühjahr 1851 eintrafen.

In London war das Publikum begeistert von »the colossal Bavarian Lion«, der im Mittelgang des Ostflügels des Kristallpalasts – jenes Flügels für die ausländischen Aussteller – majestätisch und weithin sichtbar stand. »Der bayerische Löwe imponiert durch das Kolossale. Aber trotz seiner ungeheuren Größe ist dieser Löwe keine bestienartige Erscheinung, sondern eine edle, fast könnte man sagen, heroische Darstellung des Königs der Thiere«, urteilte am 20. Mai 1851 die »Augsburger Abendzeitung«, nachdem sie ein paar

Tage zuvor den Kopf allerdings als »völlig mißlungen« bezeichnet hatte.
In London erkannte man die Großartigkeit der Bronzeplastik und die Jury sprach Ferdinand von Miller für den Löwen »as a most admirable example of successful casting« (als bewundernswertestes Beispiel erfolgreichen Gießens) – wie es in der offiziellen Begründung hieß – eine der begehrten Auszeichnungen zu. Man bewunderte, daß die Plastik fast in einem Stück gegossen worden war – nur ein Fuß, der Schweif und der Unterkiefer waren angesetzt.
In der Heimat wurde dieser überwältigende Erfolg allerdings nicht so recht gewürdigt, wie Ferdinand von Miller beklagte: »Während der Präsident Napoleon den preisgekrönten Franzosen in den Tuilerien unter feierlichem Gepräge die von ihnen errungenen Medaillen überreichte, hat man mir die mit so großen Opfern errungene und vielbeneidete Auszeichnung durch einen Ausgeher zugeschickt!« Und das »Münchener Tagblatt« vermeldete lapidar: »Unter den Preisträgern bei der Londoner Ausstellung war auch Ferdinand von Miller für den Erzguß des bayerischen Löwen.«
Wegen seines Gewichts – er soll über vier Tonnen wiegen bei einer Länge von über fünf Metern – gehörte das bayerische Schmuckstück zu einem der letzten Ausstellungsstücke, die aus dem Kristallpalast entfernt wurden.
Nach der Rückfahrt über den Ärmelkanal gelangte das Prachtexemplar via Eisenbahn nach Köln. Von dort sollte es mit dem Schiff weitergehen. Doch inzwischen war es Dezember geworden. Und just im Jahr 1851 hatte der Winter früh begonnen und die Schiffahrt auf dem Rhein war bereits eingestellt worden. So wartete der Löwe zunächst wohlverpackt und gegen Feuer versichert bei einem Spediteur am Bahnhof der Rheinischen Eisenbahn auf den Frühling.
Wenn der Löwe schon so lange in Köln stand – warum sollte man dies nicht sinnvoll nützen? Als der Verwaltungsausschuß des Zentral-Dombauvereins von dem unprogrammmäßigen Aufenthalt des Löwen erfuhr, schlug er vor, ihn auszustellen. In jenen Jahren wurde nämlich der Kölner Dom

vollendet. Auch König Ludwig I. hatte dem Dombauunternehmen befürwortend gegenübergestanden und hatte es als nationale Aufgabe angesehen, an der er sich aus Überzeugung beteiligte. Er spendete die farbigen Glasfenster und begründete den bayerischen Dombauverein. Man wandte sich kölnerseits nun an den mittlerweile abgedankten König um die Erlaubnis zur Ausstellung des Löwen, denn das Siegestor war ja aus Ludwigs Privatkasse finanziert worden, das Bronzetier also sein Eigentum. Die Antwort kam prompt: »Ich habe nichts dawider, wenn bis Ende März nächsten Jahres gedachter Löwe in Köln zum Vortheile des Dombaues ausgestellt wird, da ich den Ausbau des Kölner Domes lebhaft, innig wünsche!«
Die Verwirklichung des Ausstellungsvorhabens stieß jedoch auf unerwartete Schwierigkeiten. Bis Ende Januar 1852 geschah nichts. Von seiten des Vereins fand man keinen geeigneten Wagen, außerdem wollte man für die Sicherheit auf dem holprigen Pflaster nicht garantieren. Zudem war das eine Tor auf dem direkten Weg zu niedrig, eine Brücke mit solchem Gewicht unpassierbar. Man beschloß deshalb, mit dem Löwen einen Umweg um die ganze Stadt zu nehmen.
Über diesen logistischen Problemen war es März geworden, und als man bei der Spedition vorstellig wurde, um das gute Stück abzuholen, wurde die Herausgabe verweigert, da bereits das Schiff erwartet wurde, das den Löwen in seine bayerische Heimat bringen sollte.
Nun mußte man sich um eine zusätzliche Erlaubnis an Ferdinand von Miller wenden, der seinen Bamberger Schiffer von der Verzögerung benachrichtigte und die Auslieferung des Löwen genehmigte. Schließlich wurde der goldglänzende Koloß doch noch im Dom zur Schau gestellt, in der äußeren Halle des südlichen Ostportals. Von April bis August war er täglich gegen Eintritt zu sehen.
Der Löwe war gut besucht. Echte Raubtiere kamen nur selten in die Stadt; einen Zoo gab es in Köln erst Jahre später. Und dann brachte der Löwe natürlich auch etwas von der Atmosphäre der berühmten Weltausstellung nach Köln.

Die Quadriga auf dem Münchner Siegestor, Holzschnitt, um 1850.

Andere Schaulustige interessierte vor allem die technische Leistung des Gusses – eines Gusses aus jener berühmten Erzgießerei, die knapp zwei Jahre zuvor mit der Enthüllung der Bavaria in München weltweit Furore gemacht hatte.

Während der eine Löwe in Köln auf den Frühling wartete, harrten die anderen in der Erzgießerei ihrem Abtransport entgegen. Einer stand nahe des Eingangs im Hof der Erzgießerei; die anderen zwei waren im Dezember 1851 noch immer in den Werkshallen. Arbeiter waren dabei, die goldenen Mähnen der kolossalen Figuren zu polieren.

Aber dann, am 16. Oktober 1852, war es endlich soweit: Auch die Quadriga konnte feierlich enthüllt werden, nachdem sie zuvor drei Tage lang in der Erzgießerei künstlich mit »griechischem Feuer« illuminiert ausgestellt worden war. König Ludwig I. konnte sich nicht satt sehen; dreimal kam er deswegen extra in die Gießerei. Doch nun blickte die Quadriga von hoch oben auf dem Siegestor in Richtung Norden.

Damit man die ganze Schönheit aber auch weiterhin von nahem bewundern konnte, wurde im Frühling 1853 in den unteren Räumen der damals noch nicht ganz fertiggestellten Neuen Pinakothek auf Befehl König Ludwigs das kolossale Gipsmodell der Quadriga vorübergehend zur Schau gestellt. Die Bomben des Zweiten Weltkriegs verschonten auch das Siegestor nicht. Eigentlich war der Abriß der Ruine schon beschlossene Sache, doch dann entschied man sich 1958, den einstigen Triumphbogen als Mahnmal in seiner heutigen Form wiederherzustellen. Die im Juli 1944 stark in Mitleidenschaft gezogene Quadriga wurde nach einer umfassenden Renovierung erst 1972 zurück auf das Siegestor gehoben. Und nach einem kurzen Intermezzo während der Sanierungsarbeiten um die Jahrtausendwende, die die Löwen samt Lenkerin im Hof des Münchner Stadtmuseums verbrachten, blicken sie nun wieder – wie bereits vor gut hundertfünfzig Jahren – von der Innenstadt Richtung Schwabing. Die Blickrichtung nach Norden hatte König Ludwig I. bestimmt, um siegreich heimkehrende bayerische Truppen gebührend zu bewillkommnen, eine Aufgabe, die die Quadriga allerdings nur ein einziges Mal nach dem Deutsch-Französischen Krieg von 1870/71 übernehmen durfte.

Ludwig von Schwanthaler und der bayerische Paradelöwe

Ob auch Ludwig Schwanthaler sich ein Modell in der Kreutzbergschen Menagerie gesucht hat, ist nicht bekannt. Doch irgendeinen echten Löwen muß auch er gesehen haben, denn anders ist die Schönheit des von ihm geschaffenen bayerischen Paradelöwen zu Füßen der Bavaria nicht zu erklären.

Schwanthaler war kein Tierbildhauer wie Johann Halbig, auch wenn ihm gleich eine ganze Reihe von Löwendenkmälern angedichtet wurde, darunter der Löwe »Swapo«, der eindeutig von Halbig stammte. Nahezu das ganze 19. Jahrhundert hindurch galt Schwanthaler – vor allem in Bayern – als einer der begabtesten Bildhauer seiner Zeit. Kein Wunder also, wenn man sich gerne mit einem »echten Schwanthaler« schmücken wollte. Zwar stand er stets im Schatten von Bertel Thorvaldsen, Gottfried Schadow und Christian Daniel Rauch, dennoch gewannen seine Werke weit über die Grenzen Münchens hinaus an Bedeutung. Seit 1825, dem Jahr des Regierungsantritts König Ludwigs I., war der 1802 in München geborene Künstler für den Münchner Hof tätig; seit 1835 lehrte er an der Münchner Akademie der Bildenden Künste. Nachdem König Ludwigs Versuche, Thorvaldsen oder Rauch für München zu gewinnen, gescheitert waren, hatte Schwanthaler in seiner Heimatstadt nahezu ein Monopol als Bildhauer. Fast alle plastischen Großaufträge des Königs wurden von ihm ausgeführt. Mit der lebhaften Bautätigkeit Ludwigs I. war gleichzeitig ein starkes Anwachsen von Architektur-, Dekorations- und Denkmalplastik verbunden. Um dieser Fülle von Aufträgen Herr zu werden, war Schwanthaler gezwungen, mehrere Ateliers zu gründen, in denen bis zu fünfzig Schüler und Mitarbeiter nach seinen kleinen Modellen und zeichnerischen Entwürfen arbeiteten.

Außer dem Bavaria-Löwen sind von Schwanthaler zunächst die vier etwa lebensgroßen steinernen Wappentiere am Löwenbrunnen von Hohenschwangau bekannt. Die Entwürfe stammen wohl aus den späten 1830er oder den beginnenden 1840er Jahren; ausgeführt wurden sie vermutlich in den vierziger Jahren von Schwanthalers Atelier.
Den Entwurf für die beiden Löwen auf dem Festsaalbau der Residenz in München (errichtet 1832 bis 1842) lieferte ebenfalls Ludwig Schwanthaler; ausgeführt wurden diese wiederum von seinen Schülern. Ursprünglich hatte der Architekt des Gebäudes, Leo von Klenze, zehn Löwen »gleichsam als Burgwächter, ganz nach dem piräischen vor dem Arsenal in Venedig geformt«, vorgesehen gehabt. Doch allmählich ging die Idee in Richtung von acht allegorischen Figuren der bayerischen Kreise und zwei sie flankierende Löwen als Allegorien des Gesetzes und der Kraft. So sind sie noch heute erhalten.
Auch die beiden Löwen auf dem gleichnamigen Tor in Traunstein könnten Arbeiten eines Schwanthaler-Mitarbeiters gewesen sein – mit Sicherheit ist dies jedoch nicht mehr festzustellen. In den Jahren 1823/24 hatte man das einstige »Autürl«, das Tor von der Stadt zur Vorstadt Au, im Rahmen von Straßenerweiterungen verändert und gleichzeitig mit zwei Löwen aus Ton geschmückt, eine Tatsache, die bald zur Umbenennung des Tors führte. Diese Tonlöwen scheinen jedoch nicht von größerer Haltbarkeit gewesen zu sein, denn bereits im Sitzungsprotokoll des Magistrats vom 21. Juni 1844 ist »die Herstellung zweier steinerner Löwen an der Communikationsstrasse in die Au« betreffend zu lesen: »Da früher zwei Löwen auf den Seitenmauern dieses Thores gestanden haben, welche aus Thon gebrannt waren, solche aber wegen Ruinosität entfernt werden mußten, so beschließt der Magistrat, Löwen aus Stein in München im Atelier des Bildhauers Schwanthaler zu bestellen und aufzustellen. Gegen die Zweckmäßigkeit zur Aufstellung von Löwen ist um so weniger etwas zu erinnern, als das hiesige Publikum bereits an die Löwenfiguren sich [gewöhnt] hat. Der Bürger-

meister Wispauer wird beauftragt, zum benannten Zweck zwei Löwen in München zu bestellen, deren Preis jedoch die Summe von 30 Gulden nicht überschreiten soll.« Weiteres ist den Akten nicht zu entnehmen. Ob das Atelier Schwanthalers den Auftrag angenommen hat oder ob man sich von seiten Traunsteins nach einem anderen Bildhauer umsehen mußte, ist nicht überliefert. Mit 30 Gulden wären zwei fast lebensgroße neue Löwen auch nicht gerade überbezahlt gewesen. (Zum Vergleich: Allein für die Entwürfe und Modelle der Bavaria einschließlich eines anzufertigenden Gerüsts erhielt Schwanthaler 23 300 Gulden; den Guß, das Aufstellen etc. nicht mitgerechnet. Dafür bekam der Erzgießer Miller weitere 126 100 Gulden, wobei aus späteren Aufzeichnungen hervorgeht, daß der Erzgießer bei diesem Geschäft noch entschieden draufgezahlt hat. Oder: Wenige Jahre zuvor hatten die Amberger für zwei alte, ausrangierte Löwen aus Sulzbach 20 Gulden bezahlt*).

Ein anderer Löwe ist jedoch sicher von Meister Schwanthaler selbst entworfen: der Begleiter der Bavaria auf der Theresienwiese in München. Mit dem Vertrag über deren Herstellung begann 1837 die Entstehung eines für das 19. Jahrhundert epochalen Werkes und gleichzeitig eines Symbols der bayerischen Landeshauptstadt. Die Figur der Bavaria war seit der Antike die erste Kolossalfigur und fand in abgewandelter Form etwa in der Freiheitsstatue von New York ihre Nachfolgerin. 1850 wurde die Bavaria vollendet. Majestätisch sitzt seither einer der wohl schönsten Löwen der Welt an ihrer Seite.

Es ist hier nicht die Stelle, ausführlich über die Entstehung der Bavaria zu berichten. Nur soviel: Die Figur wurde auf besonderen Wunsch König Ludwigs I. geschaffen. Die ersten Entwürfe zeichnete Leo von Klenze bereits 1834, also lange vor Vertragsabschluß mit Schwanthaler. Nach diesen war eine Amazone auf hohem Sockel geplant, angetan mit einem

---

* Siehe dazu das Kapitel »Der Amberger Löwenstreit«.

knielangen Kleid, gelehnt an eine Herme, den Siegerkranz in ihrer linken Hand. Mit ihrer rechten bekränzt sie die Herme; ihr zu Füßen liegt friedlich ein Löwe als bayerisches Wappentier. Schon Klenze verband in seinem Entwurf die Vorstellungen antiker Figuren mit dem bayerischen Staatssymbol. Er wollte vor der ebenfalls von ihm geplanten Ruhmeshalle einen »Koloß« errichten, »wie er als Athene auf der Akropolis von Athen das Parthenon überragte«.
Als Ludwig Schwanthaler 1837 mit den Entwürfen begann, griff er zwei Momente der Klenzeschen Vorplanung auf: die Erinnerung an die Athena Promachos und das Darreichen des Kranzes. Der bayerische Löwe spielte zunächst keine Rolle. Immer weiter entfernte sich Schwanthaler jedoch vom Entwurf Klenzes. Dabei nahm der Löwe mehr und mehr an Bedeutung zu: Zunächst lag der Bavaria ein Schild mit Löwenschmuck zu Füßen, später fand sich der Löwe an der Vorderfront des Sockels, auf dem er schließlich in der ausgeführten Fassung majestätisch neben der Bavaria hockt. Bereits im September 1837, knapp fünf Monate nach Vertragsabschluß, hatte Schwanthaler seine Bavaria gefunden, die gänzlich mit den antiken Überlieferungen gebrochen hat. Lediglich das schlichte, zeitlose, lange Gewand mag noch die Erinnerung an die Antike hervorrufen. Entscheidend ist jedoch, daß Schwanthaler das Gewand zur Hälfte mit einem um die Hüfte gegürteten Bärenfell bedeckte. Damit wich er ganz bewußt vom Ideal einer Athene oder antiken Amazone ab und wandte sich dem spezifisch Deutsch-Germanischen zu. Von nun an sind alle weiteren Entwürfe und Modelle »germanisch gehalten«.
Drei Jahre arbeitete Schwanthaler am Modell der Bavaria, unterstützt durch den Italiener Guiseppe Lazzarini (1800 bis 1844), der die Modellierung ausführte. Sehr zum Leidwesen Ferdinand von Millers, der das Standbild in Bronze gießen sollte, änderte der Bildhauer immer wieder Details. »Als das Gipsmodell vollendet dastand und ich glaubte, das Formen beginnen zu können, ging die eigentliche mühsame Arbeit erst an, da Schwanthaler eine wahre Wut hatte, an diesem

*Das eingerüstete Modell der Bavaria auf dem Gelände der Erzgießerei.
Stich in »The Illustrated London News«, 1847.*

Koloß zu ändern: so ließ er zum Beispiel an der linken Hüfte drei Fuß auftragen, den Kopf ließ er dreimal anders auf die Schultern setzen, den linken Arm höher, bald tiefer hängen, den Löwen den Rachen bald auf, bald zu machen«, klagte der Erzgießer in seinen Memoiren. Letzten Endes ist ein majestätischer Löwe entstanden, etwas ruhiger als in seinen verschiedenen Entwicklungsstadien und mit geschlossenem Maul.

Ein erschütternder Brief vom 23. Juni 1843 an Ludwig I. zeigt, mit welcher Hingabe Schwanthaler an der Bavaria arbeitete: »Es lag trotz aller Anstrengungen außer dem Bereiche meiner Kraft, den zur Vollendung der ganzen Statue anberaumten Termin für den ersten August einzuhalten, obwohl ich von der Gicht verfolgt, jeden freien Tag in dem bösen Lokal und oft lange im Regen stehend gewissenhaft anwandte.« Trotz seiner schweren Krankheit, die ihn bald im Alter von nur sechsundvierzig Jahren dahinraffen sollte, schuf Schwanthaler mit seiner Bavaria ein kolossales, zeitloses Symbol für den bayerischen Staat. »Mit der innerlich beseelten Ausdruckskraft und den deutlichen Hinweisen auf das Deutschtum weist es« – so Otten in seiner Monographie über Schwanthaler – »romantische, überregionale Züge auf, die sich vom antiken Vorbild gelöst haben. Abgesehen von dem Löwen, der als Wappentier an Bayern erinnert, soll alles an der Figur als deutsch verstanden sein: die Frau, der Eichenkranz und das Bärenfell.«

Beim Guß ging nicht alles reibungslos ab. Noch nie zuvor war so ein großer Guß gewagt worden, auch wenn die Monumentalfigur aus mehreren Teilen zusammengesetzt ist. Man hatte keine Erfahrungen mit der Verarbeitung solcher Erzmassen und der dadurch entwickelten Hitze. Einmal ist fast die Gießerei abgebrannt, andere Male gelang der Guß nicht. Immer wieder erscheint auch Bavarias Löwe in Millers Aufzeichnungen, so am 9. Januar 1846: »Am Wege in die Gieserey kommt mir Gutsapfel [ein Gießer] entgegen mit ganz verstörtem Gesicht und sagte: ›Machen Sie sich auf ein großes Unglück gefaßt! Erschrecken Sie nur nicht!‹ Mein

erster Gedanke war, es sey Menschenleben zu Grunde gegangen, als Gutsapfel auf meine Frage dieß verneinte ward mir wohler – endlich kam's heraus – das Modell des Löwenkopfes hat er mir umgeworfen und in Stücke gebrochen, welch eine Arbeit jetzt diesen Coloß wieder aufzustellen. Was doch alles kommen muß!«
Ein Jahr später hatte er mehr Glück: »Den 28ten Jänner [1847] habe ich den Schweif des Löwen gegossen, welcher außer einem Risse gut gelungen ist.« Doch Ende 1849 mußte er erneut ein Mißgeschick verzeichnen: der Guß des Löwenkopfes war mißlungen. Seitenweise schildert Ferdinand von Miller in seinem Tagebuch den genauen Hergang und schließt mit der Bemerkung: »Es wurde viel davon geredet, wie von einem Wunder, daß dem Miller ein Guß mißlungen sey.« Knapper berichtete Millers Mitarbeiter Gutsapfel über das teure Mißgeschick: »Alle übrigen Güsse von der Bavaria sind glücklich vor sich gegangen. Aber leider der Kopf von dem Löwen ist ganz mißlungen. Er sollte in der ganz grossen Grube gegossen werden. Das Metal dazu war wunderschön und der Gus schien schon vollkomen gelungen zu sein, das Metall kam schon bey allen Luftröhren heraus, aber auf einmall hatt sich die Form auf dieser Seite von den großen Haarpartien gesenkt, und das ganze Metall 180 Zentner alles in ein Klumpen in der Grube zusamengelaufen. Man denke sich einen solchen Augenblick, welcher Schaden und Verlust da entsteht bey einem so müßlungen Gusses! Man denke sich, wenn es nur noch 3 Minuten gehalten hätte, und das Metall ware erstarrt gewesen, und der Gus were dan ein glicklicher zu nennen gewesen. Den 1. Dezember 1849 wurde der lezte Theil der Bavaria glicklich gegossen.« Damit war auch der Guß des Löwen abgeschlossen.
In den nächsten Wochen wurden die Teile von der Erzgießerei nahe dem heutigen Stiglmaierplatz einzeln auf die Theresienwiese gekarrt und dort hinter einem hohen Holzverschlag zusammengebaut. Und am 9. Oktober 1850 war es endlich soweit: Die Bavaria wurde im Beisein König Ludwigs I. und des Hofes anläßlich des großartigen Bavariafestes

Älter als die Bavaria und ihr Löwe auf der Theresienwiese ist etwa die Zeichnung von Joseph Bergler von 1810 mit dem Titel »Die bildenden Künste huldigen der Athena/Bavarica«.

Der undatierte Stich von Fischer scheint eine der ältesten Darstellungen mit dem Löwen und Athena/Bavaria zu sein.

feierlich enthüllt. Nur Schwanthaler selbst fehlte; er war knapp zwei Jahre zuvor verstorben.

Verschiedentlich wurde in der Literatur behauptet, daß bei der Bavaria »erstmals der Löwe, ursprünglich das Wappentier der pfälzischen Wittelsbacher, in Verbindung mit Bavaria auftritt« – so etwa im Katalog »Bavaria – Germania – Europa« von 2000. Das stimmt so nicht ganz. Bereits 1829 wurde ein entsprechendes Fresko in den Hofgartenarkaden, direkt über der Tür zum Theatinergang der Residenz, vollendet. Nach einem Entwurf von Wilhelm von Kaulbach wacht hier neben Bavaria, die einen Schild mit König Ludwigs I. Sinnspruch »Gerechtigkeit und Beharrlichkeit« in Händen hält, ein mächtiger bayerischer Löwe. Kurz darauf wurde die Szene auch als Stich festgehalten. Noch älter ist ein Stich von Joseph Bergler. 1810 zeigte er, wie die bildenden Künste der Athena/Bavaria huldigen und an ihrer Seite liegt kein anderer als der bayerische Löwe. Ähnlich verhält es sich beim Titelblatt der »Rangliste der Königlich baierschen Armée« für verschiedene Jahre. Und schon im 18. Jahrhundert scheint die Kombination von Löwe und Athena/Bavaria bekannt gewesen zu sein, wie ein nicht näher bestimmbarer, mit »Fischer« signierter Stich beweist, auch wenn natürlich nicht immer unterschieden werden kann, ob der Löwe als Wappentier gemeint ist oder als Sinnbild für Macht, Stärke, Großmut oder Gerechtigkeit. Ähnliches gilt für einen Nürnberger Stich von Georg Lommel und Gottlieb Johann Bauer aus dem Jahr 1836. Er zeigt Bavaria auf einem Löwenthron ähnlich wie weiland Kaiser Ludwig der Bayer auf einer gol-

Eine ältere Bavaria mit Löwe findet sich auch als Titelkupfer in der Rangliste der Königlich baierschen Armee für das Jahr 1810.

denen Bulle. Es ließen sich noch verschiedene Beispiele von Bavaria-Darstellungen in der Begleitung von Löwen finden, allerdings alle als Stiche, Gemälde oder Fresko, nicht auf Monumenten.

Nur wenig älter als die Bavaria auf der Theresienwiese ist die Personifikation des Landes am Thron von König Max I. Joseph auf dem gleichnamigen Max-Joseph-Platz in München. Das Denkmal, das von Christian Daniel Rauch entworfen worden ist, zeigt neben der personifizierten Bavaria vier Löwen nicht als Wappentiere, sondern als Bewacher der Religion, des Gesetzes, der Geschichte und der Volksliebe, als die vier Stützen legitimer Herrscher gedacht.

Die Zeitgenossen verstanden auch den Löwen der Bavaria auf der Theresienwiese zunächst als Zeichen für Kraft und Stärke. Mit eben dieser Sinngebung war der Löwe schon seit langem als Begleiter von Länderallegorien verwendet worden. Erst später wurde der Löwe heraldisch erklärt und als Zeichen für Bayern allgemein angesehen, wie etwa der Halbigsche Löwe an der Hafeneinfahrt von Lindau. Doch auch in vielen anderen Fällen ist die Unterscheidung zwischen dem Sinnbild für Kraft und Stärke und dem heraldischen Synonym des Landes schwer zu treffen.

Auch wenn der Bavaria-Löwe auf der Theresienwiese nicht der allererste Löwe seiner Art ist, so kann er doch etwas für sich in Anspruch nehmen: Er ist bestimmt der populärste bayerische Löwe geworden, der zusammen mit seinem »Frauchen« bis heute immer wieder verewigt wurde – als Wächter über das Oktoberfest, auf allerhand Souvenirs und Reklameartikeln sowie in zahllosen Karikaturen.

Exkurs: Der bayerische Löwe in Griechenland

Bis nach Griechenland haben sich bayerische Löwen »verirrt«. In einem Vorort von Nauplia, genauer gesagt in Pronia, hält ein Löwendenkmal die Erinnerung an die »bayerische Zeit« Griechenlands wach – wenngleich heute etwas versteckt. Hoch über dem ehemaligen Soldatenfriedhof ruht ein mächtiger Löwe, herausgeschlagen aus dem gewachsenen Fels, und darunter steht die Inschrift:

DIE OFFIZIERE UND SOLDATEN
DER
KÖNIGL. BAIRISCHEN* BRIGADE
IHREN KAMERADEN
+
1833 UND 1834
ZUR VOLLENDUNG GEBRACHT
DURCH
LUDWIG I. KOENIG VON BAIERN

Viele bayerische Soldaten hatten in den Jahren 1833 und 1834 ihr Leben fern der Heimat verloren, als sie dem jungen griechischen König Otto, einem geborenen Prinzen von Bayern, ins ferne Hellas gefolgt waren.
Doch die Geschichte reicht weiter zurück: Lange schon war der Ruf nach Freiheit und Selbstbestimmung der Griechen, der Befreiung vom türkischen Joch, laut geworden und die

---

* Obwohl König Ludwig I. bei seinem Regierungsantritt 1825 bestimmt hatte, daß »Bayern« ab sofort mit einem »y« zu schreiben sei und der Text des Denkmals von ihm persönlich abgesegnet wurde, schrieb der Bildhauer »bairisch« hier mit einem »i«.

Zahl der Philhellenen in ganz Europa, die ein Wiedererstehen des alten Hellas vor Augen hatten, wuchs von Jahr zu Jahr. Mit dem Überschreiten des Flusses Pruth, der die Grenze zwischen dem russischen und dem osmanischen Reich markierte, gab der griechische Anführer Alexander Ypsilantis am 6. März 1821 das Signal zum griechischen Freiheitskampf, der Unterstützung durch viele begeisterte Philhellenen in ganz Europa erfuhr. Die Großmächte Rußland, England und Frankreich griffen ein. 1827 brachte die Seeschlacht bei Navarino die entscheidende Wende zugunsten der Griechen. Die folgenden Jahre gingen dann mit Konferenzen dahin. Am grünen Tisch wurden die Grenzen festgelegt. Und 1832 hatte man sich nach langen, zähen Verhandlungen in London auch auf einen neuen König geeinigt: Die griechische Krone wurde dem damals erst siebzehnjährigen Bayernprinzen Otto, König Ludwigs Zweitgeborenen, angetragen, nachdem sein Onkel, Prinz Carl von Bayern, abgelehnt hatte.

Der bayerische König Ludwig I. hatte sich – seit seiner Kronprinzenzeit – voller Idealismus für die Sache der Griechen eingesetzt. Auf der anderen Seite konnte Bayern als Binnenstaat den großen Seemächten politisch nicht gefährlich werden. So schien ein Wittelsbacher der geeignete König, noch dazu, da er mit entsprechender finanzieller Unterstützung aus der Heimat rechnen durfte.

Nachdem Otto die königliche Würde beziehungsweise Bürde angenommen und die neugeschaffene Griechische Nationalversammlung ihre Zustimmung gegeben hatte, gab es kein Zurück mehr. Für den noch minderjährigen Otto sollte zunächst eine vierköpfige Regentschaft, bestehend aus Josef Ludwig Graf von Armannsberg, Georg Ludwig von Maurer, General Karl Wilhelm von Heideck (genannt Heidegger) und Karl August von Abel regieren. Doch auch für Otto hieß es Ende 1832 Abschied nehmen. Zusammen mit General Heidegger verließ er am 6. Dezember München. Die übrigen Mitglieder der Regentschaft und die griechischen Deputierten folgten wenige Tage später. Zahllose Münchner waren auf den Straßen, um dem jungen König Lebewohl

zuzuwinken. Bis vor die Stadttore, zum Höhenkirchener Forst, gab König Ludwig I. seinem Sohn das Geleit, bis zu der Stelle, an der sich später der Ort Ottobrunn entwickeln sollte. Königin Therese begleitete ihren Sohn bis Bad Aibling, dann machte auch sie kehrt und der »arme Bub«, wie sich der österreichische Kaiser Franz ausgedrückt haben soll, zog weiter einer ungewissen Zukunft entgegen, über den Brenner nach Italien, bis Brindisi, wo er sich einschiffte. Kronprinz Max – der spätere König Max II. – war mit Otto bis nach Süditalien gereist. Nun nahm auch er tränenreich Abschied von seinem jüngeren Bruder.
Gleichzeitig zogen die bayerischen Truppen, die den jungen Wittelsbacher auf den Peleponnes begleiten sollten, in verschiedenen Abteilungen ebenfalls Richtung Süden – insgesamt 3500 Mann. Die Freiwilligen marschierten guten Mutes, ein frohes Lied auf den Lippen und bejubelt von einer riesigen Menschenmenge einem Land entgegen, von dem sie nur eine sehr ungenaue, klassizistisch-verklärte Vorstellung hatten. Bei ihrer Anwerbung hatte man mit Versprechungen nicht gegeizt; einmal am Ziel, sollten die Freiwilligen das goldene Hellas allerdings von seiner eher unromantischen Seite kennenlernen. Besonders anschaulich schildert der Oberpfälzer Dichter Maximilian Schmidt – besser bekannt unter dem Namen Waldschmidt – den Abmarsch der bayerischen Soldaten in seiner romanhaften Beschreibung der »Jachenauer in Griechenland«.
Zu Weihnachten 1832 erreichten die Freiwilligen Triest und schifften sich ein. Mitte Januar nahmen die Schiffe in Brindisi den König und die Regentschaftsmitglieder an Bord. Nach zwei Wochen auf stürmischer See erreichten die Schiffe die griechische Küste. Sie landeten in Nauplia. Erst als die Truppen an Land gegangen waren, betrat Otto den Boden seines neuen Königreiches. Anfang Februar 1833 war es soweit. Es muß wie bei einem Volksfest zugegangen sein. Der Maler Peter von Heß hat die Szenerie farbenprächtig und detailreich im Bild festgehalten.
Die Hafenstadt Nauplia diente zunächst als provisorische

Residenz. Die Soldaten wurden in der Vorstadt Pronia einquartiert, weil die französischen Schutztruppen aus Nauplia selbst noch nicht abgezogen waren. Erst 1834 verlegte König Otto seine Residenz nach Athen, das bei seiner Ankunft in Griechenland noch das trostlose Bild einer Geisterstadt geboten hatte.

An seinem zwanzigsten Geburtstag, am 1. Juni 1835, hat König Otto dann feierlich den griechischen Thron bestiegen. Im Jahr darauf fand er in Amalie, der Tochter des Großherzogs von Oldenburg, seine Frau.

Um seine Geschichte kurz zu Ende zu erzählen: Nach der ersten Euphorie wurde Ottos Stand in Griechenland immer schwerer. Im Land kam es zu einem nicht zu übersehenden »Antibavarismus«, da sich die Griechen bei der Vergabe von Ämtern und Aufgaben übergangen fühlten. Dafür hatten sie nicht um die Befreiung vom türkischen Joch gekämpft! Sie wollten nicht wieder fremdbestimmt werden. Man verübelte Otto außerdem, daß er nicht zum griechisch-orthodoxen Glauben übergetreten war. Zudem schwand die Hoffnung auf den ersehnten Thronfolger mehr und mehr. Dazu kamen schließlich noch außenpolitische Mißerfolge. Als sich das griechische Königspaar im Herbst 1862 auf einer Reise durch sein Land befand, brach in Athen schließlich ein Aufstand los, in dessen Folge sich Otto am 23. Oktober entschloß, Griechenland zu verlassen, jedoch ohne formal abzudanken. Otto und Amalie kehrten ins Exil nach Bayern zurück und bezogen die Neue Residenz in Bamberg, wo sie die Tradition der griechischen Hofhaltung aufrechthielten. Am 26. Juli 1867 starb der griechische König, ohne noch einmal in sein Königreich zurückgekehrt zu sein. Amalie überlebte ihn um nahezu acht Jahre. Sie starb am 20. Mai 1875. Beide wurden in der Gruft der Münchner Theatinerkirche beerdigt. Dort ruhen sie bis heute in zwei schlichten klassizistischen Sarkophagen mit griechischer Inschrift.

Zahlreiche Soldaten, die den jungen König nach Griechenland begleitet hatten, kehrten nicht wieder in die Heimat zurück. Kriegerische Aufstände im Land, der Kampf gegen

Räuberbanden, aber auch Krankheiten im ungewohnten Klima rafften viele bereits kurz nach der Landung dahin.
Seinen in Griechenland gefallenen Soldaten und Offizieren wollte Ludwig I. ein Denkmal errichten. Bereits im Sommer 1835 – etwa zur Zeit der Thronbesteigung seines Sohnes – war die Entscheidung gefallen. Mit der Ausführung wurde der königlich bayerische Baudirektor Leo von Klenze beauftragt, der im Jahr zuvor eine Reise nach Griechenland unternommen hatte. Doch dann schien sich kein geeigneter Künstler für dieses Projekt finden zu lassen.
Daß König Ludwig seinen Bildhauer Ludwig von Schwanthaler mit dem Denkmal betrauen wollte, ist eher unwahrscheinlich. Dieser war gesundheitlich bereits viel zu angeschlagen. Auch andere Künstler (genannt wird zum Beispiel der Name Imhof) lehnten offensichtlich ab. Der Maler Rudolf Lehmann berichtet darüber in seinen Memoiren: »Zu jener Zeit suchte die bayerische Regierung, oder vielmehr König Ludwig, nach einem Bildhauer, der es unternehmen wollte, in Griechenland einen Löwen aus dem Felsen zu hauen […]. Indessen zeigte sich kein münchener Bildhauer bereit, den mißlichen Auftrag zu übernehmen. Er war kärglich remunerirt und in einer einsamen, durch Räuber berüchtigten Gegend auszuführen.« Doch hatte Schwanthaler seit ein paar Monaten Christian Heinrich Siegel, einen Schüler aus dem hohen Norden, in seinem Atelier. Er war gerade dreißig Jahre alt, talentiert und schien für das Löwenprojekt geeignet. »Unser hamburger Freund, der nichts zu verlieren hatte, erklärte sich bereit und erhielt den Auftrag.«
Christian Heinrich Siegel war am 14. Mai 1808 im damals noch schleswig-holsteinischen Wandsbek bei Hamburg als Sohn eines Hamburger Bäckers geboren. Bereits im Alter von einem Jahr war Christian Heinrich Siegel jedoch nach Hamburg gekommen. Zunächst arbeitete er in einer Kattunfabrik, danach wurde er Kammacher, womit er sich einige Jahre sein Geld verdiente. Schon damals fing Siegel an, kleine Figuren in Elfenbein zu schnitzen. Nebenher nahm er Zeichenunterricht und war bald so gut, daß er nach Kopenhagen

an die Akademie gehen konnte, wo er Schüler des aus Bremen stammenden Plastikers Hermann Freund wurde, einem Schüler des großen Bertel Thorvaldsen. Im Alter von neunundzwanzig Jahren machte sich Siegel dann auf den Weg nach München, um bei Schwanthaler in die Lehre zu gehen. Im September 1838 erteilte ihm der Münchner Hofbaudirektor Leo von Klenze, der sich vom Talent des norddeutschen Künstlers persönlich überzeugt hatte, den Auftrag für das griechische Denkmalprojekt. Gedacht war an einen ruhenden Löwen, der oberhalb des Begräbnisplatzes in den Felsen gehauen werden sollte. Bereits am 12. Oktober 1838 brach Siegel auf, um einen passenden Felsen zu finden und mit den Arbeiten vor Ort zu beginnen. Über drei Jahre sollten sie dauern.

Das Denkmal eines schlafenden beziehungsweise toten, eines trauernden oder weinenden Löwen – in der Regel läßt sich dies meist nicht unterscheiden – als Motiv für klassizistische Kriegerdenkmale war keine Erfindung Siegels. Der erste Entwurf für Pronia zeigte einen zwar liegenden, jedoch hellwachen Löwen. Doch dann hat der Künstler wohl Anleihen bei Thorvaldsens berühmtem Löwen genommen, der nahe Luzern zum Andenken an die 1792 in Paris für Ludwig XVI. gefallenen Schweizer Gardisten zusammen mit Kriegstrophäen aus dem Felsen gehauen wurde. Ganz ähnlich sah der zweite Entwurf Siegels aus. Doch war das Luzerner Denkmal beileibe nicht das einzige Denkmal dieser Art. Löwen schlafen auf den Kriegerdenkmälern der Schlachtfelder von Aspern oder Königgrätz; Christian Daniel Rauch entwarf das Grabmonument mit einem schlafenden Löwen für General Scharnhorst in Berlin und eines für General Blücher, Antonio Canova für Papst Clemens XIII. in der Peterskirche in Rom und eines für die Erzherzogin Marie-Christine von Österreich in der Augustinerkirche in Wien sowie die »Chatsworth Lions«, das schlafende Löwenpaar in Chatsworth House in Derbyshire. Ein schlafender Löwe ziert das Grab von in Bayern gestorbenen Griechen auf dem Südlichen Friedhof in München. Die Liste ist lang. Auch der

*Das Denkmal für die gefallenen Bayern über dem Friedhof von Pronia.
Lithographie, um 1840.*

Hamburger Menageriebesitzer und Zoobegründer Carl Hagenbeck wählte später das Motiv für sein Grab oder die Gemeindeväter im rheinischen Porz für ihr Kriegerdenkmal von 1923. Ruhende Löwen waren seit dem 19. Jahrhundert beliebte Gartenplastiken, und sie dienten tausendfach als Kaminbänke und Briefbeschwerer.

Doch zurück zum Löwen von Pronia: Immer wieder gingen Briefe zwischen München und der bayerischen Gesandtschaft in Athen hin und her, aus denen man den Fortgang der Arbeiten rekonstruieren kann.

Zunächst gab es Schwierigkeiten mit dem geeigneten Felsen. Siegel fand den passenden Prachtstein, doch stellte sich bald heraus, daß zu dessen Füßen nur Griechen beerdigt worden waren. Man fand einen anderen Felsen, oberhalb der Gräber der bayerischen Soldaten. Nun mußte der Löwe im Format angepaßt werden, wobei aus der geplanten Länge von 16 Fuß schließlich 24 Fuß wurden. Damit erhöhten sich natürlich die Kosten. Im März 1839 – über 5000 Gulden waren bereits geflossen – hatte Siegel mit den Arbeiten begonnen und rechnete noch mit weiteren eineinhalb Jahren, die er für den Löwen aufwenden müsse. »Der junge Künstler hat den kräftigsten Willen und den größten Eifer in dieser Sache gezeigt und behandelt es als Ehrensache, dieses Monument zu vollenden, da er es einmal übernommen habe, und sollte er auch mit den größten Entbehrungen kämpfen, um zum Ziele zu gelangen. Ich konnte es nicht auf mich nehmen, den eifrigen Künstler bis zur Aufklärung über die Gelddifferenz von seiner begonnenen Arbeit abzuhalten«, berichtete der Gesandte von Waldkirch nach München an König Ludwig I. »Nur die Verzierungen, welche er nach seinem verfertigten Modelle aus freyem Antriebe an dem Monument habe anbringen wollen, müsse er natürlich ganz hinweg lassen.« Dabei hätte es sich um ein Schild mit dem königlich bayerischen Staatswappen gehandelt, um einen antiken Helm und anderes Zierwerk. Doch mehr Geld als die bereits überwiesenen 5075 Gulden wollte der König nicht lockermachen. Bereits bei der Festsetzung des Planes für das Denkmal am 12. Juli 1835

hatte seine Majestät »geruht, daß zur Errichtung des letzteren die ca. 4800 Gulden betragenden Ersparnisse, welche das Hülfscorps in Griechenland an der Aversal-Summe für Bureau-, Schul- und gottesdienstliche Erfordernisse gemacht hat, verwendet werden dürfen«. Darüber hinaus hatten die Offiziere des Hilfscorps noch rund 275 Gulden gespendet.
Die Arbeiten gestalteten sich schwierig. Der Bildhauer »litt in jener öden Gegend von Hunger und Kälte«, erinnerte sich Siegels Künstlerfreund Lehmann, und »dreimal zerstörten die argwöhnischen Griechen sein Werk in verschiedenen Stadien der Vollendung«. Auch das Tonmodell fiel 1840 der Zerstörungswut der Griechen zum Opfer. Doch Siegel ließ sich nicht beirren und fing immer wieder von neuem an.
Im Sommer 1841 konnte »Schorns Kunstblatt« die nahe Vollendung des Denkmals eines kolossalen ruhenden Löwen melden. Am 8. Oktober genehmigte König Ludwig I. höchstpersönlich die Inschrift. Und »am 28. November [1841] vormittags fand zu Nauplia die feierliche Einweihung des vom Könige von Bayern gestifteten, dem Gedächtnisse der in Griechenland gebliebenen bayerischen Krieger gewidmeten Denkmals statt. Der Festzug bewegte sich, nachdem in der katholischen Capelle eine Seelenmesse für die Gefallenen abgehalten worden, nach dem noch verhüllten Denkmal, von dem, nach Begehung verschiedener kirchlicher Ceremonien, der Schleier fiel.« Dies berichtete erneut »Schorns Kunstblatt«.
In den fast vier Jahren, die Siegel schließlich für die Errichtung gebraucht hat, hat König Ludwig dann doch noch ein Einsehen gehabt, und das zur Verfügung stehende Geld aus seiner Kabinettskasse aufgestockt, so großzügig sogar, daß man sich in den Jahren 1858 bis 1860 – Ludwig hatte inzwischen längst abgedankt – Gedanken darüber machen mußte, was mit den rund 800 Gulden, die beim Bau des Monuments in Pronia übriggeblieben waren, geschehen sollte. Schließlich entschied man sich für die Gründung eines Fonds zur Unterstützung hilfsbedürftiger bayerischer Untertanen in Griechenland.

Nach der Enthüllung des Denkmals in Pronia reiste Siegel zurück in seine Heimat. Dort wartete nämlich eine Braut auf ihn – bereits seit vierzehn Jahren. Sie war eine kleine Näherin, die zurückgeblieben war, als der Mann ihres Lebens ausgezogen war, in der Ferne das Glück zu suchen. Als hochgeehrter Künstler kehrte Siegel 1842 nach Hamburg zurück, wurde mit einem Festessen der Stadt geehrt, doch war es ihm nicht vergönnt, dort eine angemessene künstlerische Arbeit zu finden. So verließ er seine Heimatstadt wieder – offensichtlich mit der inzwischen geheirateten Braut, von der später allerdings nie mehr die Rede ist –, ging nach Rom, an die Küste von Kleinasien; seine Geschichte verliert sich hier etwas. Im Frühjahr 1850 läßt er sich noch einmal für mehrere Wochen in München nachweisen, bevor er erneut nach Griechenland ging, da er als Leiter der Bildhauerklasse an die neue Athener Akademie berufen worden war. Darüber hinaus erwarb er die Marmorbrüche nahe der griechischen Hauptstadt, aus denen schon in der Antike der herrliche Marmor in verschiedensten Farben stammte. Er machte wirtschaftlich Karriere. Bald belieferte Siegel nicht nur Griechenland, sondern auch Künstler in Rom und in Konstantinopel mit Material aus bis dahin als verloren geglaubten Marmoradern, das als Giallo- und Rosso-antico bezeichnet wurde. Die römischen Kunsthändler kauften Siegels Marmor begierig auf, »denn sie waren bis dahin zur Herstellung ihrer, bei Fremden so beliebten, kleinen Nachbildungen der römischen Denkmäler auf Funde von Bruchstücken in den antiken Ruinen von Bädern und Tempeln angewiesen gewesen«, erinnerte sich Lehmann. Für Siegel war dies eine gesicherte Absatzquelle. Auch der um 1870 erbaute Sultanspalast in Istanbul soll mit Marmor aus den Siegelschen Brüchen erbaut worden sein.

Auf der Halbinsel Maina (südlich von Sparta), auf der die seit Jahrhunderten als räuberisch bekannten Mainoten lebten, errichtete sich Siegel ein kleines Reich; hier beschäftigte er in den Steinbrüchen angeblich Tausende von Mainoten, die zu ihm großes Vertrauen gefaßt hatten. Vermutlich fühlte sich

Die Ottosäule im Höhenkirchener Forst (heute Ottobrunn) markiert den Abschied des Griechenkönigs von seinem Vater, König Ludwig I. von Bayern. Hier der Löwe am Sockel des Denkmals.

der Bildhauer unter ihnen wohl, war er doch schon während seiner Studienzeit in Kopenhagen als »derb« und im wahrsten Sinne des Wortes als »schlagfertig« bezeichnet worden, an anderer Stelle auch als »einer der interessantesten und originellsten Käuze, die es geben kann«. Am 24. September 1883 ist Christian Heinrich Siegel in Athen gestorben.

Den Weg, auf dem anno 1832 der junge König Otto hoffnungsfroh in sein neues Reich gezogen war, markieren bis heute Denkmäler: in Ottobrunn, bei Bad Aibling und in Kie-

fersfelden, wobei zu Füßen des Ottobrunner Denkmals, der sogenannten Ottosäule, ebenfalls ein bayerischer Löwe ruht, der zusammen mit der Säule auch ins Ottobrunner Wappen aufgenommen wurde.
Im heutigen Ottobrunn, zwölf Kilometer vor der Stadt München, an der Stelle, an der König Ludwig seinem Sohn Lebewohl gesagt hatte, wurde von dem Haidhauser Steinmetzmeister Anton Ripfel ein am 20. Oktober 1833 fertiggestellter Gedenkstein errichtet. Auf einer 4,50 Meter hohen dorischen Säule aus gelbem Sandstein steht die Büste des jugendlichen Königs. Zu seinen Füßen ruht der bayerische Löwe. Als Datum der Enthüllung war zunächst der erste Jahrestag des Abschieds, der 6. Dezember 1833, vorgesehen, doch politische Unruhen verzögerten die Feier. Sie fand am 13. Februar des folgenden Jahres statt.
Während König Ludwig das Löwendenkmal in Pronia initiierte, verdanken die Ottosäule und das Aiblinger Monument ihre Entstehung einer vom Königshaus unterstützten privaten Initiative. Die für das 19. Jahrhundert typische Vorliebe für Denkmalserrichtungen zu jedem nur erdenklichen Anlaß erreichte gerade in der Regierungszeit Ludwigs I. einen Höhepunkt. Ereignisse wie die Erhebung eines bayerischen Prinzen auf den griechischen Thron besaßen für den Philhellenen Ludwig eine in höchstem Maße denkmalswürdige historische Tragweite. Von daher ist es zu erklären, daß auch Ereignisse von eher privatem Charakter wie der Abschied von den Eltern zum Anlaß für ein Monument genommen wurden. Die offizielle Verabschiedung hatte bereits in der Münchner Residenz stattgefunden, ebenfalls von Peter von Heß im Bild festgehalten. Historisch unrichtig zeigt dieses Gemälde, wie sich Otto von seiner Mutter losreißt. In Wirklichkeit fand der endgültige Abschied – wie bereits erwähnt – in Bad Aibling statt.
In Griechenland wurde dem ersten König nach der Befreiung vom Türkenjoch zu Lebzeiten kein Denkmal gesetzt. Zwar vermeldeten die Zeitungen 1844: »Im Jubel der Unterzeichnung der Verfassung von Seiten des Königs Otto geht man

damit um, demselben vor dem Palast, als dem Schauplatz der Ereignisse des 3. Septembers, ein Standbild zu errichten. Bildhauer Siegel ist bereits mit dem Entwurf der Zeichnung beauftragt. Das Ganze soll, aus Marmor angefertigt, mit dem Fußgestell 34 Fuß hoch werden und den König im Krönungsornat, die Constitution ertheilend, darstellen.« Ob das Denkmal je errichtet wurde, ist mehr als fraglich. In der zweiten Hälfte des 19. Jahrhunderts war es auf jeden Fall nicht (mehr?) vorhanden.

Auch mit dem Löwen von Pronia ging man nicht gerade liebevoll um. Bereits 1929 beklagte sich G. Hahn in der Zeitschrift »Die Heimat«: »Trotz aller Weihe, trägt der Ort die Zeichen der Vernachlässigung. Unmittelbar unter dem Denkmal hat sich eine Art wilden Holzhandels breit gemacht, die, umzäunt und von kläffenden Hunden bewacht, eine nähere Besichtigung fast unmöglich macht. Erst halsbrecherische Kletterkünste bringen uns dem Denkmal näher. [...] Man kann sich dem Eindruck nicht verschließen, daß dieses Denkmal in Vergessenheit gerät und allmählich der Verwahrlosung anheimfällt.« Die Situation hat sich bis heute nicht entscheidend geändert. Noch immer liegt der Löwe ziemlich versteckt in einem Industriegebiet von Nauplia. Dafür hat man König Otto in der Stadt 1994/95 ein lebensgroßes Standbild in Bronze errichten lassen – das einzige in Griechenland, soviel ich weiß. Eine 1856 von »unserem« Löwenbildhauer Johann Halbig geschaffene Bronzebüste des griechischen Königs steht allerdings als Leihgabe des Bayerischen Nationalmuseums seit etlichen Jahren im Museum der Stadt Athen, in Ottos erster Stadtresidenz.

Gegossene Löwen

Immer wieder ist im Zusammenhang mit Löwenmonumenten in Erz der Name Miller gefallen: im Zusammenhang mit der Bavaria auf der Theresienwiese, der Quadriga auf dem Siegestor oder dem Denkmal für König Max I. vor der Oper. Doch das sind beileibe nicht alle Löwen, die in der Münchner Erzgießerei, in der späteren Erzgießereistraße nahe dem Stiglmaierplatz, das Licht der Welt erblickt haben.
Ein Anliegen des kunstsinnigen Königs Ludwig I. war es, alte kunsthandwerkliche Fähigkeiten wiederzubeleben. Es ist daher kein Wunder, daß München etwa das neue Zentrum der Glas- und Porzellanmalerei wurde und der Erzgießerei. Als ersten Inspektor der 1823 – also noch zu Ludwigs Kronprinzenzeit – gegründeten und von Leo von Klenze erbauten königlichen Erzgießerei ernannte man den Goldschmied, Münzschneider und Graveur Johann Baptist Stiglmaier. Am 18. Oktober 1791 war er als Sohn eines Hufschmieds in (Fürstenfeld-)Bruck geboren. Bald kam er nach München in die Lehre und damit begann seine steile Karriere. Seinen letzten Schliff im Bronzeguß erhielt er in Italien. Er war äußerst geschickt und brachte in kürzester Zeit die Münchner Gießhütte zu großem Ansehen. In knapper Folge wurden viele bedeutende Plastiken gegossen. Mit zu seinen ersten Werken zählte der Obelisk am Münchner Karolinenplatz, die Tore für die Walhalla und die Glyptothek. Im Jahre 1835 goß er das Monument König Max' I. für den Max-Joseph-Platz in München nach Rauchs Modell; ein anderes Max-Monument hat Stiglmaier nach eigenen Entwürfen für Wildbad Kreuth geschaffen. 1836 folgte die Reiterstatue des Kurfürsten Maximilian für den Wittelsbacherplatz in München nach Plänen von Bertel Thorvaldsen. Gleichzeitig begann er mit dem Guß der zwölf kolossalen Wittelsbacher-Standbilder für den Thronsaal der Münchner Residenz nach Modellen Schwanthalers. Sie stehen heute im Eingang zum Herku-

lessaal. Über das ganze Land verteilt sind die von Stiglmaier gegossenen Standbilder: Schiller am Schloßplatz in Stuttgart, Jean Paul in Bayreuth, Mozart in Salzburg, die Madonna in Bad Aibling – die an den Abschied Königin Thereses von ihrem Sohn Otto erinnert, der als junggewählter König von Griechenland nach Hellas zog –, die Büsten des damaligen Kronprinzen Ludwig, später der Königin Therese sowie verschiedene Statuen von außerbayerischen Potentaten und Grabmälern. Den Guß des kolossalsten Werkes, das je eine Erzgießerei verließ, konnte er nur vorbereiten; es blieb seinem Neffen Ferdinand von Miller vorbehalten, die Bavaria zu vollenden. Am 2. März 1844 war Stiglmaier in München verstorben.

Stiglmaiers Schwester hatte den ebenfalls in Fürstenfeldbruck ansässigen Uhrmacher Joseph Miller geheiratet. Mit ihm hatte sie vier Söhne, von denen der älteste, Ferdinand mit Namen, bereits im Alter von neun Jahren zu seinem Erzgießer-Onkel nach München in die Lehre geschickt wurde. Ferdinand war am 18. Oktober 1813 – zufällig am Geburtstag seines Onkels – ebenfalls in Fürstenfeldbruck zur Welt gekommen. Nach einer fundierten Ausbildung in München und Paris trat er 1844 die Nachfolge seines Onkels als Inspektor der königlichen Erzgießerei in München an, die er 1878 käuflich übernahm. Zunächst vollendete er die von seinem Vorgänger begonnenen Werke, etwa das Frankfurter Goethe-Standbild, dessen Guß auf den 2. März 1844 festgesetzt war, den Todestag Stiglmaiers, oder die Statuen von Tilly und Wrede für die Feldherrnhalle. In seinen ersten Jahren vollendete Miller auch die bereits erwähnte, gigantische Bavaria mit dem bayerischen Löwen.

Nachdem er 1851 auf der Londoner Weltausstellung einen der vier Löwen der Quadriga vom Siegestor vorgestellt hatte, wurden auch Interessenten aus Übersee auf Ferdinand Miller aufmerksam, was zeigt, daß sich die kostspielige Ausstellungsbeteiligung letzten Endes geschäftlich positiv ausgewirkt hat. Die Reiterstatue von George Washington für Richmond war der Beginn einer langen Reihe von Arbeiten, die seitdem aus der Münchner Erzgießerei über den Ozean gesegelt beziehungsweise gedampft sind, darunter die reichverzierten Tore des Kapitols in Washington. Insgesamt wanderten fünfundvierzig Kolossaldenkmäler nach Nord- und Südamerika, eines sogar nach Australien. Über hundert größere Werke sind von Ferdinand Miller, der 1875 anläßlich der Enthüllung des Denkmals König Maximilians II. in der gleichnamigen Straße in München, geadelt wurde, überliefert, an die tausend kleinere. Eines allerdings wurde nicht ausgeführt: ein »griechisches Denkmal« in München – mit vier wasserspeienden Löwen.

Ferdinand von Miller berichtet in seinen Aufzeichnungen darüber, und weil die Sache allgemein kaum bekannt ist, soll der Erzgießer hier kurz zu Wort kommen: »So wollte der König auf dem Platze vor der Universität zur Erinnerung des Befreiungskampfes der Griechen mit den Türken und der schließlichen Königswahl seines Sohnes Otto ein Denkmal errichten, und zwar eine eherne Säule mit vier wasserspeienden Löwen an deren Sockel. Die Säule sollte mit Relief nach Art der Trajan-Säule ausgestattet werden, die Schwanthaler modellieren wollte, anfangend mit dem Beginn der griechischen Revolution bis zum endlichen Siege der Griechen und des Einzuges ihres jungen Königs. Als Bekrönung der Säule war die Statue des Königs Otto bestimmt. Im Hafen von Navarin hatten die Engländer in gewohnter perfider Weise unter dem Vorwande, den Griechen beizustehen, die ganze türkische Flotte, die ihnen schon lange zu mächtig war, in die Luft gesprengt. Nach Jahren versuchte man Wertvolles aus den versenkten Schiffen herauszutauchen. Dazu gehörten vor allem die Kanonen, die dann öffentlich verkauft wurden. König Ludwig kaufte über 1000 Zentner dieser Kanonen, deren Formen höchst interessant waren. Eine davon liegt heute [1886] noch im Vestibül des Bayerischen Nationalmuseums. Aus diesen Kanonen sollte die griechische Säule in Erz gegossen werden. Gärtner hintertrieb die Ausführung dieses Gedankens, warum weiß ich nicht und entwarf dafür die zwei gußeisernen Brunnenschalen. Wahrscheinlich hoffte

er, einen anderen architektonischen Auftrag für ein König Otto Denkmal zu erhalten. Diese Hoffnung wurde ihm aber zu Wasser. Ein architektonisches Denkmal wurde allerdings gemacht, aber der schlaue Klenze, sein Todfeind, wandte ihm die Arbeit geschickt aus den Händen. Die Propyläen mußten als Abschluß des Königsplatzes gebaut werden und Klenze schlug vor, die Giebel dieses griechischen Baues dem König Otto zu widmen. Er erhielt dadurch von dem Geld der projektierten Otto-Säule eine Summe, groß genug, seine Giebel mit Marmorgruppen zu schmücken. Mir aber kam der Vorrat an Kanonen-Metall, das nun einmal schon bezahlt war, sehr zugute. Der König ließ eine ziemliche Anzahl Statuen in Erz ausführen, weil sie nicht mehr so teuer wurden, die sonst unterblieben wären. Nicht allein in Bayern, sondern auch in Nachbarländern errichtete er solche Denkmäler, wie z. B. die Wrede-Statue in Heidelberg.« Und noch einmal betont der Erzgießer, daß er im steten Kampf der beiden Münchner Architekturgiganten, zur »Klenze-Fraktion« gehörte: »Mit dem Direktor von Gärtner, dem Erbauer der Ludwigstrasse und vieler anderer Bauten, ist weder Stiglmaier, der doch sein Jugendfreund war, noch bin ich bei den vom König geplanten Arbeiten je zurecht gekommen.«
Auch etwas anderes wird aus der hier zitierten Passage aus Ferdinand von Millers »Erinnerungen an König Ludwig I.« deutlich: Das Erz der bei Navarino geborgenen Kanonen wurde nicht – wie vielfach angenommen – zum Guß der Bavaria verwendet, sondern für verschiedene kleinere Statuen.
Nach dem Tod von Ferdinand von Miller am 11. Februar 1887 traten die beiden ältesten Söhne Fritz (1840–1921) und Ferdinand der Jüngere (1842–1929) in die Fußstapfen des Vaters, Ferdinand auch als Bildhauer. (Oskar von Miller, der Gründer des Deutschen Museums, war ein weiterer Bruder. Insgesamt hatte Ferdinand der Ältere fünfzehn Kinder gehabt.) Über siebzig große Werke hat Ferdinand der Jüngere geschaffen, darunter das Prinzregentendenkmal für Bamberg und das Münchner Rathaus, die Statue König Lud-

wigs I. für die Walhalla, Otto von Wittelsbach vor dem Armeemuseum in München, ein Kaiser-Wilhelm-Denkmal für Metz und ein Reiterstandbild König Wilhelms von Württemberg für Bad Cannstatt sowie zahlreiche Statuen und Grabmonumente, den Frankonia-Brunnen in Würzburg oder – noch zusammen mit seinem Vater – das imposante Niederwalddenkmal hoch über dem Rhein, für dessen Guß der große, seinerzeit extra für die Bavaria erbaute Ofen verwendet wurde.

Beide, Fritz und Ferdinand der Jüngere, lieferten als erste Arbeiten Löwenköpfe ab. So berichtet Fritz, »daß der Löwenkopf, aus dem für die vorbeiziehenden Wanderer an der Straße [vor ihrem Haus in Niederpöcking am Starnberger See] das Wasser läuft, meine erste selbständige Gußarbeit, der große Löwenkopf am Brunnen im Garten aber des jungen Ferdinand erste Modellierung war.«

Prinzregent Luitpold war Ferdinand dem Jüngeren ähnlich zugetan, wie seinerzeit sein Vater Ludwig I. Ferdinand dem Älteren. Der hohe Herr lud den Erzgießer, der wie sein Vater zu einer beherrschenden Persönlichkeit der Münchner Kunstszene geworden war (und von 1900 bis 1918 auch Leiter der Münchner Akademie der Bildenden Künste), zur Jagd; er besuchte ihn in seinem Haus und er bedachte ihn mit zahlreichen Aufträgen, so auch mit dem Kriegerdenkmal für die gefallenen Bayern der Kriege von 1866 und 1870/71, das in der Feldherrnhalle am Münchner Odeonsplatz aufgestellt werden sollte, ohne vorher eine Konkurrenz unter den Bildhauern ausgeschrieben zu haben. »Ich habe beschlossen, der Armee zum Ruhme und zum Vorbilde ein Denkmal in der von Meinem unvergeßlichen Herrn Vater erbauten Feldherrnhalle zu errichten. Mit der Entwerfung und Ausführung dieses Denkmals auf Rechnung meiner Privatkasse habe Ich den Bildhauer und Erzgießer Ferdinand von Miller beauftragt.« So die knappe Meinung des Prinzregenten am 31. Oktober 1888. Auch der Erzgießer erinnerte sich noch in seinen Memoiren an das Ansinnen des Prinzregenten: »Ich möchte in der Feldherrnhalle ein Kriegerdenkmal errichten«, soll dieser gesagt haben. »Das wird sich sehr gut machen. Es steht dort so viel Platz zur Verfügung. Feldherren können wir nicht hineinstellen; wir haben keine. Hartmann und von der Tann führten nur Armeekorps. Ich möchte ein Denkmal für die Gefallenen. Das müssen Sie machen.« »Es ist sehr gnädig, Königliche Hoheit«, erwiderte Miller. »Aber das geht nicht. Ich würde vorschlagen, eine Konkurrenz auszuschreiben. Man würde es mir falsch auslegen, wenn ich den Auftrag erhielte, und auch Königliche Hoheit würden Vorwürfe bekommen.« So war es dann auch – um dies hier schon vorwegzunehmen – und es hat fast den Anschein, daß Miller sich in seinen später publizierten Aufzeichnungen zu rechtfertigen suchte. »Es gibt hier viele Bildhauer, die Arbeit brauchen.« Doch der Prinzregent hatte kein Einsehen; er wollte keine Ausschreibung. »Wenn Sie das Denkmal nicht machen, lasse ich es überhaupt nicht errichten.« Der Erzgießer erinnerte sich weiter: »Ich war in großer Verlegenheit und gab zu verstehen, daß für mich die Sache sehr peinlich sei und ich mit schwerem Herzen einen derartigen Auftrag übernähme.« Der Prinzregent hielt ihm verärgert vor: »Wenn ein Amerikaner zu Ihnen kommt und Ihnen einen Auftrag gibt, dann nehmen Sie denselben an. Dasselbe Recht beanspruche ich für mich.« Und dann erklärte er dem Erzgießer, warum er keine Konkurrenz ausschreiben wollte. »Ich bin ein Feind von all diesen Kriegerdenkmälern, bei denen gefallene unglückliche Soldaten neben zerbrochenen Kanonen liegend oder sterbende Krieger in den Armen eines Genius dargestellt sind. Ich will auch nicht ein Denkmal, bei dem unsere Armee als Siegerin über die Franzosen erscheint. Es soll zugleich ein Ehrenmal für die Tapferen sein, die 1866 gefallen sind. Das kann ich bei einer Konkurrenz nicht bestimmen. Man würde ein Denkmal nicht verstehen, das die Erinnerung an den Bruderkrieg mit Preußen wachriefe. Für die ganze Armee möchte ich ein Denkmal, nicht nur ein solches für die Krieger von 1870, bei dem die Bayern, die 1866 ihr Leben opferten, vergessen wären. Da möchte ich einen Entwurf von Ihnen, der dies alles enthält, was ich mir denke,

Für die Münchner Feldherrnhalle schuf Ferdinand von Miller d. J. im Auftrag des Prinzregenten Luitpold ein Kriegerdenkmal für die gefallenen Bayern der Kriege von 1866 und 1870/71.

ohne daß es offen ausgesprochen ist. Deshalb wende ich mich an Sie. Sie verstehen, daß mir nicht nur die deutschen, sondern auch die bayerischen Kämpfer am Herzen liegen.« Dagegen konnte Miller nichts einwenden und versprach, eine Skizze zu versuchen. »Den Gedanken des Regenten, daß es weder ein Krieger- noch ein Friedensdenkmal, sondern eine Ehrung der bayerischen Armee sein solle, hatte ich wohl verstanden.« Bald lieferte der Bildhauer und Erzgießer die Entwürfe. »Ich stellte einen antiken Krieger dar, der seinen Schild über eine Allegorie des Friedens hält. Ihm zur Seite liegt der bayerische Löwe, hinter dem ein Jüngling steht, mit einem Schwert über der Schulter. Dem Regenten gefiel die Lösung und so entstand das Kriegerdenkmal in der Feldherrnhalle.« Auf den Jüngling mit dem Schwert wurde jedoch aus Kostengründen verzichtet. Schon ohne diesen hatte die rund fünf Meter hohe Figurengruppe ein Bronzegewicht von 5625 Kilogramm, also über fünfeinhalb Tonnen. Die feierliche Enthüllung des »Bayerischen Armee-Denkmals« fand am 12. März 1892, dem Geburtstag des Prinzregenten, in Anwesenheit aller Prinzen statt. Danach kam es noch zu einem Truppenvorbeimarsch, den Prinz Luitpold von der Tribüne am Ludwig-I.-Monument abnahm. Dem Prinzregenten hat das neue Kriegerdenkmal gut gefallen, den Münchnern allerdings nicht und bald hatten sie ihre eigene Interpretation. Dem Krieger legten sie die Worte in den Mund: »De Fahna könnts habn, aber des Wei ghört mei!«. »Niemand hat den Gedanken des Denkmals verstanden«, klagte Ferdinand von Miller, »und sagen durfte ich es nicht. So habe ich manch' unfreundliche Kritik über mich ergehen lassen müssen.«
Vielleicht hatten die Münchner mehr Freude an den aus demselben Anlaß in den einzelnen Stadtteilen errichteten, heute jedoch zum Teil verlorenen Kriegerdenkmälern. Erhalten ist etwa das um 1897 östlich der Ursulakirche errichtete Schwabinger Kriegerdenkmal für 1870/71. Auf einem hohen Podest steht hier ein Sandsteinlöwe, ein Werk des Bildhauers Wilhelm Nida-Rümelin. Das von Arnold von Zenetti ent-

worfene und am 2. September 1874 auf dem Alten Nordfriedhof enthüllte Monument ist verloren. Hier saßen vier Bronzelöwen zu Füßen einer Siegesgöttin, allerdings einmal kein Guß der Millerschen Erzgießerei, sondern aus der von F. Hoerner in München. Auf dem ebenfalls verlorenen Neuhauser Kriegerdenkmal auf dem Rotkreuzplatz saß vor einem steil aufragenden Granitfelsen auf einem ruhenden Löwen ein jugendlicher nackter Germane, das Bärenfell über das Haupt gestülpt; in der Rechten das Schwert, die Linke einer ihm zur Seite stehenden jungen Frau reichend. Auch hier waren die Figuren – ein Entwurf von Anton Kaindl – aus Bronze, gefertigt von der Ruppschen Erzgießerei in München.
Etwa gleich alt wie Millers Münchner Kriegerdenkmal in der Feldherrnhalle sind die vier Bronzelöwen an der Ludwigsbrücke in Würzburg. Von 1891 bis 1894 baute man an der Ludwigsbrücke – benannt nach Prinz Ludwig, dem nachmaligen König Ludwig III. Am 25. August 1895 wurde diese dritte Würzburger Brücke über den Main, die bald gemeinhin nur noch »Löwenbrücke« genannt wurde, feierlich der Öffentlichkeit übergeben. Jeweils zwei Bronzelöwen und Obelisken schmücken die Auffahrten. Und gegossen wurden die Löwen wieder in der Erzgießerei des Ferdinand von Miller. Sie sollen bereits in den Jahren 1886 und 1887 nach Modellen des Bildhauers Richard Aigner entstanden sein.
Auch an der Hauptfassade des Bayerischen Nationalmuseums in München prangen zwei monumentale Löwen. Die Allegorie des Krieges und die des Friedens reiten je auf einem Löwen und rahmen zusammen die überlebensgroße Bronzefigur König Max' II., des Gründers des Museums. Die Entwürfe für die beiden Löwen mit Reitern hat Rudolf Seitz geliefert, der zusammen mit Gabriel von Seidl für die Innenausstattung des Museumsneubaus verantwortlich war. Die Ausführung des Modells lag in den Händen des Bildhauers Anton Pruska, eines auf dem Gebiet der Dekorationsplastik im »Münchner Geschmack« erfahrenen Künstlers. In Bronze gegossen wurde die hochgerühmte Gruppe um 1900 in der Erzgießerei von Miller. Ein Jahrhundert lang blickten die

Die »Wächter« der Löwenbrücke in Würzburg. Postkarte, 1900.

Figuren samt Löwen auf die Prinzregentenstraße, dem sauren Regen schutzlos ausgeliefert. Ende des 20. Jahrhunderts wurden sie im Zuge einer umfangreichen Fassadenrestaurierung abmontiert und nach und nach von der aggressiven Schmutzschicht befreit. »Die Oberfläche sah aus wie eine Mondlandschaft«, erzählte der Leiter der Metallrestaurierung im Nationalmuseum, Egidius Roidl. Mit Zahnsteinentfernern, selbstgeschmiedeten Chromstahl-Skalpellen und besonders sanften Sandstrahlgeräten trugen die Spezialisten in mühevoller Arbeit die Patina, die sich im Laufe der Zeit gebildet hatte, ab. Danach mußten die Figuren nachhaltig vor künftigen Schäden geschützt werden. Zu diesem Zweck war schon vor Jahren unter der Regie Roidls ein spezielles Verfahren in Form eines Schutzwachses entwickelt worden. Ende 2002 wurden die Figuren – nach einem kurzen Ausstellungs-Intermezzo in der Eingangshalle – erneut auf die Fassade gehievt, von wo sie nun wieder über die Prinzregentenstraße wachen.

Doch auch noch andere Löwen erblickten unter der Leitung von Ferdinand von Miller dem Jüngeren in der Münchner Erzgießerei das Licht der Welt, etwa der Gedon-Löwe vom Starnberger See, dem ein eigenes Kapitel gewidmet ist, und auch am Waakirchner Oberländer-Löwen war Miller nicht unbeteiligt. Doch dann kam langsam das Ende. Die Bedeutung der Erzgießerei nahm ab, bis sie nach dem Ersten Weltkrieg das Gießen endgültig einstellte. Heute sind sogar die Gebäude verschwunden, nur der Name »Erzgießereistraße« erinnert noch an ihren einstigen Standort. Und natürlich die Fülle von Denkmälern weltweit an ihr einstiges Renomme.

Der brüllende »Bubi« vor der Feldherrnhalle

Ob der berühmte Flugpionier Charles A. Lindbergh einst auch Geschichten über die glückbringenden Löwen vor der Münchner Residenz gehört hatte, dann aber etwas durcheinandergebracht hat, kann man nur mutmaßen. Auf jeden Fall hatte er sich als nicht mehr ganz junger Mann in eine blutjunge Münchner Hutmacherin verliebt und als die über Jahrzehnte geheime Love-Story 1957 begann, bummelten die beiden frischverliebt über den Odeonsplatz, an den Löwen der Feldherrnhalle vorbei. Hier blieb der Amerikaner plötzlich stehen und fragte: »Wieso brüllen die Löwen nicht?« Nach einer Pause fügte er hinzu, jemand habe ihm erzählt, wenn man verliebt sei, höre man sie brüllen – und er hatte sich nun wirklich in die junge Brigitte Hesshaimer, so der Name der Münchnerin, verliebt. Um die Liebesgeschichte kurz weiter zu erzählen: Viele Jahre, bis zu Lindberghs Tod im Jahr 1974, dauerte die Beziehung, aus der im Laufe der Jahre drei Kinder hervorgingen. Der Flieger kam immer wieder nach München und lebte für kurze Zeit bei seiner »Zweitfamilie«, während in Amerika seine Ehefrau und die gemeinsamen Kinder nichts von diesem Doppelleben ahnten. Das Geheimnis wurde erst 2003 von seiner Münchner Tochter gelüftet – neunundzwanzig Jahre nach dem Tod des Fliegerhelden und zwei Jahre nach dem Tod der Mutter.
Doch zurück auf den Odeonsplatz, zu den Löwen: Die Anekdote, daß Verliebte die Löwen brüllen hören, habe ich erstmals – und einzig – durch die von Charles A. Lindbergh überlieferten Worte gelesen. Vielleicht war sie eine Erfindung des Amerikaners, vielleicht war dieser Aberglaube jedoch tatsächlich weiter verbreitet. Sehr alt kann er allerdings nicht sein, denn die Löwen haben selbst kaum die Kinderstube – sprich das Atelier – verlassen. Erst 1905 wurden sie aufge-

stellt, obwohl bereits in Friedrich von Gärtners Entwurf der Feldherrnhalle gut fünfzig Jahre früher auf den Treppenwangen Löwen vorgesehen waren, ähnlich wie am Vorbild, der Loggia dei Lanzi in Florenz.
Die majestätisch dahinschreitenden Marmorlöwen der Feldherrnhalle schuf Wilhelm von Rümann, von dem unter anderem auch der Löwe über dem Eingang zum Löwenbräukeller stammt, nach einem lebenden Vorbild: dem dadurch berühmt gewordenen Löwen »Bubi«. Allerdings war dieses Modell zunächst gar nicht für die Feldherrnhalle vorgesehen, sondern für das Prinzregent-Luitpold-Denkmal auf dem Bahnhofsplatz in Nürnberg. Auf dem Odeonsplatz stehen gewissermaßen nur Kopien. Der Künstler hat das Modell »zweitverwendet«.
Angelika Rümann, die Enkelin des Künstlers, erzählte anno 1989 zur Entstehung der Löwenplastiken folgende Geschichte: Ihr Großvater, von Prinzregent Luitpold besonders geschätzt und nicht nur in den persönlichen Adelsstand erhoben, sondern auch zum Professor der Münchner Akademie ernannt, unterrichtete und arbeitete im Koloß-Saal, der mit seinem direkten Zugang vom Akademiegarten besonders geeignet war für den An- und Abtransport größerer Steinblöcke beziehungsweise monumentaler Plastiken. Mehrere deutsche Städte hatten Reiterdenkmäler (sowohl vom bayerischen Prinzregenten als auch von Kaiser Wilhelm I.) bei ihm in Auftrag gegeben. Dazu wurden ausgesuchte Pferde aus der Hofreitschule in den Saal geführt, obenauf ein Reitknecht in der entsprechenden Uniform gesetzt – zur Entlastung der königlichen oder kaiserlichen Hoheiten – und die Künstler konnten ans Werk gehen. So auch um 1900 für ein Reiterstandbild des Prinzregenten auf dem Nürnberger Bahnhofsplatz. Für die beiden Löwen, die zu Füßen des Reiterstandbilds (und später auch vor der Feldherrnhalle) Posten beziehen sollten, fand Wilhelm von Rümann ein wunderschönes Modell in einem Wanderzirkus. Alsbald betrat anstelle eines Pferdes der Löwe »Bubi« den Koloß-Saal durch den Garteneingang und wurde in ein riesiges Käfig-

Das Prinzregenten-Denkmal vor dem Nürnberger Bahnhof mit den älteren »Brüdern« der Löwen vor der Münchner Feldherrnhalle ist längst verschwunden. Postkarte, um 1901.

rund geleitet. Die zunächst improvisierte Deckenverspannung aus starken Seilen fiel einem einzigen Prankenhieb zum Opfer. Sonst aber war »Bubi« friedlich. Schließlich verlebte er in der Akademie wohl die geruhsamsten Stunden seines Lebens. Seine einzige Aufgabe bestand darin, in majestätischer Würde im Käfig hin- und herzuschreiten – unter den kratzenden Geräuschen zahlreicher Bleistifte. Und jeden Tag kam ein Metzgerbursch mit einem Tragerl voll Fleisch ins Atelier. Zur Unterhaltung des Modells diente die ausgeschleckte Milchpfanne, wenn der mächtige Löwe seine Pfoten hineinsetzte und drei Mordskerle von jungen Bildhauern sie nicht herausziehen konnten – bis »Bubi« plötzlich losließ! Der Prinzregent, selbst ein talentierter Zeichner, informierte sich – ähnlich wie sein Vater, König Ludwig I. seinerzeit – gerne an Ort und Stelle über das Kunstgeschehen. Seine unangemeldeten Atelierbesuche sollen manche Karriere ins Rollen gebracht haben. Auch den Werdegang Wilhelm von

Rümanns verfolgte der Regent mit Wohlwollen, nicht erst seit dieser 1887 die Professur für Bildhauerei als Nachfolger Max Widnmanns übernommen hatte. Rümanns Naturalismus hat den Kunstgeschmack Luitpolds offensichtlich entsprochen. Vielfach ließ sich seine königliche Hoheit von ihm modellieren; auch seine Tochter Therese (die große Naturwissenschaftlerin) saß dem Bildhauer Modell.
Eines Tages nun erschien der Prinzregent im Koloß-Saal, begleitet von einem Kammerdiener. Gewöhnlich, wenn nicht gerade in Uniform oder im Jagdgewand, trug der hohe Herr Schwarz. Der Löwe »Bubi«, an die graue Tweedjacke Rümanns gewöhnt, beäugte mißtrauisch den schwarzen Herrn, und als dieser gar die königliche Hand hob, um sein Wappentier durch die Käfigstäbe hindurch zu streicheln, da wandte ihm der König der Tiere den Rücken und »markierte« – ganz nach Katermanier – den Prinzregenten. Dieser nahm's gelassen – was blieb ihm auch anderes übrig? – und schickte seinen Kammerdiener zurück in die Residenz, um einen neuen Rock zu holen, während er selbst die Tonmodelle begutachtete.
Nach Abschluß der Arbeiten an den Tonmodellen kehrte »Bubi« zu seinem Zirkus zurück. Ein Jahr später gab es noch einmal ein Wiedersehen. Bald darauf ist »Bubi« jedoch gestorben.
Rechtzeitig zum bayernweit gefeierten achtzigsten Geburtstag des Prinzregenten war das Nürnberger Denkmal mit den beiden »Bubi«-Varianten (eine blickt nach links, die andere nach rechts) fertiggestellt. Am 12. März 1901 kam es zur feierlichen Enthüllung. Prinz Rupprecht, der Enkel des Geburtstagskindes, reiste in die Frankenmetropole (der Prinzregent selbst nahm die Huldigungen in seiner Residenzstadt München entgegen). Auf dem Nürnberger Bahnhofsplatz erhob sich über zehn Meter hoch ein verhülltes Ungetüm. Davor – dem Hauptbahnhof gegenüber – war ein Festzelt errichtet. Hier empfingen der kommandierende General von Xylander und einige hohe Herren den Prinzen. Bei seinem Eintreffen wurde er »von der nach Tausenden

zählenden Menge mit lebhaften Zurufen begrüßt«. Unterwegs hatten Militär und Schulkinder Spalier gestanden. Nach einem einleitenden Orchestervorspiel brachte der Lehrergesangverein einen Huldigungsgesang zum Vortrag. Hierauf hielt der erste Bürgermeister von Schuh die Festrede und enthüllte schließlich das Denkmal, während ein Chor aus Schulkindern die Luitpoldhymne sang. »So wurde das prächtige, von zwei stattlichen Löwen flankierte Reiterstandbild des Prinzregenten sichtbar«, war in der Zeitung zu lesen. Es folgten weitere Reden und Gesänge. »Hierauf unternahm Prinz Rupprecht unter Führung des Schöpfers des Denkmals, Professor von Rümann, einen Rundgang um das Denkmal.« Nach einem Truppenvorbeimarsch war die prachtvolle Feier zu Ende, die lediglich »durch ein leichtes Schneegestöber etwas beeinträchtigt« war.

Landauf und landab wurde der Geburtstag auf das prächtigste gefeiert, ganz besonders jedoch in München. Die Stadt war festlich herausgeputzt und zur Nachtzeit illuminiert, auch die Privathäuser, vor allem in den Straßen, durch die sich der große Festzug schlängelte. Um die Feldherrnhalle noch imposanter zu gestalten, verhängte man sie mit riesigen wappengeschmückten Tüchern und setzte auf die beiden immer noch leeren Treppenwangen einfach die originalgroßen Gipsmodelle der Nürnberger Löwen. Sie müssen sehr beeindruckend ausgesehen haben, vor allem, als in der Nacht die Feldherrnhalle samt Löwen noch in glühendem Rot angestrahlt wurde, ähnlich wie anläßlich der Feier zur Eröffnung der »Fünf Höfe« Anfang Juni 2001 oder alljährlich während der Konzertreihe »Klassik am Odeonsplatz«.

Dann war das Fest vorüber und auch die Löwen verschwanden wieder vom Odeonsplatz. Doch scheint das Bild die Verantwortlichen bei der Stadt nicht losgelassen zu haben. Ein Jahr später standen die Löwen nämlich erneut da. »Am letzten Donnerstag konnte man wieder einmal die Gypsmodelle der Löwen, die am Rümannschen Prinzregentendenkmal in Nürnberg als Sockelschmuck angebracht sind, vor der Feldherrnhalle, wo sie schon voriges Jahr am 12. März zur

Dekoration aufgestellt waren, Probe stehen sehen«, war am 16. März 1902 in den »Münchner Neuesten Nachrichten« unter der Überschrift »Kunstpflege der Stadt München« zu lesen. Der Autor, der sich selbst nur als »y« bezeichnet, mokiert sich darin in heftigen Worten, daß nun offensichtlich wieder Gelder für die »künstlerische Verschönerung« der Stadt an einen renommierten Bildhauer fließen, und dies noch dazu für eine Zweitfassung der Löwen für Nürnberg, »anstatt durch eine gewisse Abwechslung bei Erteilung von Aufträgen es zu ermöglichen, daß auch jüngere Künstler einmal eine größere Arbeit bekommen, die ihnen Gelegenheit gäbe, ihr Können öffentlich zu bekunden, und an ihren Aufgaben zu wachsen«. Doch alles Aufbegehren half nichts. Auch die Herren der Pschorr-Stiftung, die einen beträchtlichen Beitrag zur Finanzierung der Löwen leisten wollten, entschieden sich – wie »y« bitter bemerkte – dafür, »die Feldherrnhalle, in der schon ein Miller'scher Löwe liegt, mit den Wiederholungen zweier Rümann'scher Löwen zu bevölkern«. Mit dem »Miller'schen Löwen« ist das bereits erwähnte Kriegerdenkmal für die gefallenen Bayern von 1866 und 1870/71 gemeint.
Die Fertigstellung des zweiten Rümannschen Löwenpaares dauerte noch dreieinhalb Jahre. Während die Nürnberger Löwen in Blauberger Granit ausgeführt worden waren, entschied man sich bei den Münchner Brüdern für einen besonders witterungsbeständigen Marmor aus der Gegend von Meran. Sie gleichen denen in Nürnberg aufs Haar, sind lediglich etwas größer und damit mächtiger ausgefallen, als in Gärtners Entwurf der Feldherrnhalle vorgesehen.
Am 21. Dezember 1905 war es endlich soweit. »Aus dem winterlichen Frühnebel, der über den Odeonsplatz wogte, drohten zwei unheimliche Gesellen: von ungewissen, den Dunst matt durchhellenden Strahlen umflimmert, so schienen zwei Ungeheuer gegen die Ludwigstraße einherzuwandeln. Man eilte näher und sie wurden größer und mächtiger: die Löwen!« Wieder stand in den »Münchner Neuesten Nachrichten« ein ausführlicher Artikel, allerdings von einem

namentlich nicht kenntlich gemachten Schreiber. Er ist – anders als sein Kollege anno 1902 – voll des Lobes: »Gedrungene, verhaltene Kraft, ja Überkraft spricht aus diesen Löwen. Sie sind Wächter, leidenschaftslos, aber zuverlässig und, wenn es gilt, fürchterlich. Diese Auffassung deckt sich vortrefflich mit der formalen Behandlung, welche sich nicht lange beim Detail aufhält, sondern aufs Breite, Wuchtige geht, alles auf ausdrucksvolle, weithin sprechende Flächen reduziert. Daher haben die Kolosse auch etwas Stilistisches, obzwar sie ganz den Eindruck machen, als ob sie ›porträtähnlich‹ wären.« (Der Autor hat den Löwen »Bubi« offensichtlich nicht mehr gekannt; dieser war damals bereits gestorben.) Er fährt fort: »Die Patinierung ist noch etwas zu hell, zu ›neu‹. Der Kohlenodem der Großstadt wird aber schon dafür sorgen, daß die nöthige Nachdunkelung baldigst eintritt.« Und weiter: »Diese Löwen machen ganz den Eindruck, als ob sie ›populär‹ werden könnten – und wie wenige moderne Monumentalschöpfungen sind doch wirklich volkstümlich geworden? Aber was bei Rümanns Löwen darauf hindeutet, das ist das Empfinden, als ob sie in der Tat etwas vom bajuvarischen Volkscharakter ins Monumentale übersetzen.« Doch setzt er abschließend hinzu: »Allein das muß man abwarten: Über die Volkstümlichkeit eines Kunstwerkes hat nicht die Kritik und nicht die Kunst, sondern in letzter und höchster Instanz das Volk selbst zu entscheiden.« Und es entschied sich. Die Löwen wurden populär: als Statisten bei Standkonzerten, bei politischen Aufmärschen und für Touristenfotos.
Anders als beim Nürnberger Standbild, bei dem die beiden Löwen einander zugewandt sind, blicken die Löwen vor der Feldherrnhalle in entgegengesetzte Richtungen. Angelika Rümann nennt dafür – mit einem merklichen Augenzwinkern – den Grund: Der Löwe auf der Residenzseite streckt nämlich andeutungsweise die Zunge heraus. Dies »ist vielleicht eine kleine Erinnerung an ›Bubis‹ Unbotmäßigkeit gegenüber der bayerischen Krone – sein Bruder auf der Kirchenseite hält jedenfalls sein Maul lieber geschlossen«.

Eine der »Bubi«-Varianten vor der Münchner Feldherrnhalle.

Wilhelm von Rümann hatte die beiden Löwen für die Feldherrnhalle eigenhändig aus dem härtesten Marmor gehauen, der Eis und Schnee ungeschützt standhalten sollte. Der scharfe Staub hat seiner ohnehin kranken Staublunge wohl den Todesstoß versetzt. Nach der Enthüllung der Löwen suchte er – wie schon so oft – Linderung in der reinen Luft Korsikas. Dort ist der Künstler am 6. Februar 1906 – keine zwei Monate nach der Enthüllung – im Alter von nur fünfundfünfzig Jahren gestorben.

Das Nürnberger Reiterstandbild stand bis 1934; dann wurde es als »Verkehrshindernis« beseitigt. Das bronzene Reiterstandbild schmolz man kurz darauf zu Kanonenkugeln ein; was aus den Rümannschen Löwen geworden ist, ist nicht bekannt. Auf jeden Fall sind sie sowohl laut Auskunft des Stadtarchivs als auch des Baureferats der Stadt Nürnberg verschwunden. In München haben die »Bubi«-Porträts jedoch den Zweiten Weltkrieg und die teilweise Zerstörung der Feldherrnhalle durch einen Bombenangriff am 7. Januar 1945 unbeschadet überlebt. So schreiten sie noch immer in Richtung Ludwigstraße, trotten quasi ihren »Kollegen« auf dem Siegestor hinterher.

Kein Löwe im Thronsaal

Wir wissen nicht, ob Prinzregent Luitpold, nach den Erfahrungen mit »Bubi« seine Einstellung gegenüber Löwen geändert hat. Als begeistertem Jäger war ihm die Reaktion der Raubkatze vielleicht gar nicht so fremd. Wie dem auch sei: Als der Regent wieder einmal die nähere Bekanntschaft eines lebenden Löwen machen sollte, hatte er sofort eine Ausrede parat.
Der Schweizer Bildhauer Urs Eggenschwyler (1849–1923) hatte in der Zeitung gelesen, daß im Thronsaal der Residenz die feierliche Vereidigung der Kammern in Gegenwart des Prinzregenten stattfinden sollte. Und da Bayern ja den Löwen im Wappen habe, würde es sich doch ganz vortrefflich ausmachen, wenn während der Feier der Löwe an der Seite des Regenten läge! Er könne ein entsprechend friedliches Exemplar liefern. Es gäbe bestimmt ein imposantes Bild! Und natürlich übernähme er, Eggenschwyler, die volle Verantwortung. »Das sähe freilich recht schön aus«, erwiderte der Regent. »Ja, ich wäre gleich dabei. Aber wenn der Löwe daliegt, traut sich vom Reichsrat und vom Landtag kein Mensch herein und wir müßten immer den Bildhauer daneben haben, daß er den Löwen besänftigt.« So erzählte der Münchner Erzgießer Ferdinand von Miller der Jüngere, der dem Prinzregenten Eggenschwylers Idee vorgetragen hatte, in seinen Memoiren. Ob Luitpold die Herren vom Reichsrat nur als Ausrede benützt hatte? Er selbst wird auch ganz froh gewesen sein, der Löwenbegleitung noch einmal entgangen zu sein. Die Begegnung mit »Bubi« war sicher noch in »guter« Erinnerung.
In den Jahren 1870 und 1871 hatte der Schweizer Eggenschwyler an der Münchner Akademie studiert, hatte bei der Ausgestaltung von Schloß Linderhof mitgewirkt, und schon damals hatte er auf dem Oktoberfest Freundschaft mit einem Löwen geschlossen. Seit Beginn der 1880er Jahre war der

Bildhauer jedoch in Zürich ansässig, umgeben von einem ganzen Rudel lebendiger Raubkatzen. Immer mehr spezialisierte sich der Künstler auf naturalistische Tierdarstellungen, namentlich Löwen. Von ihm stammt eine ganze Reihe von Schweizer Löwenfiguren und Löwendenkmäler. Aber auch andere Tiere wurden bei dem Bildhauer bestellt. So schuf er zum Beispiel 1902 zwei Bären für das Bundespalais in Bern. Und dies war auch der Grund, warum er mit dem Münchner Erzgießer Ferdinand von Miller, dem er bereits in seinen Studienjahren begegnet war, wieder in Kontakt gekommen war. Da es bei der Bezahlung der bronzenen Bären Schwierigkeiten gegeben hatte, wurde der Münchner als Schiedsrichter befragt. Bei dieser Gelegenheit erinnerte sich Miller einer längst vergessenen Episode:
»Es fiel mir nun ein, daß Eggenschwyler in München auf der Akademie studiert hatte. Er hatte einmal das Wachsmodell eines Löwen in die Gießerei gebracht, den er in der Menagerie Kreutzberg auf der Oktoberwiese modelliert hatte, um zu fragen, was es kosten würde, ihn in Bronze zu gießen. Eine Hand trug er damals eingebunden und erzählte, er habe das Luder immer gestreichelt und ihm Regensburger Würste gegeben. Auf einmal habe ihn der Löwe mit der Tatze in den Arm geschlagen.«
Die Wiederbegegnung der beiden Künstler mußte gefeiert werden. Miller besuchte Eggenschwyler in dessen altmodischen kleinen Häuschen außerhalb Zürichs. Und obwohl Miller vorgewarnt worden war, erschrak er doch, als Eggenschwyler ihm öffnete und hinter diesem ein echter Löwe sichtbar wurde. »Kommen Sie nur gleich herein!« – »Da geh' ich nicht herein!« – »Der Löwe tut gar nichts. Der ist wie ein Hund.« Schließlich wagte es Miller doch. »Eggenschwyler hat den Löwen aufgehoben und dessen Pranken auf seine Schultern gelegt. Hinter einem Käfig waren noch andere Löwen, alle sehr zahm.« Die ganze Sache war Miller jedoch nicht ganz geheuer und er verabschiedete sich bald.
Später unterbreitete der Bildhauer Miller die Vorstellung mit dem Löwen zu Füßen des Prinzregenten anläßlich der Feier.

Aus dieser »guten Idee« wurde wie gesagt nichts. Und noch einmal wurde in München eine seiner Ideen abgeschmettert. Eggenschwyler hatte sich nämlich, als er hörte, daß auch in der bayerischen Hauptstadt ein zoologischer Garten geplant werde und daß Ferdinand von Miller im für die Gestaltung des Tierparks zuständigen »Künstler-Komitée« säße, diesem angeboten, bei der fachgerechten Anlage behilflich zu sein. Bei Hagenbeck in Hamburg hatte er erstmals das damals revolutionär neue System durchgeführt: nicht in Käfigen, sondern in einer – wenngleich sehr beschränkten – Freiheit bewegten sich die Löwen, Panther, Leoparden und anderen Wildtiere. Später war Eggenschwyler auch bei Neueinrichtungen des Tierparks in Berlin, des Eisbärenzwingers in Wien oder des Wildparks von St. Gallen behilflich. In München allerdings verzichtete man auf seinen Rat. Hier kamen andere zum Zug.

»Eine wundervolle Anlage« – Löwen im Tierpark Hellabrunn

In München war man ziemlich spät dran. Die meisten anderen Großstädte Deutschlands hatten bereits ihren Zoo, als am 1. August 1911 der Tierpark Hellabrunn seine Pforten öffnete. Natürlich hatte es vorher die bereits mehrfach erwähnten Menagerien gegeben – sowohl die höfischen als auch die auf Jahrmärkten –, ja sogar einen Tierpark direkt am Englischen Garten, hervorgegangen aus einer privaten Initiative des Kaufmanns Benedikt Benedikt. Dieser hatte zu dem Zweck ein Gelände in der Nähe des Siegestors erworben. Zunächst schaffte er nur Tiere an, von denen er annahm, sie würden das rauhe Münchner Klima vertragen. Am 23. Juli 1863 war feierliche Eröffnung. Nun konnten die Münchner für 12 beziehungsweise 18 Kreuzer (Kinder zahlten die Hälfte) jede Menge Federvieh, ein paar kleinere Raubkatzen wie Ozelots oder Servals, Nasenbären und »gemeine Ferkelhasen«, wie die Meerschweinchen damals genannt wurden, bestaunen, in einem eigenen Haus sogar Kamele und Lamas sowie einige Bären. Die attraktivsten Zootiere wie Elefanten und Giraffen, Nashörner oder Nilpferde und vor allem Löwen und Tiger fehlten. Ihre Anschaffung war für die Zukunft geplant; entsprechende Gebäude bereits projektiert. Doch soweit kam es nicht. Dem Benediktschen Zoo war nur ein kurzes Dasein vergönnt. Bereits am 21. August 1866, drei Jahre nach seiner Eröffnung, schloß er seine Pforten wieder. »Die Ungunst der Zeitverhältnisse hat leider auch eines der schönsten Unternehmungen eines Münchners, des Großhändlers Benedikt Benedikt zum Fall gebracht«, notierte der Stadtchronist. Viele Tiere waren bereits verendet; die restlichen wurden versteigert, den Grund erwarb die Stadt.
Auch private Initiativen der kommenden Jahrzehnte verliefen im Sande. 1890 eröffnete der Nymphenburger Volksgar-

ten, ein riesiges Vergnügungsetablissement, gelegen zwischen Südlicher Auffahrtsallee und Romanstraße, zu dem auch ein kleiner Tiergarten zählte. Affen und der aus Rußland stammende Bär »Max«, Kakadus und andere Papageienarten waren zu bestaunen. Später kamen auch noch Löwen hinzu. Die Hoffnung, daß aus dieser Tiersammlung ein zoologischer Garten werden könnte, erfüllte sich jedoch nicht. Indirekt spielte der Volksgarten allerdings bei der Gründung des Münchner Tierparks Hellabrunn eine gewisse Rolle. Als sich nämlich die Eröffnung immer wieder verzögerte, die dafür erworbenen Tiere jedoch nach und nach in München eintrafen, mietete der Verein Zoologischer Garten die im Volksgarten vorhandenen Gehege während des Winters 1909/10 an, um dort ein provisorisches »Pensionat für gespendete Tiere« einzurichten. Erst im August 1911 zogen die Tiere dann vom Volksgarten um in den neueröffneten Münchner Tierpark Hellabrunn. Die Tage des Volksgartens, der Nymphenburgs Ruf als Vergnügungsviertel der Jahrhundertwende geprägt hatte, waren gezählt. Die Restaurants und Tanzsäle, die Karussells, Schießbuden und Rutschbahnen machten Platz für Wohnhäuser und die Kirche Christkönig. Nur noch die Volksgartenstraße erinnert an das einstige Vergnügungsareal.

Es ist hier nicht die Stelle, eine ausführliche Geschichte des Tierparks Hellabrunn und seiner Entstehung zu erzählen. Zu diesem Thema ist unter dem Titel »Nilpferde an der Isar« ein detailreiches Buch erschienen. Hier nur so viel:
Am Abend des 25. Februar 1905 wurde in der großen Ratstrinkstube des Münchner Rathauses der Verein Zoologischer Garten München ins Leben gerufen und dieser setzte sich vehement für die Einrichtung eines Tierparks ein. Spenden wurden gesammelt. Die Stadt stellte den Grund um das einstige Lustschlößchen Hellabrunn unentgeltlich zur Verfügung und schließlich konnte Prinzregent Luitpold als Protektor (und potentieller Geldgeber) gewonnen werden. Im Herbst 1910 wurde mit der Anlage nach Plänen von Emanuel von Seidl, einem der gesuchtesten Architekten im damaligen

München, begonnen; im Frühjahr 1911 errichtete man das Waldrestaurant und die Tiergehege. Einige Münchner Großbrauereien leisteten namhafte Beträge, die Firma Kathreiner (Hersteller des gleichnamigen Kaffees) übernahm die Kosten für den Bau der Eisbären- und Seelöwenanlage. Ein Zuschuß der Stadt München erlaubte, die erst zu einem späteren Zeitpunkt geplante Löwenterrasse schon zur Eröffnung des Tierparks fertigzustellen. Als Gegenleistung verpflichtete sich der Verein, Münchner Schulklassen kostenlosen Eintritt zu gewähren.

Bei der Anlage des Zoologischen Gartens berücksichtigte man – wie dies auch Urs Eggenschwyler getan hätte – modernste Grundsätze. Im ersten offiziellen »Führer durch den Zoologischen Garten in München«, 1911 vom Münchner Journalisten Hermann Roth (dem Vater des Schriftstellers Eugen Roth) verfaßt, kann man dies nachlesen: »Eine Reihe von neuen Gesichtspunkten sind bei der Schaffung des Münchner Zoologischen Garten berücksichtigt. Nirgends wird der Beschauer durch massive Eisenstangen oder Absperrvorrichtungen in seiner Betrachtung gestört, nirgends im Freien wird der Eindruck des Menagerieartigen erweckt. Die Tiere haben viel schönere, größere Laufplätze als anderwärts und so wird man auch ihre Art und Lebensgewohnheiten anders kennen lernen. [...] Da wo die Art es sinngemäß erlaubte, ist der stilisierte Zwinger angewendet, wie bei den Löwen, dem majestätischen Tier, zu dem die Formensprache der Architektur wohl paßt.«

Mit den Verantwortlichen bei Hagenbecks Tierpark in Stellingen bei Hamburg, wo eben dieses System, die Tiere in künstlich gestalteten Naturräumen zu präsentieren, erstmals verwirklicht worden war, hatte man Kontakt aufgenommen, auch einige Anregungen empfangen, doch »München müßte nicht München sein«, schrieb Roth in dem erwähnten Führer weiter, »wenn man hier auf ein bloßes Kopieren sich eingelassen hätte«. Schon allein das Terrain am Isarhang, das größer war als das der meisten deutschen Zoos, durchzogen vom Harlachinger Mühlbach, bot natürliche Vorzüge.

Wie den Maler Martin Wilberg zog es viele Künstler in den Zoologischen Garten Berlin, wenn sie einen lebenden Löwen skizzieren wollten. Zeichnungen eines Nubischen Löwen im Zoologischen Garten Berlin von M. Wilberg, 29. August 1874.

Auch die Künstlerschaft begrüßte das Projekt »Tierpark Hellabrunn«. Ein Gutachten der königlichen Akademie der bildenden Künste hatte das Fehlen eines zoologischen Gartens »als empfindliche Lücke in den sonst in München so reichlich vorhandenen Bildungsmitteln für Künstler« bemängelt; der Bildhauer Adolf von Hildebrand beurteilte »im Namen aller Bildhauer« den zoologischen Garten als »ganz hervorragenden Faktor« für die künstlerischen Ausbildung, Professor Heinrich von Zügel, der »Lehrer der Tiermalerei« an der Akademie, beklagte, daß die hiesigen Künstler sich bei der Tiermalerei mit unzulänglichen Vorlagen wie Fotografien begnügen oder jedesmal nach Berlin reisen müßten, wenn sie nach einem lebenden Modell arbeiten wollten.

Viele der bedeutenden Tiermaler und -bildhauer besuchten deshalb auch nicht die Münchner Akademie, sondern die Berliner, etwa der aus Hessen stammende Bildhauer August Gaul (1869–1921), der in den frühen 1890er Jahren fast täglich zum Zeichnen in den Berliner Zoo ging, oder der berühmte Tiermaler Wilhelm Kuhnert (1865–1926) aus Oppeln, der in den 1880er Jahren dort häufig vor den Tiergehegen zu finden war und der in der Folge eine ganze Fülle von Löwenbildern (unter anderem für »Brehms Tierleben«) fertigte, oder der 1853 geborene Genremaler Martin Wilberg, der bereits 1874 den nubischen Löwen im Berliner Tierpark porträtierte.

Tiermalerei und Tierplastik waren jedoch um die Jahrhundertwende in München ebenfalls beliebte künstlerische Sujets. Auch Hermann Roth, der Autor des ersten offiziellen Führers, hatte sich bereits im Vorfeld für die Gründung des zoologischen Gartens eingesetzt und in einer 1907 erschienenen Denkschrift darauf hingewiesen, daß der Bildhauer Rümann »einen Menagerie-Löwen monatelang mit einem eigenen Wärter hier behalten« habe für die Gestaltung der Löwen vor der Feldherrnhalle. Er spielte dabei auf keinen anderen als den erwähnten »Bubi« an. Die Bedürfnisse der Künstler allein rechtfertigten für Roth zwar noch nicht die

Gründung eines kostspieligen und aufwendigen Tierparks, doch »München hat ein Interesse daran, den ihm gebührenden Rang als führende Kunststadt zu behaupten, und dazu kann auch die Errichtung eines Zoologischen Gartens beitragen«.
Bildende Künstler und Schriftsteller zählten zu den Förderern und Aktivisten des Münchner Tierparkprojekts. Bereits 1908 gehörte dem Tierpark-Verein ein eigenes »Künstler-Komitée« an, in dem einunddreißig Künstler verschiedenster Sparten vertreten waren. Ziel ihres Bemühens war der Wunsch nach einer »sorgfältig ausgewählten Anzahl von Tierarten als Naturlebensbilder«. Unter den Künstlern befanden sich so illustre Persönlichkeiten wie Franz von Defregger, Eduard Grützner, Ferdinand von Miller oder Franz von Stuck. Auch Institutionen wie die Münchner Künstlergenossenschaft, der Verein bildender Künstler Münchens »Secession« und der Künstlerinnen-Verein München unterstützten die Gründung eines zoologischen Gartens. Die Künstler verfaßten Aufrufe, illustrierten Werbebroschüren, entwarfen Plakate und die gerade damals so beliebten Reklamemarken, quasi Plakate im Miniaturformat, von denen die bekanntesten wohl von Ludwig Hohlwein stammen, und rührten mit eigenen Veranstaltungen die Werbetrommel. 1909 fand im Löwenbräukeller ein Künstlerfest zugunsten des geplanten Tierparks statt; im selben Jahr wies die Ausstellung »Das Tier in der Kunst« im Münchner Kunstverein auf die Bedeutung »lebendiger Modelle für die Künstlerschaft« hin. Neben dem Interesse der Künstler waren allerdings Vergnügen und Erholung die wesentlichsten Argumente für die Begründung des Tierparkprojekts.
Bei der Eröffnung im Jahr 1911 markierte die Löwenterrasse an der Stelle des heutigen Schildkrötenhauses die Grenze des damals erschlossenen südöstlichen Tierparks. Die Löwenterrasse war – wie die Seelöwen-, Eisbären- und das Luitpold-Gehege – eine jener Hellabrunner Anlagen, die sich am stärksten an Hagenbeckschen Vorbildern orientierten.
Für den Historiker Hermann Heimpel, der mit »Die halbe

Die berühmte Löwenterrasse in Hellabrunn. Postkarte, um 1911.

Violine« eine der nettesten und interessantesten Münchner Jugenderinnerungen verfaßte, hatte ein Ausflug in den Zoo zu den beliebten Sonntagnachmittagsausflügen gehört. »Der Tierpark war wirklich eine Sache des Münchener Volkes. Seit Jahren waren die Eltern im Verein Tierpark Hellabrunn, und die Quittungsabschnitte mit dem Bären darauf vermischten sich mit den Visitenkarten vor der Spiegelgarderobe.« Er beschreibt den Tierpark als »eine wundervolle Anlage. Die Tiere lebten im Freigelände, nur im Winter und bei Regen liefen Löwen und Tiger hinter den Gitterstäben hin und her, mit denen ihre Heimat – nach der anderen Seite hatten sie eben den Auslauf in das Freigelände – gegen die menschlichen Beschauer abgegrenzt war. Dann freilich ereignete sich auch hier das Entsetzliche, dessen Namen ›Menagerie‹ ist.« Heimpel teilte die sich damals immer weiter verbreitende Kritik an den meist äußerst tierunwürdigen Menagerien. »Gestank und Gebrüll, Gier nach schmierigem Pferdefleisch, dumpfe Wildheit, gepfercht vor den Menschen, die sich auf

nichts verlassen als auf diese Eisenstäbe, auf diese aber bedingungslos. Aber das Freigelände! Ein breiter Graben mit Wasser schützt Bestien, Großmutter, Mutter und Kind voreinander, Geier, Bären und Gnus langweilen sich hinter taktvollem Maschendraht in geräumigen Revieren. Mit Rücksicht auf den menschlichen Mittagsschlaf wurden die Tiere von halb vier Uhr ab gefüttert, dann rannten die Buben vom Raubtierhaus zum Robbenteich, vom Adlerkäfig zum Eisbärengebirge.«
Die Hellabrunner Löwenterrasse war tatsächlich etwas Bemerkenswertes, ja fast Revolutionäres: die erste Freisichtanlage für Raubtiere, die von den Besuchern nur durch einen Wassergraben getrennt war. Aus heutiger Sicht erscheint die Anlage wenig spektakulär, da solche Freisichtanlagen für Raubtiere inzwischen längst gewöhnlicher Bestandteil der modernen Gehegegestaltung in zoologischen Gärten sind. Damals waren sie jedoch etwas gänzlich Neues. Die Münchner Löwenterrasse war also in dieser Hinsicht ein zukunftsweisendes Modell. Stilistisch war die Gesamtanlage mit ihren Anklängen an einen orientalischen Tempel allerdings eher rückwärtsgerichtet. Die in der Zooarchitektur des 19. Jahrhunderts so beliebten exotischen Elemente kamen zu Beginn des 20. Jahrhunderts bereits langsam wieder aus der Mode. Doch Emanuel von Seidl, der Architekt der Löwenterrasse, hatte diese als »versunkene Architektur« gedacht, »als eine aus dem Wüstensande bloßgelegte Tempelruine«, wie im Führer von 1911 nachzulesen ist.
Bis 1995 blieb die Löwenterrasse – mehrfach renoviert – erhalten. Dann wurde sie abgerissen. An ihrer Stelle erhebt sich heute das moderne Schildkrötenhaus des Architekten Herbert Kochta. Von ihm stammt auch das in unmittelbarer Nachbarschaft gelegene, 1995 eröffnete Raubtierhaus unter dem Dschungelzelt, in dem die Löwen heute ihr Zuhause gefunden haben – vollklimatisiert, von Computern überwacht und durch dicke Glasscheiben von den Besuchern getrennt.

»Für König und Vaterland« – *Löwen auf Kriegerdenkmälern*

Gegen Ende des denkmalfreudigen 19. Jahrhunderts und zu Beginn des zunächst nicht weniger denkmalfreudigen 20. Jahrhunderts wurde eine Fülle von Kriegerdenkmälern in Erinnerung an den siegreichen Krieg von 1870/71 gegen Frankreich errichtet.
Kriegerdenkmäler, wie sie uns heute in Hülle und Fülle in fast allen Orten begegnen, entstanden nicht ohne Grund erst im 19. Jahrhundert. Früher hatten sich die Armeen aus Söldnern zusammengesetzt, die nicht um höherer Ziele willen, sondern für Geld kämpften. Ihnen ein Denkmal zu setzen – dafür bestand keine Veranlassung. Wie gering man diese Söldner erachtete, zeigt die Tatsache, daß man sie erst seit dem beginnenden 18. Jahrhundert in Massengräbern beerdigte, während man die Toten zuvor höchstens verbrannt, meist aber Vögeln und Hunden zum Fraß überlassen hatte. Lediglich höhere – meist adelige – Offiziere wurden in ihre Heimat überführt und dort bestattet. Wenn man im 18. Jahrhundert überhaupt Denkmäler für Gefallene errichtet hatte, dann höchstens für verdiente Generäle.
An der Wende zum 19. Jahrhundert als Folge der Französischen Revolution und der Revolutionskriege ist eine Änderung festzustellen. Nun wurde auch der einfache Soldat »denkmalwürdig«. In den Befreiungskriegen kämpften in Deutschland zum erstenmal Freiwillige aus allen Bevölkerungsschichten für höhere Werte: für die Befreiung von der napoleonischen Fremdherrschaft, »für König und Vaterland«. Ein Soldat, der nicht für Geld, sondern für die Rettung des Vaterlands sein Leben riskierte, war der ehrenden Erinnerung würdig. Deutschlandweit wurden die Namen der Gefallenen in Stein gemeißelt. Als erster hatte König Friedrich Wilhelm III. von Preußen im Jahr 1813 befohlen, in den

Kirchen Tafeln mit den Namen der »für König und Vaterland« Gefallenen anzubringen. Auch in anderen deutschen Staaten wurden entsprechende Bestimmungen erlassen, so 1830 im Königreich Bayern, wobei König Ludwig I. jedoch auf den Gedenktafeln die Unterscheidung zwischen den Gefallenen der Napoleonischen Kriege (als Bayern an der Seite Frankreichs kämpfte) und denen der Befreiungskriege gegen Napoleon anordnete.
Mit den Einigungskriegen nach der Jahrhundertmitte wurde in der Geschichte der deutschen Kriegerdenkmäler ein neues Kapitel aufgeschlagen. Dabei erwies sich der Umgang mit dem öffentlichen Gedenken an den Krieg von 1866 als besonders schwierig, da sich wenige Jahre später – im Kampf gegen Frankreich 1870/71 – die einstigen Gegner nicht nur als Waffengefährten, sondern geeint im deutschen Kaiserreich wiederfanden. Aufgrund der raschen Abfolge der Kriege von 1864, 1866 und 1870/71 war jedoch für die geplante Aufstellung von Kriegerdenkmälern für 1864 und 1866 sowieso kaum Zeit geblieben. Sie ließen sich meist erst nach 1871 realisieren. Und so wurde für die Gefallenen aus zwei oder gar drei Kriegen schließlich häufig ein Sammelmonument errichtet. Dieses Problem hatte auch den bayerischen Prinzregenten Luitpold bei der Aufstellung des Kriegerdenkmals in der Münchner Feldherrnhalle beschäftigt.
Nach dem Krieg von 1870/71 kam es zur massenhaften Errichtung von Kriegerdenkmälern, deren Aufstellung nach dem Sieg über Frankreich staatlicherseits unterstützt wurde. Jedes Dorf, jeder Verein, ja sogar einzelne Behörden und Betriebe waren bemüht, das Gedenken an »ihre« Gefallenen durch Aufzeichnung der Namen auf Tafeln oder Denkmälern festzuhalten – eine Entwicklung, die sich nach dem Ersten und dem Zweiten Weltkrieg fortsetzte, auch wenn es sich dann nicht mehr um verklärende Siegesdenkmäler handelte. Doch nach dem Krieg von 1870/71 errichtete man solche, bei denen der Stolz über die Taten der Gefallenen den Schmerz der Angehörigen mildern sollte.
Eine wahre Flut von Gesuchen für Kriegerdenkmäler ging

im bayerischen Kriegsministerium in den Jahren nach 1871 ein, denn seit 1857 war die Aufstellung eines Denkmals genehmigungspflichtig. Es dauerte meist einige Zeit, bis die Pläne schließlich realisiert wurden. Noch bis ins beginnende 20. Jahrhundert, ja sogar bis in den Ersten Weltkrieg hinein dauerte mancherorts die Aufstellung. Musterentwürfe für Denkmäler – quasi »von der Stange« – erschienen im Druck. Für die meisten Denkmäler fand sich jedoch ein heimischer Bildhauer oder Steinmetz, der die individuelle Gestaltung übernahm – und nicht selten wählte man als Motiv oder Beifigur das bayerische Wappentier, den Löwen, wie etwa bei den bereits erwähnten Münchner Denkmälern.

Der Löwe war schon in der zweiten Hälfte des 18. Jahrhunderts in die Grabsymbolik verdienter Offiziere eingedrungen. Er stand für die militärische Schlagkraft eines erfolgreichen Generals. Bereits 1784 gestaltete der Breslauer Bildhauer Gottfried Stein das Grabmal für Friedrich Wilhelm von Seydlitz, einen verdienten General Friedrichs des Großen. Doch war dies ein Grabmonument, wie auch das bereits erwähnte Scharnhorst-Denkmal von Rauch mit der Darstellung eines schlafenden Löwen in Berlin und eines für Generalleutnant von Horn in Münster, ebenfalls nach einem Entwurf Rauchs. Den beiden letzteren diente bereits der berühmte Löwe, den Bertel Thorvaldsen in den Jahren 1819 bis 1821 zum Gedächtnis der beim Sturm auf die Tuilerien in Paris ums Leben gekommenen Angehörigen der Schweizer Garde für Luzern entworfen hatte. Dieser in den Fels geschlagene schlafende Löwe gilt als das älteste Kriegerdenkmal mit einem Löwen. Viele weitere sollten folgen, wobei immer wieder gerne Anleihen beim Thorvaldsenschen Löwen genommen wurden.* Bis nach 1871 waren Löwen als Symbol von Macht und Stärke beliebte Motive für Kriegerdenkmäler. Das änderte sich nach dem Ersten Welt-

---

* Zum Löwen von Luzern und anderen Löwendenkmälern siehe auch die Kapitel »Der bayerische Löwe in Griechenland« und »Der Anschlag auf den Königssee«.

Das 1905 enthüllte Kriegerdenkmal in Freising. Postkarte, 1910.

krieg entscheidend. Nach der Niederlage war kaum noch Platz für ein Symbol der Stärke. Übrig blieben lediglich die Löwen als Symboltier von Ländern und Städten, doch auch in dieser Bedeutung traten Löwen nach 1919 immer weiter hinter gefallenen Kriegern und anderen Motiven zurück.
Es kann hier keine umfassende Auflistung aller Löwen-Kriegerdenkmäler folgen; nur einige Beispiele seien stellvertretend genannt.
So beschäftigten sich die Zuständigen im bayerischen Kriegsministerium am 26. Oktober 1904 mit der Errichtung eines Kriegerdenkmals in Freising. Vorgeschlagen war ein Obelisk, an dessen Sockel »auf je zwei gegenüberliegenden Seiten eine Löwenfigur und ein Brunnenbecken« angebracht werden sollte. »Ohne Einwendung!« war die einhellige Meinung der Zuständigen. Am 28. Mai des darauffolgenden Jahres konnte das Denkmal feierlich enthüllt werden. Die Kosten wurden zum Großteil durch Spenden gedeckt, die das »Komitee für die Errichtung eines Kriegerdenkmals in Freising« gesam-

melt hatte. Das Denkmal, dessen Gestalt und Standort an der Oberen Hauptstraße bis heute unverändert sind, ist eine Arbeit des Freisinger Steinmetzmeisters Joseph Franz nach einem Entwurf von Emil von Lange, dem Direktor der königlichen Kunstgewerbeschule in München. Auf den Seiten wurden die Namen der zwölf im Deutsch-Französischen Krieg 1870/71 gefallenen Freisinger eingraviert.

Etwa zur gleichen Zeit wie in Freising dachte man auch in Vohburg über ein Kriegerdenkmal nach. Am 22. Februar 1905 stellte der Veteranen- und Kriegerverein von Vohburg den offiziellen Antrag zur Errichtung eines Kriegerdenkmals an den »hochlöblichen Magistrat« mit der Bitte um unentgeltliche Überlassung eines Platzes von rund 16 Quadratmetern zwischen Schulhaus und Feuerwehrhaus. Am 5. Oktober 1905 lag den Zuständigen im bayerischen Kriegsministerium der Antrag vor, nach dem der Vohburger Verein zur Erinnerung an die 1870/71 gefallenen Krieger aus Vohburg und Umgebung auf dem Marktplatz von Vohburg ein vom Bildhauer Kopf in München entworfenes Denkmal zu errichten gedachte. Bereits am 14. Oktober 1905 geruhte Seine Königliche Hoheit Prinzregent Luitpold allergnädigst die Errichtung eines Kriegerdenkmals in Vohburg zu genehmigen, »nach Maßgabe des vorgelegten Entwurfes und Lageplanes mit der vom Künstler in Aussicht genommenen Änderung, daß die Löwenkörper getrennt und am Monolithen seitlich anliegend hergestellt werden«. Dieses Schreiben wurde der Gemeinde am 26. Oktober durch das Königliche Bezirksamt zugestellt. Im Sommer des darauffolgenden Jahres war das Denkmal vollendet. Rechtzeitig zum vierzigsten Gründungsjubiläum des Veteranen- und Kriegervereins am 12. August 1906 konnte es feierlich enthüllt werden. »Zusammenkunft 10 Uhr vormittags am Rathaus. Schwarzer Anzug und Zilinder!« war auf der Einladung zu lesen. 1922 wurde das Denkmal versetzt und gleichzeitig die Namen der Gefallenen des Ersten Weltkriegs ergänzt, 1957 die des Zweiten. Im Zuge der Stadtplatzgestaltung beschloß der Stadtrat von Vohburg im September 1991 die vollständige Restaurierung und erneute Versetzung des Kriegerdenkmals, wobei der Sockel durch einen 6,5 Tonnen schweren Natursteinsockel erneuert wurde. Die Löwengruppe sowie das Oberteil mit Eisernem Kreuz wurden nur gereinigt und imprägniert. Im nahen Geisenfeld war man etwas später dran. Am 5. April 1909 stellte die Gemeinde den »Antrag auf Genehmigung zur Errichtung eines Kriegerdenkmals auf dem kleinen Marktplatze in Geisenfeld« – bestehend aus einer Säule, bekrönt von einem wappenhaltenden Löwen. Am Tag darauf wurde es vom bayerischen Kriegsministerium »ohne Erinnerung« genehmigt. Bereits im Jahr 1803 war auf dem Marktplatz die Kurfürstensäule errichtet worden, zu Ehren von Kurfürst Max IV. Joseph, dem späteren ersten König von Bayern.* Gut hundert Jahre später wünschte man in seiner Nähe ein Kriegerdenkmal »zur Erinnerung an die Mitkämpfer aus den Feldzügen 1866 und 1870/71«, wie die Inschrift bis heute verrät. In Windeseile war das Denkmal fertiggestellt. Am 15. August 1909 fand unter reger Anteilnahme der Bevölkerung und zahlreicher auswärtiger Vereine die feierliche Enthüllung statt. Veranstalter war der 1872 gegründete Krieger- und Veteranenverein. Man hatte das Denkmal an der Stelle eines alten, längst überflüssigen öffentlichen Schöpfbrunnens errichtet, von dem aus im Sommer 1870 sechsunddreißig Soldaten und Reservisten aus Geisenfeld gen Frankreich gezogen waren. Zwei von ihnen kehrten nicht zurück. Das Löwendenkmal, das bis heute auf dem Marktplatz steht, soll im Zuge der im Herbst 2004 beginnenden Stadtplatzsanierung auf das Gelände des alten Friedhofs versetzt werden. Nach langen Diskussionen und gegen den Widerstand vieler Bürger entschied sich der Stadtrat Ende Juli 2004 mit zwölf zu acht Stimmen für diese Lösung. Doch die Auseinandersetzung geht weiter. Das Schicksal des Denkmals ist immer noch offen. Der Löwe ist das Werk des Bildhauers Michael Rauscher (nach einem Entwurf von Regierungsbaumeister

---

* 1945 beseitigt. Die überlebensgroße Büste wurde ins Rathaus verbracht.

Die Galvanoplastische Anstalt Geislingen war einer der Hersteller für Denkmalslöwen zu Kriegerdenkmälern. Einer dieser prachtvollen Löwen liegt vor dem Obelisken in Markt Leeder (Landkreis Landsberg am Lech).

Grombach). Der Künstler war 1875 im oberösterreichischen Mühlviertel geboren; in München-Milbertshofen hatte er sein Atelier. 1915 ist er im Ersten Weltkrieg in Ungarn gefallen.

In Eichstätt dachte man ebenfalls an ein Löwenmotiv für das zu errichtende Kriegerdenkmal, wie es in der Eingabe vom 14. Juni 1910 hieß: »Das im Jahr 1911 zu enthüllende Kriegerdenkmal, das in Eichstätt auf dem Domplatz errichtet werden soll mit einem Kostenaufwand von 16.000 M, besteht aus Bank, Sockel und Muschelkalksäule, mit kräftigem Kapitel, auf dem ein schreitender Löwe dargestellt ist.« Der Entwurf für das neoromanische Denkmal stammte von dem damals vielbeschäftigten Bildhauer Professor Heinrich Waderé in München, der auch mit der Ausführung betraut wurde. Wieder antwortete das Kriegsministerium postwendend »ohne Erinnerung«. Und so konnte das Denkmal planmäßig 1911 in Anwesenheit von Angehörigen des bayerischen Königshauses feierlich enthüllt werden. Gleich drei Jubiläen galt es 1911 zu feiern: vierzig Jahre Frieden seit dem Krieg von 1870/71, den neunzigsten Geburtstag des Prinzregenten Luitpold sowie seine fünfundzwanzigjährige Regentschaft. Der Löwe aus Sandstein steht noch immer auf seinem hohen neoromanischen Sockel mitten auf dem Domplatz. In der Haltung des Löwen, dessen linke Vorderpfote auf einer Kanonenkugel ruht, hat der Bildhauer Anleihen bei dem berühmten Löwen von Waterloo genommen, auch wenn er nicht als Kopie betrachtet werden kann.

In Ettal entschied man sich ebenfalls für die Variante »schreitender Löwe mit Pranke auf einer Kanonenkugel«, ein Motiv, das mehrfach in ähnlicher Form kopiert wurde – etwa vor Schloß Rosenstein auf dem Kahlenberg in Stuttgart-Bad Cannstatt – oder heute in Baumärkten gern gekauft und in Vorgärten gestellt wird. Kaum einer wird jedoch wissen, daß es sich dabei eigentlich um einen niederländischen beziehungsweise italienischen Löwen handelt. Das Vorbild aller Vorgarten-Varianten steht in Waterloo, knapp 20 Kilometer südlich von Brüssel, und dieses wiederum kopierte die Haltung jenes Löwen vor der Loggia dei Lanzi in Florenz. In den 1820er Jahren hatte man das Löwendenkmal in Waterloo errichtet, in Erinnerung an die entscheidende Schlacht vom 18. Juni 1815, die den Endpunkt der Befreiungskriege gegen Napoleon markierte und damit nicht nur das Schicksal Frankreichs und seines Kaisers, sondern auch die Zukunft ganz Europas entschied. Der britische Feldherr Wellington hat ihr den Namen »Schlacht bei Waterloo« gegeben, während sein Verbündeter, der preußische Feldmarschall Blücher, sie nach dem südlich davon gelegenen Gehöft »La Belle-Alliance« nannte. Sechzigtausend Soldaten sind in dieser Schlacht gefallen. An der Stelle, wo der Prinz von Oranien während der Schlacht verwundet worden war, schüttete man bald darauf einen 40 Meter hohen künstlichen Hügel aus 32 000 Kubikmetern Schlachtfelderde auf: die »butte de lion«, den Löwenhügel. Obenauf stellte man zunächst eine 19 Meter hohe Säule und darauf den kolossalen, gußeisernen Löwen. 1832, beim Einmarsch der Franzosen, wurde das Denkmal zwar teilweise zerstört, danach jedoch in veränderter Form (und auf einer nicht mehr ganz so hohen Säule) wieder aufgebaut. Seit seiner Errichtung ist die »butte de lion« Pilgerstätte unzähliger Touristen. Noch immer blickt der Löwe, der ein Gewicht von 28 Tonnen haben soll, in die Richtung, aus der Napoleons Armee heranmarschierte (und nach der Schlacht entfloh). Bis heute führen 226 Treppenstufen zur weithin sichtbaren Löwenskulptur auf der Kuppe. Weit weniger beschwerlich ist der Blick auf den Waterloo-Löwen allerorts in bayerischen Vorgärten.

Auch in Franken wählte man den bayerischen Löwen für Kriegerdenkmäler. 1911 errichtete man im oberfränkischen Walsdorf (Landkreis Bamberg) eine Löwensäule – auch Luit-

Auch Erlangen hatte ein Kriegerdenkmal mit einem Löwen. 1890 hatte man es für die Gefallenen des Krieges 1870/71 am Martin-Luther-Platz errichtet. 1952 wurde es als Verkehrshindernis beseitigt. Postkarte, um 1930.

poldsäule genannt – aus Sandstein für die Gefallenen des Siebzigerkrieges mitten auf dem Dorfplatz. Die Ausführung stammte von dem Walsdorfer Bildhauer Hans Bauer, der damals in München tätig war und von dem zehn Jahre später auch ein Denkmal für die Gefallenen des Ersten Weltkriegs in Stein gehauen wurde.

Das sogenannte Neunerdenkmal in Würzburg wurde bereits 1903 auf Initiative der Offiziere des königlich bayerischen 9. Infanterierregiments Wrede anläßlich seines 100jährigen Bestehens für die Gefallenen der verschiedenen Kriege errichtet. Es bestand damals lediglich aus einem schreitenden steinernen Löwen aus der Werkstatt des Würzburger Bildhauers Artur Schleglmünig (1864–1956) auf einem mächtigen Sockel. 1933 wurde dieser aus dem Kasernenbereich auf den Neunerplatz versetzt und 1963 um drei weitere Regimentsgedenktafeln erweitert.

Einen anderen Weg ging man in Karlstadt am Main: Hier hatte der Direktor des Zementwerkes zum fünfundzwanzigjährigen Firmenjubiläum 1910 eine Bavaria mit Löwen gestiftet: genau so eine wie auf der Theresienwiese in München, nur sehr viel kleiner und – wie könnte es anders sein – aus Zement. Nach dem Ersten Weltkrieg befestigte man an dem Sockel eine schwarze Granitplatte mit den Namen der im Krieg gefallenen Werksangehörigen; nach 1945 wurde sie um eine weitere Platte mit Namen ergänzt. Die rund 1,50 Meter hohe Bavaria steht noch immer nahe der Zufahrt zum Schwenk-Zementwerk in Karlstadt. Erst 1999 hat man sie renovieren lassen.

Auf dem Stadtplatz von Mühldorf am Inn – wir befinden uns nun wieder auf oberbayerischem Boden – hatte man den im Krieg 1870/71 Gefallenen bereits 1874 auf Betreiben des Veteranenvereins ein Denkmal gesetzt: keinen Löwen, sondern einen Obelisken. Fünfzig Jahre später wurde das Denkmal neu gestaltet: Man ergänzte es 1924 mit zwei steinernen Löwen, die das bayerische Rautenwappen in ihren Pranken halten. Auf den Sockeln wurden die Namen der hundertneunundvierzig im Ersten Weltkrieg gefallenen Mühldorfer eingemeißelt und das Ganze umfaßte man mit einer steinernen Balustrade. 1960 allerdings empfand man das ganze Denkmal – wie sooft – nur noch als Verkehrshindernis und beseitigte es. Ein Löwe wurde nach Waldkraiburg für die neue Bayernbrücke verkauft. Der andere wanderte zunächst in ein Depot. 1963 erinnerte man sich wieder dieses Löwen, als man an eine Neugestaltung des Franzosenfriedhofs ging, auf dem sowohl bayerische als auch österreichische und französische Soldaten, die während der Koalitionskriege im Jahr 1796 im Heiliggeistspital in Mühldorf gestorben waren, begraben sind. Der Volksbund Deutsche Kriegsgräberfürsorge und die Stadt verhandelten. Briefe gingen hin und her, Entwürfe wurden geändert, Besprechungen abgehalten – kurz: Jahr um Jahr verging, bis man sich am 5. Oktober 1972 einig wurde. Und im Jahr 1974 war es dann endlich soweit: Einer der beiden Löwen bezog auf dem Soldatenfriedhof seinen neuen Standort – fünfzig Jahre nach seiner Aufstellung am Stadtplatz.

»Lieber bairisch sterben ...« –
Der Löwe von Waakirchen

Am 20. August 1905 wurde eines der imposantesten Löwen-Kriegerdenkmäler Bayerns feierlich in Waakirchen enthüllt. Anders als die meisten Denkmäler der Jahrhundertwende erinnert es allerdings nicht an die Gefallenen des deutsch-französischen Krieges von 1870/71, sondern an die Opfer der »Sendlinger Mordweihnacht« von 1705.
Es war dies die Zeit des Spanischen Erbfolgekrieges. Kurfürst Max Emanuel war von den Österreichern geschlagen worden und befand sich im Exil im heutigen Belgien. Kaiserliche Soldaten hielten Bayern besetzt. Bürger und Bauern litten unter der schweren Abgabenlast, den Einquartierungen von rücksichtslosen Besatzungssoldaten sowie der Zwangsaushebung von Rekruten für das kaiserliche Militär. Es kam zum Aufstand. »Lieber bairisch sterben, als kaiserlich verderben«, hieß die Parole. In der Christnacht 1705 wollten die Oberländer Bauern, allen voran der legendäre Schmied von Kochel, München von der Fremdherrschaft der österreichischen Besatzung befreien. Der Plan war denkbar einfach: Die am Komplott beteiligten Münchner Bürger sollten auf ein verabredetes Zeichen hin die Österreicher in der Stadt überfallen, während die Bauern von außen angriffen. In der Nacht vom 24. auf den 25. Dezember standen die Oberländer vor den Festungswällen der Stadt. Doch statt zur Befreiung kam es zur Katastrophe. Der Plan war verraten worden und die angreifenden Bauern wurden gnadenlos niedergemetzelt. Vor der Sendlinger Kirche lagen am Weihnachtsfest 1705 über tausend tote Aufständische. Der »Sendlinger Mordweihnacht« folgte am 8. Januar 1706 dann das noch schlimmere Massaker an den Angehörigen der »Landesdefension des Unterlandes« bei Aidenbach mit mehreren tausend Toten.

Obwohl der Aufstand von 1705/06 viel Irrationales an sich hat, geht von ihm bis heute das Signal des Freiheitswillens der Bevölkerung aus. In der Gestalt des legendenumwobenen »Schmied von Kochel« sind der Mut und die Widerstandskraft der Oberländer verkörpert. Drei Orte – Neukirchen (Valley), Kochel und Waakirchen – nehmen den Schmied für sich in Anspruch. Möglicherweise hat er sich in allen drei Orten vorübergehend aufgehalten.
Als Balthasar Maier soll er 1644 im Christlanwesen in Waakirchen geboren sein. Und so beschloß man anläßlich des zweihundertsten Gedenkjahres der »Mordweihnacht« dort nicht nur eine große Jahrfeier zu begehen, sondern auch ein stattliches Denkmal zu errichten. Ein Denkmalsverein formierte sich. Prinz Ludwig, der spätere König Ludwig III. von Bayern, übernahm das Patronat und entrichtete einen namhaften Obolus. Viele Spenden gingen ein. Am 4. Juni 1905 wurde feierlich der Grundstein gelegt und am 25. August des gleichen Jahres war es endlich soweit: Die »200 Jahrfeier der Erhebung des bayerischen Volkes 1705« konnte begangen werden.
Schon am Vorabend, am Samstag, dem 24. August, waren rings um Waakirchen Bergfeuer an den Hängen entzündet und auf dem Taubenberg ein Feuerwerk abgebrannt worden. Der eigentliche Feiertag war jedoch der Sonntag.
Um sechs Uhr früh fand ein musikalischer Weckruf statt. Nach und nach trafen die Sonderzüge mit den rund zwanzigtausend Besuchern ein. Hundertneunzig Vereine mit etwa dreitausend Mitgliedern, zehn Musikkapellen, Vertreter des königlichen Hauses, der Regierung und der Stadt München nahmen an den Feierlichkeiten teil. Allein für den Veteranen-Sonderzug waren zwölfhundert Billetts verkauft worden.
Am Bahnhof in Schaftlach begann die Via triumphalis mit Triumphbogen und Flaggenmasten entlang der Straße bis zum etwa eine halbe Stunde entfernten Waakirchen. Punkt zehn Uhr traf Prinz Ludwig mit Hofmarschall Baron von Laßberg ein und fuhr – nach Begrüßungsansprachen, Musik und vorgetragenen Gedichten – im offenen Vierspänner nach

Der 1905 enthüllte imposante Löwe vom Oberländer-Denkmal in Waakirchen.

Waakirchen. Dort hatte sich inzwischen der Festzug formiert. Alle zogen zum Festplatz, wo zunächst bei prächtigstem Wetter der Festgottesdienst zelebriert wurde. Danach kam es zur feierlichen Enthüllung des Denkmals.
Wieder pathetische Worte, die an Balthasar Maier, »den trutzigen Hochlandrecken, die personifizierte Kraft und Treue des Oberlandes« erinnerten. Doch das Denkmal war für alle damals fürs Vaterland gefallenen Aufständischen gedacht. Der Prinz hielt eine längere Rede. Dann endlich fiel unter Kanonendonner und Gewehrsalven die Hülle und der 3,5 Meter hohe Löwe auf seinem hohen Postament erstrahlte in seiner ganzen Schönheit vor dem blauen Firmament. »Allgemeiner tosender Jubel füllte die Luft«, war später in der Zeitung zu lesen. Und: »Den monumentalen Muschelkalk-Aufbau krönt ein riesiger Löwe, das Symbol der Kraft und Tapferkeit, die bayerische Fahne schützend.« Auf dem Sockel erinnern drei szenische Darstellungen an den bayerischen Bauernaufstand. Auf der Vorderseite hatte man eine Strophe aus Hans Hopfens »Sendlinger Bauernschlacht« angebracht. Auch die Namen der fast fünfzig Heimatpfarreien der bei Sendling Gefallenen wurden aufgeführt.
Nach der Enthüllung folgte ein Gedicht, diesesmal verfaßt vom Münchner Archivrat Ernst von Destouches, der in jenen Jahren bei historischen Feiern fast immer literarisch mit von der Partie war. Dann ging man zum Essen ins Festzelt. Abends gab es ein Feuerwerk über dem Löwen, der zudem mit bengalischen Feuern und »flackerndem weißen Licht in Opferschalen« prächtig illuminiert war. Zum Abschluß erschien am nachtblauen Himmel ein riesiges »L« mit Krone.
Mehrere Denkmäler wurden im Jubiläumsjahr 1905 errichtet, wobei das in Waakirchen, am Schnittpunkt des Tölzer Isarwinkels und des Miesbacher Oberlandes, wohl das bedeutendste war. Ausführlichst haben die Zeitungen über die Enthüllungsfeier berichtet, die Abfahrzeiten der Sonderzüge und den Fahrpreis genannt, ja sogar die Lieferanten der Feuerwerke, aber nirgends findet sich ein Hinweis auf den Bildhauer des stattlichen Denkmals.

Doch in den Grundstein waren am 4. Juni 1905 die Namen derjenigen eingeschlossen worden, die dieses Prachtexemplar von einem Leu geschaffen haben. Das Modell hatte kein anderer als der Akademiedirektor Ferdinand von Miller der Jüngere gestiftet, der auch die Arbeiten an dem Denkmal wohlwollend begleitete. Einige Jahre später wurde nach dem gleichen Entwurf ein ganz ähnlicher Löwe in Bronze gegossen. Anläßlich der Hundertjahrfeier der Schlacht um Eggmühl (Landkreis Regensburg) am 22. April 1809, in der die französische Armee unter Napoleon mit den verbündeten bayerischen Truppen die Österreicher geschlagen hatte, enthüllte man den Löwen, der dem Oberländer Exemplar zwar gleicht, allerdings ohne Fahne.
Der Waakirchner Löwe ist kein Bronzeguß. Er wurde vom Kupferplastiker Hygin Kiene in München in Kupfer getrieben. Der Künstler stammte – trotz seines eher landesuntypischen Namens – aus einer Holzkirchener Kupferschmiede. In seiner Werkstatt waren neben dem Löwen um 1900 auch die Figur des Schmieds von Kochel für Kochel (nach einem Entwurf von Anton Kaindl) sowie das Münchner Kindl auf dem neuen Münchner Rathausturm entstanden.
Die Reliefs dagegen wurden vom Münchner Anton Kaindl (1849–zirka 1924) entworfen und modelliert, der – wie gesagt – auch in Kochel mit Kiene zusammengearbeitet hatte. Kiene wiederum war bereits zuvor für König Ludwig II. in Linderhof tätig gewesen und von ihm stammte unter anderem auch das Kriegerdenkmal in München-Neuhausen. Ausgeführt wurden die Reliefs für das Waakirchener Denkmal anschließend in der Galvanoplastischen Kunstanstalt Geislingen, wo verschiedene Löwen das Licht der Welt erblickt haben. Für den architektonischen Aufbau verantwortlich zeichnete der königliche Konservator am Nationalmuseum Angermair; den Sockel führten die Steinmetzmeister Johann Kirchmaier aus Bad Tölz und Joseph Wackersberger in Tegernsee aus. Entstanden ist eines der schönsten Löwendenkmäler.
Noch immer pilgern jedes Jahr zur Weihnachtszeit die Waa-

kirchener Ortsvereine und die Gebirgsschützen-Kompanien zum Gottesdienst in die Pfarrkirche und anschließend zur Kranzniederlegung am Löwen von Waakirchen, zum Gedenken an die Toten von 1705.

Doch auch ein anderer »Löwe von Waakirchen« soll hier nicht vergessen werden: der Pfarrer Sebastian Kampfl (1909 bis 1983; seit 1951 Pfarrer in Waakirchen). Deutlich las der »Grantlpfarrer« seinen Pfarrkindern – und nicht nur diesen – allsonntäglich in der Predigt die Leviten. So wetterte er am 26. Januar 1975 über die neu erschienene Schrift mit dem Titel »Der Landkreis Miesbach« – Untertitel »Traumhaftes Oberbayern«: »Die Schrift ist schön und gut. Aber ich mochte mir die Augen ausschauen – von Waakirchen fand ich kein Bild! Grad wie wenn wir nicht zum Landkreis Miesbach gehören würden! [...] Unwichtig schien den Herausgebern dieser Schrift wohl das Oberlandler-Denkmal in Waakirchen. Ich bild mir ein, dieses Denkmal wäre schon der Geschichte wegen wert, daß es erwähnt worden wäre. Auch hätte es mit der Kirche von Waakirchen ein ganz nettes Bild gegeben, das bestimmt zu den andern Bildern hingepaßt hätte. So müssen wir Waakirchener uns als das fünfte Radl im Landkreis betrachten. Freuen tut's mich, daß der bayerische Löwe auf dem Oberlandler-Denkmal zum Landkreis nicht hinein-, sondern hinausschaut, gegen Sendling. Er hebt seinen Schwanz und denkt sich was!«

Der Löwe
auf dem Starnberger See

Der Löwe in Starnberg kann sich ebenfalls sehen lassen. Er ist zwar kleiner als der in Waakirchen, ein paar Jahre älter und wilder bewegt. Auch handelt es sich bei ihm um kein Kriegerdenkmal – er ist nur schön und war einst lediglich als Dekoration und zum Vergnügen geschaffen worden. Zudem stand der Löwe nicht immer an der Uferpromenade; gut vierzig Jahre fuhr er jahraus, jahrein über den See, als Hoheitszeichen des Dampfers »Bavaria«.
Erst 1851 hatte das Dampfschiffzeitalter auf dem Starnberger See begonnen – damals meist noch »Würmsee« genannt. Spektakulär gefeiert wurde die Jungfernfahrt des ersten Dampfschiffs, das nach dem damaligen König Max II. auf den Namen »Maximilian« getauft worden war. Am 11. Mai 1851 waren unendliche Menschenmengen an den See gepilgert, darunter König Max und der ganze Hofstaat. »Alle Häuser in Starnberg waren mit Flaggen, Tüchern und Teppichen geschmückt. Am Ufer lag das kleine Dampfschiff, umschwärmt von staunenden Menschen, einige in Booten, andere auf dem neuen Steg, andere am Ufer. Überall Menschen in fröhlichen Gruppen. Alle Klassen, alle Altersgruppen – ob alt, ob jung, reich oder arm, Eltern, Kinder, Freunde, Verwandte, Liebespärchen, Bürger, Maler, Poeten, Philosophen, alles strömte herbei, um mit frohgelauntem Herzen Gottes großartige Geschenke, den Mai und die Natur, zu feiern«, berichtete eine Augenzeugin, die englische Kunststudentin Anna Mary Howitt.
Bis zur Mitte des 19. Jahrhunderts war die Gegend um den Starnberger See fast ausschließlich agrarwirtschaftlich geprägt. Die Einheimischen fuhren mit ihren typischen Einbäumen über den See und für die ersten Ausflügler, die in den Sommermonaten an den See wanderten, standen Ruderboote

zum Verleih bereit. Einzig die Wittelsbacher, zunächst als Kurfürsten, später als Könige, hatten eigene größere Schiffe, als bekanntestes den legendären »Bucentaur«.

Der See zeigte sich um 1850 noch von seiner ursprünglichen Seite. Mit rund elftausend Einwohnern war der Landkreis Starnberg damals vergleichsweise dünn besiedelt. Als Wilhelm Heinrich Riehl um die Mitte des 19. Jahrhunderts das Land zwischen Starnberger und Ammersee durchwanderte, konnte er notieren, daß »in diesen Gegenden noch sehr viel Platz ist, Platz für eine doppelte Volkszahl. Die Wahrnehmung, daß hier die Welt noch nicht ganz vertheilt sey, hat für Jemand, der aus einem übervölkerten Landstrich kommt, etwas Behagliches, Beruhigendes.« Dies sollte sich bald ändern. Nach Einrichtung des Dampfschiffs und in noch weitaus entscheidenderem Maße nach dem Bau der Eisenbahnlinie von München nach Starnberg im Jahr 1854 setzte eine Entwicklung ein, die bis heute nicht abgeschlossen ist. Zwar hatte es bereits in früheren Zeiten vereinzelt herrschaftliche Sommersitze rund um den See gegeben. Doch in der ersten Hälfte des 19. Jahrhunderts wurde die Gegend von der vornehmen Gesellschaft Münchens neu entdeckt und schließlich kehrte mit König Max II. 1850 auch der Hof wieder nach Berg und damit an den See zurück. Der Starnberger See wurde die wohl größte Baustelle des ganzen Königreichs. Herrlichste Villen entstanden. In der zweiten Jahrhunderthälfte residierte fast jeder Münchner von Rang und Namen in den Sommermonaten am Starnberger See.

Die Dampfschiffahrt auf dem See und die Eisenbahn dorthin waren eine Privatinitiative gewesen. Treibende Kraft war der Münchner Baurat Johann Ulrich Himbsel, der in eigener Regie und mit eigenen Mitteln 1851 den Raddampfer »Maximilian« auf dem Starnberger See zum Einsatz brachte und 1854 die Eisenbahnlinie als Privatmann bis nach Starnberg legte. Der Maschinenfabrikbesitzer Joseph Anton von Maffei baute das Dampfschiff (und jede Menge Lokomotiven). Beide hatten ein Sommerrefugium am See und beide hatten die Vision von einem vehement zunehmenden Tourismus.

Stolz »schwang« der Gedon-Löwe die bayerische Fahne am Heck des Luxusdampfers »Bavaria«. Foto, um 1878.

Von 1851 bis 1885, also mehr als dreißig Jahre, sollte der Dampfer »Maximilian« Dienst auf dem Starnberger See tun. Der zweite Dampfer der Würmsee-Schiffahrt wurde 1872 erbaut und auf den Namen des damaligen Königs »Ludwig« getauft. Er schipperte bis 1936 von Starnberg nach Seeshaupt und zurück. Nur wenig jünger als die »Ludwig« war das Prachtschiff »Bavaria«. Es folgten noch die Dampfer »Wittelsbach« und »Luitpold«, die nach 1918 unter den Namen »Starnberg« und »München« bis in die 1950er Jahre tapfer seeauf und seeab dampften, bis auch sie verschrottet wurden und der See ausschließlich den Motorschiffen gehörte: der »Leoni«, der »Tutzing«, der »Bayern«, der »Seeshaupt«, der »Berg«, der »Bernried« und seit kurzem der »MS Phantasie«, als Zubringer zum »Museum der Phantasie«.
Man sagte, die 1876 vom Stapel gelassene »Bavaria«, um die

es hier samt ihrem Löwen geht, sei das schönste und modernste Schiff auf allen deutschen Gewässern gewesen. Der beliebte Münchner Künstler Lorenz Gedon war mit der Ausgestaltung ganz in luxuriösem Neorenaissancestil beauftragt worden. Tausend Passagiere hatten auf dem eleganten Salondampfer Platz. Unbeschreiblich muß der Luxus gewesen sein.
Am 13. April 1878 wurde dieser Schaufelraddampfer feierlich der Öffentlichkeit übergeben. Das Spektakel war bei weitem nicht so groß wie seinerzeit bei »Maximilians« Jungfernfahrt, doch immerhin: In einem Festzug mit Blasmusik marschierten die Honoratioren nach einer feierlichen Messe zum See, wo sie die Ankunft seiner Königlichen Hoheit Prinz Ludwig, des späteren König Ludwig III., und dessen Frau Therese erwarteten. Dann kam der Stapellauf.
Doch dieser wollte nicht so recht klappen. »Ein Ruck und das majestätische Gebäude bewegte sich gegen das Wasser, doch es hielt an; ein zweiter Ruck, mit großer Gewalt durch vier schwere Winden bewirkt, brachte den Koloß, welcher ein Gewicht von nahezu 5000 Zentner hat, neuerdings zur Bewegung. Sanft rutschte der Dampfer abwärts, erreichte mit dem Heck das Wasser und näherte sich seinen schwimmenden Kameraden, als er plötzlich wieder ins Stocken gerieth. Alle Versuche, ihn flott zu machen, scheiterten«, berichtete der »Land- und Seebote«. Die königlichen Hoheiten bewahrten Contenance und bestiegen den Dampfer, der halb zu Land und halb zu Wasser lag. Reden wurden gehalten – darunter auch eine »gediegene Ansprache« vom Erzgießer Ferdinand von Miller –, ein dreimaliges, donnerndes Hoch auf den König und die Taufpatin, Ihre Königliche Hoheit Prinzessin Therese, wurden ausgebracht, stürmischer Beifall brauste auf, man feierte. Den Technikern blieb dann am nächsten Tag immer noch genug Zeit, das 51 Meter lange und 12,4 Meter breite Schmuckstück flottzumachen und gänzlich zu Wasser zu lassen. Und nach einigen Probefahrten konnten auch die ersten Passagiere an Bord gehen.
In seiner ganzen Schönheit war der »herrliche Dampfer«

anläßlich des Stapellaufs noch gar nicht zu bewundern gewesen. Einige Teile montierte man erst nachträglich, darunter den prächtigen Wappenlöwen. Während der Feier kauerte er noch – einem blinden Passagier nicht unähnlich – im Heck des Dampfers.

Gefertigt worden war der Raddampfer in der Firma Escher Wyss & Cie in Zürich. Daß er jedoch ein Prachtschiff wurde, ist dem Münchner Architekten und Bildhauer Lorenz Gedon zu verdanken. 1877 war der Auftrag für die Innen- und Außengestaltung an ihn ergangen. Es war das erste Schiff, das vollkommen von Künstlern gestaltet wurde.

Lorenz Gedon (1843–1883) hatte sich als Schöpfer von Fassaden, Innenräumen und Plastiken über die Grenzen Münchens hinaus einen Namen gemacht; auch König Ludwig II. hatte so manchen Auftrag an ihn vergeben. Seine Vielseitigkeit prädestinierte Gedon für den Schiffsauftrag. Mit Unterstützung seiner beiden Studienkollegen, dem Maler und Kunstgewerbler Rudolf Seitz (1842–1910) sowie dem Zeichner und Genremaler Heinrich Lossow (1843–1897), schuf er das schwimmende Kunstwerk, genau das, was dem Vorstand der »Aktien-Dampfschiffahrts-Gesellschaft auf dem Würmsee« vorgeschwebt war: ein hervorragendes, modernes Schiff, eine Zierde für den See und die Gesellschaft. Die Ausstattung war exklusiv, die Dampfmaschine hochmodern und fast lautlos. Wie zu erwarten war, hatte die Verwirklichung eines solchen Traums auch seinen Preis: Auf insgesamt 260 000 Mark beliefen sich die Kosten. Dafür hatte das Schiff aber auch 240 PS und faßte bis zu tausend Personen.

Drei Zelte spendeten Schatten, eine breite Treppe führte auf das obere Deck, eingefaßt von stilisierten Fischen und Delphinen, die nach Zierkugeln auf den oberen Eckpfeilern schnappten. Die Reling bestand aus dreihundert gedrechselten Säulen im Stil einer Renaissance-balustrade. Im Inneren des »Luxus-Liners« wurde – wie nicht anders zu erwarten – die prachtvolle Architektur fortgesetzt; das »Meublement« war gediegen, die Salons hell und mit originalen Ölgemälden geschmückt, mit viel Plüsch und viel Seide.

Der Dampfer »Bavaria« ist längst verschrottet, doch sein Hoheitszeichen wacht noch immer über die Seepromenade in Starnberg.

Schon von ferne leuchtete die riesige, etwa drei Meter hohe, vergoldete Buglaterne. Der Höhepunkt aber war das zweite Kennzeichen des eleganten Salondampfers: der gewaltige Löwe auf dem Achterkastell, eine große Rautenflagge in den Pranken. Voll vergoldet stand er aufrecht schreitend, mächtig auf einem auskragenden Postament: Gedons berühmte, gekrönte Heckfigur. Die Erzgießerei von Miller in München hatte das Wappentier gegossen; beim königlich bayerischen Hofvergolder Radspieler wurde es vergoldet.

Rund drei Meter hoch ist das Hoheitszeichen der »Bavaria«. Die linke Pranke stützt den verzierten Wappenschild, während die rechte den Flaggenstock gesenkt hält, so als ob der Löwe das 17 Quadratmeter große Rautentuch schwingen wollte. Mehr als acht Meter über dem Wasserspiegel erhob sich das Haupt des güldenen bayerischen Wappentiers aus Zinkguß.

Der »herrliche Dampfer« versah seinen Dienst bis in die

1930er Jahre. Die goldenglänzende Buglaterne und den prachtvollen Fahnenhalter hatte man allerdings 1919 entfernt, angeblich, weil sie die Manövrierfähigkeit des Schiffes behinderten. Dies rettete den wunderschönen Gedon-Löwen mit seinem geringelten Doppelschweif. Während nämlich der Dampfer 1940 verschrottet und das meiste der einst so prächtigen Ausstattung als »oid's Glump« vernichtet wurde, steht der Löwe bis heute am Südende der Uferpromenade in Starnberg auf einem steinernen Sockel und schaut auf den See hinaus, den er vor hundert Jahren als junger, strahlend goldener Wappenleu befahren hatte. Die Gemeinde Starnberg hat ihn für 50 Mark gekauft.

Der Anschlag auf den Königssee

Dies ist die Geschichte eines Löwen, den es nie gegeben hat und der doch bedeutend für die Nachwelt werden sollte.
Man schrieb das Jahr 1915 – das zweite Kriegsjahr im Ersten Weltkrieg. Der damalige Bestsellerautor Richard Voß (1851 bis 1918), ein gebürtiger Pommer, der mehr als vierzig Jahre vorher Bayern zu seiner Wahlheimat erkoren hatte, war im Jahr zuvor zum Ehrenbürger der Gemeinde Königssee ernannt worden. Und dafür wollte er sich mit etwas Großem revanchieren.
Der Schriftsteller zahlloser Romane und Novellen, von Dramen und Weihestücken, war in den 1870er Jahren an den Königssee, in das von ihm errichtete Haus »Bergfrieden«, gezogen und lebte dort, wenn er nicht gerade auf Weltreise war oder in Rom, in Wien oder Berlin weilte. Er hatte viel von der Welt gesehen und berichtete davon in seinen Lebenserinnerungen: »Alle die Denkmäler in Ägypten: die Pyramiden und die Sphinx, selbst die gigantischen Denksteine götterwahnsinniger Pharaonen hatte ich gesehen, teils bröckelnd, teils bereits als Ruinen. […] Ich sah die ungeheuren Tempelbauten von Luxor und Karnak zusammengestürzt, Ruinenfelder und Steinbrüche geworden. Nicht anders die Tempel von Theben, jenseits des Nils; nicht anders die Tempel im Sudan und in Nubien. Da, eines Tages die Granitbrüche von Assuan durchstreifend, sah ich plötzlich vor mir eine Felswand und darin eingegraben in den lebendigen Stein die Gestalt eines Pharao, mit der für mich rätselhaften Inschrift seiner Siege. Bildnis und Inschriften wurden vor Jahrtausenden in den Fels gehauen und waren heutigentags noch so erhalten, als hätte der Künstler sein Werk soeben erst vollendet.«
Auch in anderen Gegenden, in Indien, in Syrien oder auf Ceylon, hatte er in den Fels gehauene Denkmäler gefunden und so reifte in ihm folgender Plan: »An der steil abfallenden

Felsenmauer der Falkensteinwand wollte ich, den bayerischen Helden zum Gedächtnis, ein Denkmal stiften, wohlverstanden kein Siegesdenkmal, sondern eine Erinnerungstafel, gleichsam eine Inschrift. In Riesengröße sollte, in den lebendigen Felsen eingehauen, der bayerische Löwe erstehen: gewaltig sich aufreckend, mit grimmig geschwungenem Schweif, aufbrüllend, das mächtige Haupt gen Nordwesten, unseren unversöhnlichsten Feinden zugewendet, sollte Bayerns Wappentier zeugen für den Löwenmut von Bayerns Söhnen, die ihr Leben für ihr Vaterland zu Hunderttausenden gelassen hatten. Gerade an Bayerns Königssee Bayerns Königslöwe!«

Wahrscheinlich schwebte Voß ein bayerisches Gegenstück zum 1878 errichteten Löwen bei Belfort vor. Dort wurde im Gedenken an die Verteidigung der Stadt im Deutsch-Französischen Krieg von 1870/71 ein 22 Meter langer und 11 Meter hoher, martialisch blickender Löwe von Frédéric Auguste Bartholdi, der allgemein als Schöpfer der New Yorker Freiheitsstatue bekannt ist, aus dem Sandsteinfelsen geschlagen.

Voß besprach sein Vorhaben mit dem Bürgermeister von Königssee, der sich begeistert zeigte. Daraufhin reiste Voß nach München und fand bei den zuständigen Stellen offene Ohren. »Ich machte meine Eingaben bei verschiedenen Ministerien und erfuhr die Genugtuung, daß mein bayerischer Löwe an der Falkensteinwand des Königssees auch dort freudig begrüßt wurde.« Und es fand sich auch gleich ein Künstler, der sich voller Begeisterung bereit erklärte, den Löwen in die Felsenwand zu schlagen: Fritz Behn (1878 bis 1970).

Der Künstler – wie Voß aus Deutschlands hohem Norden, genauer gesagt aus Mecklenburg – hatte längere Zeit in Afrika zugebracht und dort die Löwen von nahem kennengelernt, hatte sein Werk »Haizuru« über das Leben in Afrika gerade vollendet und selbst illustriert. 1898 war er an die Münchner Akademie gekommen, in die Klasse von Wilhelm von Rümann – und wahrscheinlich hatte auch er an den spektakulären Sitzungen mit dem Löwen »Bubi« teilgenom-

Beinahe wäre ein ähnliches Löwendenkmal in die Wände des Königssees geschlagen worden. Dieses »Gegenstück« schuf Frédéric Auguste Bartholdi 1878 für Belfort. Foto, 1935.

men. (Später schloß sich Behn der von Adolf von Hildebrand begründeten jungen Münchner Bildhauerschule an.) Zwischen 1907 und 1910 hatten ihn zwei ausgedehnte Reisen durch Zentralafrika geführt. Es soll sogar ein echter Löwe – so die Fama – in seinem Münchner Atelier gelebt haben.
Behn schien geradezu prädestiniert für die Aufgabe. Wilhelm von Rümann, der letzte große Löwenbildhauer, war seit einigen Jahren tot. Fritz Behn war in seine Fußstapfen gestiegen. Als Voß mit Behn zusammentraf, war dieser siebenunddreißig Jahre alt und eben von der Front zurückgekehrt, hatte viel Elend erlebt und war überzeugt: »Ich glaube, ich werde nie wieder den Meißel zur Hand nehmen können!« Der Dichter unterbreitete ihm seine Idee und steckt ihn mit seinem Enthusiasmus an: »Ihren Löwen mache ich!« soll der Bildhauer ausgerufen und dann hinzugefügt haben: »Ich nehme kein Geld dafür!«

Behn fertigte eine Reihe von Entwürfen. Derweil versuchte Voß Geld für die nicht unerheblichen Kosten des Unterfangens, die trotz des Honorarverzichts des Bildhauers entstehen würden, aufzutreiben. Splendid zeigten sich vor allem die zahlreichen Touristen im Berchtesgadener Land. »Im Lauf des Sommers zeigte ich den Entwurf dem Generaladjutanten des Kaisers, Oskar von Chelius, der als Bewohner der Schönau den Gedanken des Löwendenkmals gleichfalls freudig begrüßte«, und – was noch wichtiger war – eine namhafte Summe in Aussicht stellte. Er nahm sogar eine Kopie des Entwurfs mit nach Berlin und zeigte sie dem deutschen Kaiser Wilhelm II. »Auch der Kaiser interessierte sich lebhaft für unseren Leuen; und äußerst lebhafte Teilnahme dafür zeigte auch Bayerns König«, also Ludwig III. Der Monarch besuchte Behn im Atelier und sprach diesem seine volle Anerkennung aus. Alles schien sich aufs beste zu entwickeln. Andere hochgestellte Persönlichkeiten nahmen ebenfalls regen Anteil an dem Projekt.

Herzog Johann Albrecht von Mecklenburg, der sich gerade als Gast der Familie Voß im Haus »Bergfrieden« befand, gab dem Künstler den Rat, den Löwen in ganzer geplanter Größe auf eine Leinwand zu malen und diese an der Felsenwand zu befestigen, damit man die Wirkung besser erahnen könne. »Und so geschah es. Darauf wurde eine Kommission berufen, welche darüber ihr Urteil abgeben sollte. Bei der Kommission befanden sich der Kultusminister und verschiedene Mitglieder des ›Bayerischen Vereins Heimatschutz‹. Adolf Hildebrand und Ferdinand von Miller gehörten ebenfalls zu den Geladenen. Gleichzeitig wollte auch der König an Ort und Stelle das Löwenbildnis in Augenschein nehmen.« Anschließend sollte noch eine Jagd in St. Bartholomä stattfinden.

»Tags zuvor hatte Professor Behn die Frau Herzogin Friedrich von Anhalt und mich eingeladen, mit ihm zur Falkenwand zu fahren, und wir empfingen einen starken Eindruck. Des anderen Tages ging ich der Kommission, die mit dem König eintraf, in der freudigen Gewißheit entgegen, es könne unter den Herren nur eine Ansicht herrschen: die allergünstigste für das Werk. Da sah ich die Gesichter, und ich sah das Gesicht des Künstlers und – da wußte ich es. Behn erzählte mir: ›Unsere Sache steht nicht nur schlecht, sondern sie ist verloren.‹«

Während Voß, Behn und ihre Freunde eifrig das Geld für das Denkmal gesammelt hatten, regte sich vor allem in München eine Gegenpartei von seiten des Naturschutzes, allen voran Karl Freiherr von Tubeuf, Professor am Institut für Forstbotanik der Münchner Universität und Vorsitzender des Vereins für Naturkunde, Mitglied des Landesausschusses für Naturpflege in Bayern und erster Vorsitzender des 1913 gegründeten Bundes Naturschutz in Bayern. Er war entschieden gegen das Löwenprojekt. In noch weitaus pathetischeren Worten als der Dichter äußerte er sich in Fachblättern und vor allem in den »Münchner Neuesten Nachrichten«: »Ein Anschlag auf den Königssee – hier mitten im tiefsten Frieden, im innersten Winkel der friedlichen Berge – nicht von Russen, Serben und Rumänen – nicht von heimtückischen Granaten getroffen, stürzen die Felsentrümmer der hehren Steilwand in die smaragdene Flut des schwarzenden Sees – nein der Meißel der Kunst wagt sich an dieses Heiligtum, wie dichterische Irrlichter sollen die Funken unter seinem Klang aus dem Gestein springen, lauter Schlag soll hier ertönen, wo Lautlosigkeit das Heilige des Ortes gebaut. Norddeutsches Kapital hat den Anschlag fundiert. Gewiß gut gemeint. Begreiflich, daß jeder, der das Kleinod der Berge glücklich genossen, einen Obolus opfert, um beizutragen, wenn es gilt seiner Dankesschuld zu genügen und etwas für die Stätte zu tun, wo man reine, heilige, unverfälschte, unangetastete Natur genossen und neue Kraft geschöpft hat. Und wer erzogen ist, blindlings zu folgen, wenn Dichter und Künstler rufen, wer an Denkmäler von Jugend auf gewöhnt ist, wer die hohe Natur nur als Urlaubsgenuß kennt, wer da weiß, daß man im Flachland künstliche Berge mit plätscherndem Wasserfall neben dem ebenen Truppenübungsplatz als Kunstwerk schätzt, wer nur den Drang hat, sich

anerkennend und dankbar zu erweisen, der ahnt nicht, wie er uns Bewohner der Berge ans Herz greift, wenn er den ewigen Frieden der Natur verkünstelt. [...] Den Königssee sollen auch spätere Geschlechter in seiner Ursprünglichkeit und Kraft empfinden und lieben, seine Wände und Wälder sollen Natur bleiben, seine Ufer sollen Frieden atmen! [...] Es schauderte in mir der Gedanke, wenn auch hier statt eines wechselnden Gemsbockes ewig ein steinerner Löwe läge, ein stilisierter, ein assyrischer Löwe im unnahbaren Fels Tag für Tag lauere, um den naturtrunkenen Wanderer selbst in der fernsten Einsamkeit aufzurütteln. [...]«
Zum Abschluß seiner Philippika gegen das Löwenprojekt am Königssee schwärmte Tubeuf dann für den in den Fels gehauenen Löwen von Thorvaldsen am Vierwaldstätter See, so daß man fast geneigt ist, Voß zu glauben, daß die Ablehnung vor allem deshalb so vehement vorgetragen wurde, weil die Idee von Preußen initiiert worden war. Doch Tubeuf erklärt seine Vorliebe für den Löwen Thorvaldsens: »Er liegt aber nicht in einer weithin sichtbaren Wand des bevölkerten Vierwaldstätter Sees, sondern in einem verborgenen Winkel, zurückgezogen, eingemeißelt in steiler Felswand über dunklem See, ein abgeschlossenes Heiligtum für sich wie eine verborgene Kapelle im Wald.«
Tubeuf stand nicht allein mit seiner Antihaltung gegen den Löwen. Und das, obwohl man ein paar Jahre zuvor nicht so zimperlich im Umgang mit der Natur gewesen war. Noch im Winter 1910 war zwischen St. Bartholomä und der Saletalm an einer Felswand rund 6 Meter über der Wasseroberfläche eine riesige, über 2 Meter hohe und etwa 1,40 Meter breite bronzene Tafel mit dem Bildnis des Prinzregenten Luitpold von der zugefrorenen Eisfläche aus angebracht worden. Und Beispiele von in den Fels gehauenen Löwen gab es einige.
Ebenfalls in den »Münchner Neuesten Nachrichten« machte jedoch auch ein anderer, ungenannter Gegner seinem Ärger über das neue Löwenprojekt Luft: »[...] Und wenn auch ein noch so bedeutender Künstler im eigenen oder fremden Antrieb ein noch so wertvolles Modell für einen aus dem

Fels herauszuhauenden Riesenlöwen am Königssee schaffen wird – es ist und bleibt eine Geschmacklosigkeit, die gewaltige Naturschönheit des Königssees mit solchen Spielereien zieren zu wollen.«
Beim Besichtigungstermin trafen sich Tubeuf und Voß, der die Entwicklung zutiefst bedauerte: »Es war ein trauriges Mahl in dem alten Jagdschlosse. Ich saß König Ludwig gegenüber, zwischen zwei Herren« – von denen einer wohl Tubeuf war –, »die mir ausführlich auseinandersetzten, der Löwe sei eine künstlerische Ungeheuerlichkeit. Er verderbe den See, schände die Natur. Kurzum, ungeheuerlich, unmöglich! Vielleicht an einer anderen Stelle sei das Denkmal möglich; aber auch das kaum. [...] Als wir bei der Rückfahrt an die Stelle gelangten, wo der Löwe noch an der Felswand hing und wo die Schiffer gewöhnt sind, ihre Büchsen abzuschießen, um das Echo zu wecken, sagte einer der Herren: ›Lassen wir doch auf den Löwen schießen!‹ Darauf ein anderer: ›Der Löwe ist bereits erschossen!‹ Es war der Herr Kultusminister selbst, der diesen denkwürdigen Ausspruch tat. Seine Exzellenz hatten recht: Der Löwe war erschossen!«
Doch König Ludwig III. hielt noch immer an der Denkmalsidee fest. Er besuchte zwei Monate später Fritz Behn in seinem Atelier und fing sofort vom Königssee-Löwen zu sprechen an, wie der Bildhauer in einem Brief an den Dichter meldete: Der König »war sehr böse über die Angriffe, die dieser [der Löwe] zu erdulden habe, und sagte mir, ich sollte die Flinte nicht ins Korn werfen! Das sei auch nicht seine Art. Ich habe ganz die Überzeugung gewonnen, daß nach dem Krieg das Denkmal doch ausgeführt wird! Also wollen wir wieder guten Mutes sein!«
Doch es sollte anders kommen. Als der Krieg am 28. Juni 1919 mit dem Versailler Vertrag als beendet galt, war Richard Voß bereits ein Jahr tot. Er ist am 10. Juni 1918 im Alter von siebenundsechzig Jahren in seinem Haus »Bergfrieden« nahe des Königssees an Herzversagen gestorben. Auch König Ludwig III. konnte nicht mehr für den Löwen kämpfen. Er war am 7. November 1918 als erster deutscher Regent

Das Löwendenkmal von Luzern erregte weniger Anstoß als das geplante am Königssee. Postkarte, 1900.

gestürzt worden; sechs Tage später hatte er seine Beamten und Offiziere vom Treueeid entbunden und war ins Exil gegangen, aus dem er nicht lebend zurückkehren sollte. Er starb am 18. Oktober 1920 in Ungarn.
Professor Tubeuf und die Naturschützer waren die Sieger. Nochmals rief Tubeuf in einer Denkschrift gegen das noch immer nicht ganz gestorbene Denkmalprojekt auf; gleichzeitig warnte er vor dem zunehmenden Tourismus und den immer weiter um sich greifenden Hotelneubauten. Deshalb setzte er sich für eine Vergrößerung des bereits im Jahr 1910 am Königssee gegründeten Pflanzenschonbezirkes in ein großes Naturschutzgebiet ein. Nach langen, zähen Verhandlungen Tubeufs mit den Behörden wurden am 18. März 1921 vom Bezirksamt Berchtesgaden die »Bezirkspolizeilichen Vorschriften für das Naturschutzgebiet am Königssee« erlassen, wodurch das Schutzgebiet auf ein über 20000 Hektar großes, ausschließlich in Staatsbesitz (ehemals Wittelsbacher Besitz) befindliches Areal ausgedehnt wurde. Aus diesem

Naturschutzgebiet wurde schließlich am 1. August 1978 der Nationalpark Berchtesgaden, der zweite Nationalpark Deutschlands. Als erster war acht Jahre zuvor – ebenfalls in Bayern – der Nationalpark Bayerischer Wald eröffnet worden. Das bayerische Vorbild machte Schule: Seither hat sich die Zahl der Nationalparks in Deutschland auf dreizehn erhöht. Unfreiwilliger Auslöser der ganzen Naturschutzgebiets-Diskussionen war jedoch das Voßsche Löwenprojekt gewesen.

Doch kommen wir noch einmal auf den Künstler Fritz Behn zurück. Trotz des gescheiterten Löwenprojekts am Königssee machte er seine 1916 geäußerte Drohung, nie mehr den Meißel zur Hand zu nehmen, nicht wahr. Allerdings verließ der Künstler sein von einem weitläufigen Garten umgebenes Atelier in der Münchner Mandlstraße und errichtete sich in der Abgeschiedenheit bei Scharnitz an der bayerisch-tirolerischen Grenze ein Haus mit Atelier. »Behn hatte von der Stadt München sich verbittert abgewandt«, schrieb 1928 Georg Jacob Wolf, ein guter Bekannter des Künstlers, und spielte damit wohl auf das gescheiterte Löwenprojekt an. Doch im Gebirge konnte Behn auch nicht heimisch werden. Der Bildhauer ging wieder auf Reisen, diesmal nach Südamerika. Nach zwei Jahren in Buenos Aires kehrte er nach München zurück und bezog ein Atelier in der Kunigundenstraße. 1925 wurde er zum Professor an der Münchner Akademie ernannt. Im Juni 1945 suspendierte man ihn vom Dienst und verwies ihn des Ateliers. Behn zog sich erneut ins Gebirge zurück: In Ehrwald in Tirol gründete er eine Bildhauerschule. 1951 kehrte er nach München zurück, wo er am 26. Januar 1970 starb.
Nach dem nicht zur Ausführung gelangten Königssee-Löwen war Behn noch äußerst produktiv gewesen. Es entstanden zahlreiche Plastiken, darunter Denkmäler berühmter Zeitgenossen wie Josef Ruederer oder Felix Mottl für den Waldfriedhof; er war geschätzt als Porträtist – so schuf er etwa Bildnisse von Rainer Maria Rilke, Gerhart Hauptmann,

Ricarda Huch, Pius XII., Benito Mussolini, Albert Schweitzer, Theodor Heuss oder Maria Callas –, doch galt seine Liebe vor allem großformatigen Tierplastiken und da wiederum waren Raubkatzen seine Lieblingsmodelle. Über Jahre soll er sogar eigene Löwen gehalten haben. Viele von Behns Tierplastiken schmücken heute Parks und Tiergärten – auch im Münchner Tierpark Hellabrunn stehen ein bulliger Stier aus Stein und ein herrlicher ostafrikanischer Löwe aus Bronze. Dieser Löwe war 1930 von der Bayerischen Staatsgemäldesammlung erworben worden; erst 1968 wurde er in den Zoologischen Garten verfrachtet.

Behn war aber nicht nur ein berühmter Bildhauer, sondern auch ein versierter Zeichner und Illustrator sowie ein begeisterter Tierfotograf. 1931 und 1932 ging er noch einmal auf große Afrikareise, bereiste den Kontinent, von dem er 1907 und 1910 schon so angetan gewesen war, daß er unter dem Titel »Haizuru« seine Erfahrungen als »Bildhauer in Afrika« veröffentlicht hatte. 1915 war das Werk vollendet gewesen. Darin beschreibt er seine Erlebnisse im afrikanischen Busch. Er studierte die Tiere, vor allem die Raubkatzen, was ihn jedoch nicht davon abhielt, diese – wie es damals üblich war – auch zu schießen: »Ich hätte mich geschämt, ohne ein Löwenfell wieder in Europa zu erscheinen.« Das höchste Ansehen genoß der Löwenjäger und tatsächlich schoß Behn auch zwei oder drei Löwen. Doch ging Behn vor allem auf Fotosafari, was ihm von den schwarzen Trägern schließlich nicht den begehrten Ehrentitel für Löwenjäger »Bana simba« (Herr der Löwen) einbrachte, sondern »Bana picha« was wohl soviel wie »Herr Kodak« bedeutete.

Der Löwe der »Löwen«

Manchen Bayern – nicht nur Münchnern – kommen beim Begriff »Löwen« zuallererst die Fußballer des TSV 1860 München in den Sinn, und so sollen sie hier nicht fehlen, besonders da der Löwe der »Löwen« zu Beginn des 20. Jahrhunderts für einigen Wirbel gesorgt hat.
Begonnen hatte alles aber viel früher – zwar auch mit einigem Wirbel, aber noch ohne Löwenwappen. Am 15. Juli 1848 wurde in der Buttlerschen Brauerei »Zum Bayerischen Löwen« (auch »Kleiner Löwengarten« genannt; Bayerstraße 2, dort, wo heute der Mathäser-Filmpalast steht) der Münchner Turnverein gegründet. Erster Vorsitzender war der Wiener Hofschauspieler Adolf Schwarz; geturnt wurde auf einem Platz an der Müllerstraße. Doch da die Gründung mitten in die Revolutionszeit fiel und man hinter jeder Vereinigung, und gerade hinter den Turnvereinen, eine politische Verschwörung vermutete, wurde der Münchner Turnverein – wie zahllose andere Vereine in ganz Deutschland – kurzerhand verboten.
Die Mitglieder trafen sich dennoch heimlich weiter, ertüchtigten sich gemeinsam körperlich und politisierten vielleicht auch ein wenig. Zwölf Jahre später, am 16. Mai 1860, wurde der Verein dann offiziell neu gegründet. Und weil die Namen »Turnverein« oder »Turnerschaft« noch immer einen kleinen revolutionären Beigeschmack hatten, nannte man sich vorsichtig »Verein zur körperlichen Ausbildung«. Zwei Jahre später wurde er allerdings in »Münchner Turnverein« umgetauft; »Turnverein München von 1860« hieß er offiziell sogar erst im Jahre 1900.
Und noch eine andere, einschneidende Veränderung trat erst um die Jahrhundertwende ein: Am 6. März 1899 gründete man eine eigene Fußball-Abteilung. Ersten »Feindkontakt« nahm man am 27. Juli 1902 auf, verlor allerdings 2:4 auf der Schyrenwiese gegen den 1. Münchner Fußball-Club von

1896. Möglicherweise ist diesem Gegner auch zu einem gewissen Teil der Beiname »von 1860« zu verdanken, denn damit konnte man das »von 1896« der Konkurrenz weit in den Schatten stellen.
Das erste »Lokalderby« mit dem FC Bayern fand ebenfalls 1902 statt. Am 21. September verloren die »Sechziger« auf dem Platz an der Schwabinger Clemensstraße 0:3; ein Jahr später, am 1. November 1803, hieß es in Holzapfelkreuth dann allerdings 2:0 für den TSV.
Um eine deutsche Meisterschaft wurde damals noch nicht gespielt; 1908 trug der Deutsche Fußballbund sein erstes Länderspiel aus – ein »Sechziger« war damals nicht dabei. Erst neunzehn Jahre später wurde der erste »Löwen«-Spieler in den Kader der besten deutschen Auswahl aufgenommen. Eugen Kling spielte als linker Verteidiger am 2. Oktober 1927 in Kopenhagen. Deutschland verlor 1:3; es war das erste und letzte Spiel dieses »Löwen« im Nationaltrikot.
1911 pachteten die »Sechziger« ein Grundstück an der Grünwalder Straße, wo sie ab sofort ihre Spiele austrugen, das sie später kauften und wo sie schließlich ihr großes Fußballstadion errichteten. Und noch eine Entscheidung von weitreichender Bedeutung fiel in das Jahr 1911: Der Löwe wurde ins Vereinswappen aufgenommen – als Symbol für Mut und Ausdauer und vielleicht auch ein wenig als Ableger des bayerischen Wappentiers.
Zunächst hatte der Turn- und Sportverein nur die berühmten vier »f« als Zeichen gehabt, nach Turnvater Jahns Devise »frisch, fromm, fröhlich, frei«. 1911 starteten die ersten Leichtathleten der »Sechziger« dann aber mit dem schwarzen Löwen auf der Brust bei einem Sportfest, und bereits im Jahr darauf traten erstmals fünf »Löwen« bei den Olympischen Spielen in Stockholm an.
Doch schon bald gab es Ärger mit dem neuen Wappentier. Es drohte ein Rechtsstreit mit der Löwenbrauerei, die einen sehr ähnlichen Löwen im Wappen führte. Um Verwechslungen um jeden Preis zu vermeiden, einigte man sich 1914 schließlich darauf, das Problem am Schwanz zu packen:

Der goldene »Bier-Löwe« trägt seither die beiden gekreuzten Schwanzquasten hocherhoben, während der schwarze »Sechziger«-Löwe beide nach (heraldisch) links hinten abfallen läßt, obwohl er sie inzwischen längst ebenfalls stolz erhoben tragen könnte, denn der Verein hat inzwischen Karriere gemacht.

1931 standen die »Sechziger« erstmals in Köln im Endspiel um die Deutsche Meisterschaft und nur durch Fehlentscheide des Schiedsrichters verloren sie damals 2:3 gegen Hertha BSC Berlin. Zu Hause wurden sie wie Sieger gefeiert und sogar Hertha schickte ein paar Tage nach dem Finale ein Telegramm: »Wir gratulieren dem wahren Deutschen Meister!« 1942 wurden die »Löwen« im Berliner Olympiastadion deutscher Pokalsieger gegen Schalke 04; seit 1963 mischen sie in der 1. Bundesliga mit und 1965 traten die kurz vorher noch als »Giesinger Knabenchor« verspotteten »Sechziger« im altehrwürdigen Londoner Wembley-Stadion – das übrigens auch einen Löwen als Emblem vorzuweisen hat – gegen Westham United an. Als zweite deutsche Mannschaft überhaupt hatten die »Löwen« den Sprung in ein Europacup-Finale geschafft. Seither spielt der »TSV 1860 München« – mit kurzen Unterbrechungen in der Bayernliga – in der 1. Bundesliga und 2. Bundesliga.

Ob die Zuständigen in der Löwenbrauerei ihren »Löwen-Streit« von 1914 inzwischen bedauerten? Seit dem Wiedereinzug in die 1. Bundesliga 1994 (bis 2002) mußten sie nämlich als Sponsor viel Geld zahlen, damit die »Sechziger« neben ihrem eigenen schwarzen Löwen auch das goldene Brauerei-Wappentier mit den hocherhobenen Schwanzquasten auf dem Trikot trugen.

Und noch ein »Löwe« hat sich in der Zwischenzeit dazugesellt: Seit 1993 erscheint das Löwenmaskottchen bei allen Heimspielen. In einem flauschig-warmen Löwenkostüm steckt der »Löwen-Fan« Jakob Dondel aus Icking und treibt am Spielrand seine Späßchen.

Die geschenkten Löwen

Porzellanlöwen gibt es jede Menge. Allein die Porzellanmanufaktur in Nymphenburg hat derzeit über zehn verschiedene bayerische Wappentiere im Angebot; Hutschenreuther, das den Löwen auch als Bodenmarke führt, zwei Modelle in verschiedenen Größen.
Porzellanlöwen sind ein beliebtes Geschenk, nicht nur von Privatleuten, sondern vor allem von offiziellen Stellen und von jenen Firmen, die einen Löwen im Zeichen führen. Eines der jüngsten Beispiele aus einer langen Reihe von Firmensignets (und Geschenklöwen) ist der Löwe des »Bayerland«-Verlags. Der Verleger Klaus Kiermeier selbst hatte die Idee zu dem aufrecht auf einem Bücherstapel thronenden bayerischen Löwen mit einem aufgestellten Buch in den Vorderpranken, auf dem ein großes blaues »B« prangt. Die Ausgestaltung dieses Signets übernahm der einstige Bezirksheimatpfleger von Oberbayern, der Graphiker Paul Ernst Rattelmüller (1924–2004), dessen charakteristische Graphiken zahlreiche Bücher und Oktoberfestzug-Programme zieren und der sich auch als Autor einen Namen gemacht hat. Mit Beginn des neuen Jahrtausends fehlt der »Bayerland«-Verlagslöwe auf keinem Buch, keinem Werbematerial oder Verlagsbriefbogen. Seit 2002 gibt es diesen Löwen auch aus Porzellan, 8,5 Zentimeter hoch und von Robert Brugger in München modelliert. Dieser begehrte Porzellanlöwe wird zu besonderen Anlässen vergeben.
Am weitesten verbreitet ist jedoch das kleine, aufrecht stehende Wappentier mit dem Rautenschild in der Pranke, das nicht nur zu den beliebtesten Geschenkartikeln der Porzellanmanufaktur Nymphenburg zählt, sondern alljährlich auch vielfach von der bayerischen Staatsregierung als Gastgeschenk oder an Altersjubilare verteilt wird. Für die Altersjubilare gelten sogar genaue Regeln: Wird ein bayerischer Bürger fünfundneunzig Jahre alt, erhält er vom bayerischen

Der Porzellanlöwe der Verlagsanstalt »Bayerland«.

Ministerpräsidenten eine Münze, zum hundertsten Geburtstag wiederum eine Münze, dann allerdings in Gold. Zum hunderterstem Geburtstag gibt es eine Uhr, zum hundertzweitem besagten Nymphenburger Löwen, zum hundertdritten eine Wolldecke, und zu allen weiteren Geburtstagen darf das »Geburtstagskind« dann jeweils einen Wunsch äußern.

Der Geschenklöwe trägt die Artikelnummer 705 und wurde 1933 von Ernst Andreas Rauch (1901–1990) geschaffen, einem aus dem oberbayerischen Teisendorf stammenden Bildhauer, der vor allem in München als Schöpfer von Brunnenanlagen und großen Bronzefiguren bekannt geworden ist. So modellierte er etwa den Radspieler-Brunnen in der Hackenstraße oder den Karl-Valentin-Brunnen auf dem Viktualienmarkt, die Berolina in Schwabing und den Haubentaucher in der Borstei.

Die bayerische Staatsregierung verschenkt jedoch nicht nur Nymphenburger Löwen. Sehr beliebt sind auch die schrei-

Einer der bayerischen Porzellanlöwen aus Nymphenburg.

tenden Löwen der Marke Hutschenreuther, die in drei verschiedenen Größen zur Verfügung stehen, und an deren Sockeln Gravurbänder zum jeweiligen Anlaß angebracht werden können. Und dann gibt es als Geschenk des bayerischen Ministerpräsidenten auch noch den Wappenhalter des Münchner Bildhauers Birke in Keramik, der als Ehrenpreis an Vereine vergeben wird.

Doch nicht nur die heutige Staatsregierung, sondern das ganze Land und dessen Bevölkerung identifizieren sich mit dem Löwen – und das seit bald achthundert Jahren. Dabei haben sich über die Jahrhunderte die Regierungsgebilde und Machtstrukturen zum Teil dramatisch verändert – nicht aber das Wappentier. Es blieb immer der Löwe, der allerdings dem jeweiligen Zeitgeschmack in seiner ästhetischen Erscheinungsform angepaßt wurde. Und so werden wir ihm auch weiterhin landauf und landab begegnen, in jeder erdenklichen Form und Größe und bei jeder Gelegenheit, doch stets von bayerischer Stärke kündend.

Quellen und Literatur:

Einleitung

Bosl, Karl u. Diener, Martin: Der Löwe. Symbol eines Industrieunternehmens. München 1992.
Brehms Tierleben. Allgemeine Kunde des Tierreichs. 4. vollständig neu bearbeitete Auflage. Hrsg. von Otto zur Strassen, Säugetiere Bd. 3. Leipzig/Wien 1915, S. 55 bis 66.
Burger, Hannes: Der bayrische Löwe und seine liebe Verwandtschaft. Eine königliche Amüsier-Fibel mit wappentierischem Ernst (hrsg. von Christian Brandstätter). Wien/München/Zürich/New York 1981.
Dal Margo, Giovanna u. Zugni-Tauro, Anna Paola: Auf den Spuren des Löwen. Eine Kunst- und Kulturgeschichte. München 1992.
Flora Nr. 147, 25. Juli 1830 (zitiert nach Barbara Rietzsch: Ansichten von München. München 1986).
Keller, Otto: Die antike Tierwelt, Bd. 1. Hildesheim 1963, Löwe: S. 24–61.
Rupp, Erwin: Das Sinnbild des Löwen. Heidelberg 1966.

Der Löwe im Wappen

Burger, Hannes: Der bayrische Löwe und seine liebe Verwandtschaft. Eine königliche Amüsier-Fibel mit wappentierischem Ernst (hrsg. von Christian Brandstätter). Wien/München/Zürich/New York 1981.
Erichsen, Johannes: Vier Wappenscheiben aus der Schloßkapelle Blutenburg. In: Die Zeit der frühen Herzöge. Von Otto I. zu Ludwig dem Bayern (= Wittelsbach und Bayern Bd. I/2). München/Zürich 1980, S. 241f.
Ertl, Anton Wilhelm: Chur-Bayerischer Atlas: Nürnberg 1687 (Faksimile Donauwörth 1995; mit einem Nachwort von Hans-Robert Adelmann).
Immler, Gerhard: Familienwappen und Staatssymbol. Originalzeichnung des bayerischen Wappens von 1835 wieder entdeckt. In: aviso 2003, S. 10f.
Junkelmann, Marcus: Der Pfalzgraf bei Rhein und Herzog von Bayern. In: Die Zeit der frühen Herzöge. Von Otto I. zu Ludwig dem Bayern (= Wittelsbach und Bayern Bd. I/2). München/Zürich 1980, S. 3.
Leonhard, Walter: Das große Buch der Wappenkunst. München 1976, S. 205–230.
Rattelmüller, Paul Ernst: Das Wappen von Bayern. München 1969.
Rupp, Erwin: Das Sinnbild des Löwen. Heidelberg 1966.
Storp, Bruno: Mein Großvater Carl von Marr und mein Unternehmen drom. München 1979, S. 19 u. 38.
Volborth, Carl Alexander von: Heraldik. Eine Einführung in die Welt der Wappen. Stuttgart/Zürich 1989, S. 35–37.
Volkert, Wilhelm: Die Bilder in den Wappen der Wittelsbacher. In: Die Zeit der frühen Herzöge. Von Otto I. zu Ludwig dem Bayern (= Wittelsbach und Bayern Bd. I/1). München/Zürich 1980, S. 13–28.
Volkert, Wilhelm: Die Entstehung des bayerischen Staatswappens (1945 bis 1950). In: Auxilia Historica. Festschrift für Peter Acht zum 90. Geburtstag. Hrsg. von Walter Koch, Alois Schmid und Wilhelm Volkert (= Schriftenreihe zur Bayerischen Landesgeschichte Bd. 132). München 2001, S. 449–460.

Heinrich der Löwe und der Laster

Bosl, Karl, u. Diener, Martin: Der Löwe. Symbol eines Industrieunternehmens. München 1992.
Heinrich der Löwe und seine Zeit. Herrschaft und Repräsentation der Welfen 1125–1235. Katalog zur Ausstellung in Braunschweig. 3 Bände. München 1995.
Hubel, Achim: Wappenstein von der Grablege der Welfen in Steingaden. In: Die Zeit der frühen Herzöge. Von Otto I. zu Ludwig dem Bayern (= Wittelsbach und Bayern Bd. I/2). München/Zürich 1980, S. 7.
Praun, Georg Septimus Andreas von: Vollständiges Braunschweigisches-Lüneburgisches Siegel-Cabinett, Bd. 1. Braunschweig 1779.
Rall, Hans: Zeittafeln zur Geschichte Bayerns. München 1974, S. 18–20.
Rattelmüller, Paul Ernst: Das Wappen von Bayern. München 1969, S. 12.
Schneidmüller, Bernd: Die Welfen. Herrschaft und Erinnerung. Stuttgart 2000.

Löwen zu Füßen der Verstorbenen

Bauer, Hermann u. Anna: Klöster in Bayern. 2. Auflage. München 1993, S. 206 u. 214.
Chevalley, Denis A.: Der Dom zu Augsburg (= Die Kunstdenkmäler von Bayern, Neue Folge Bd. 1). München 1995, S. 290–293.
Kirmeier, Josef; Schneidmüller, Bernd; Weinfurtner, Stefan u. Brockhoff, Evamaria (Hrsg.), Kaiser Heinrich II. 1002–1024. Augsburg 2002.
Kraus, Andreas u. Pfeiffer, Wolfgang: Regensburg. Geschichte in Bilddokumenten. München 1979, S. 26; Abb. Nr. 27.
Schneider, Erich: Klöster und Stifte in Mainfranken. Würzburg 1993, S. 153.

Hüter des Hauses

Blendinger, Adolf: Würzburger Tiergarten. »Tierische« Ansichten in Würzburg. Würzburg 1986, S. 7f.
Messerer, Wilhelm: Romanische Skulpturen in und um Salzburg. In: Mitteilungen der Gesellschaft für Salzburger Landeskunde 120/121 (1980/81), S. 305–370; hier besonders S. 305–322.

Die Löwenkopf-Türzieher und ein Würzburger Kriminalfall

Auskunft von Jürgen Emmert, Würzburger Domschatz.
Chevalley, Denis A.: Der Dom zu Augsburg (= Die Kunstdenkmäler von Bayern, Neue Folge Bd. 1). München 1995, S. 105, 136 u. 140.
Lenssen, Jürgen (Hrsg.): Domschatz Würzburg. Bearb. von Jürgen Emmert und Wolfgang Schneider. Regensburg 2002, S. 36–39.
Mende, Ursula: Türzieher des Mittelalters. Berlin 1981.
Mende, Ursula: Die romanischen Türzieher in Regensburg. In: Helmut-Eberhard Paulus, Hermann Riedel u. a. (Hgg.): Regensburger Herbstsymposion zur Kunst-

geschichte und Denkmalpflege 2. Regensburg 1996, S. 67–75.
Przybilla, Olaf: Würzburger Türknauf-Krimi. In: Süddeutsche Zeitung vom 9. Oktober 2003.
Valeriano, Piero: Hieroglyphica. Basel 1556 (zitiert nach Dal Magro, Giovanna u. Zugni-Tauro, Anna Paola: Auf den Spuren des Löwen. Eine Kunst- und Kulturgeschichte. München 1992, S. 25).

Die Wächter der Quellen

Auskünfte von Johannes Hartmann, Stadtarchiv Sulzbach-Rosenberg, und Andreas Sauer, Stadtarchiv Pfaffenhofen an der Ilm.
Heinl, Rudolf: Wasserversorgung in Sulzbach und Rosenberg. In: Johannes Hartmann und Elisabeth Vogl (Red.): Eisenerz und Morgenglanz. Geschichte der Stadt Sulzbach-Rosenberg. Amberg 1999, Bd. I, S. 229 bis 234.
Kolbinger, Willihard: Geschichte von Pfaffenhofen a. d. Ilm 1945–2000. Pfaffenhofen 2003.
Streidl, Heinrich: Stadt Pfaffenhofen a. d. Ilm. Ein Heimatbuch. Pfaffenhofen 1979, S. 354.
Vogl, Elisabeth: Das Sulzbacher Schloß. In: Johannes Hartmann und Elisabeth Vogl (Red.): Eisenerz und Morgenglanz. Geschichte der Stadt Sulzbach-Rosenberg. Amberg 1999, Bd. II, S. 755–776, hier speziellS. 768.
Vogl, Elisabeth: Der Wappenlöwe vom Stadtbrunnen am Luitpoldplatz in Sulzbach-Rosenberg. Faltblatt 1994.

»Viel junge Löwlein« – die Löwen am Alten Hof

Bayerisches Hauptstaatsarchiv Gesandtschaft Dresden 170.
Bayerisches Hauptstaatsarchiv HR I 186/20.
Bayerisches Hauptstaatsarchiv Kurbaiern Urk. 16413, 16431, 16434, 16520, 17333.
Adalbert Prinz von Bayern: Als die Residenz noch Residenz war. München 1967, S. 43.
Dausch, Maria Hermine: Zur Organisation des Münchner Hofstaats in der Zeit von Herzog Albrecht V. bis zu Kurfürst Maximilian. Phil. Diss. (masch.), München 1944.
Dotterweich, Helmut: Der junge Maximilian. Biographie eines bayerischen Prinzen. München 1980, S. 44 u. 147f.
Häuserbuch der Stadt München. Hrsg. vom Stadtarchiv München. Bd. I, Graggenauer Viertel. München 1958, S. 23f.
Häutle, Christian (Hrsg.): Die Reisen des Augsburgers Philipp Hainhofer nach Eichstätt, München ... (= Zeitschrift des Historischen Vereins für Schwaben-Neuburg Bd. 8). Augsburg 1881, S. 81.
Kamp, Michael: Menagerien und Zoologische Gärten in München im 19. Jahrhundert. In: Nilpferde an der Isar. Eine Geschichte des Tierparks Hellabrunn in München. Hrsg. von Michael Kamp und Helmut Zedelmaier. München 2000, S. 9–34, hier speziell S. 10–12.
Müller, Rainer A.: Friedrich von Dohnas Reise durch Bayern in den Jahren 1592/93. In: Oberbayerisches Archiv 100 (1976), S. 301–313, hier speziell S. 307.
Oelwein, Cornelia: Das Cuvilliéshaus. München 2003, S. 102.

Oelwein, Cornelia: Der Orlandoblock am Münchner Platzl. München 2000, S. 32.
Rupp, Erwin: Das Sinnbild des Löwen. Heidelberg 1966, S. 8.
Solleder, Fridolin: München im Mittelalter. München/Berlin 1938, S. 72–75 u. 326.
Spengler, Karl: Hinter Münchner Haustüren. München 1964, S. 18–22.
Stahleder, Helmuth: Chronik der Stadt München. Herzogs- und Bürgerstadt. Die Jahre 1157–1505. München 1995, S. 447 u. 558.
Stahleder, Helmuth: Haus- und Straßennamen der Münchner Altstadt. München 1992, S. 394 u. 413.
Trost, Brigitte: Domenico Quaglio. München 1973, R. 43.
Westenrieder, Lorenz von: Beschreibung der Haupt- und Residenzstadt München (im gegenwärtigen Zustande). München 1782, S. 62.
Zucchi, Matthias: Wilde Tiere als exotischer Luxus. In: Damals 2001 (Heft 7), S. 60–64.

Daniel, die Löwengrube und der Löwenbräu

Bauer, Richard: Fliegeralarm. Luftangriffe auf München 1940–1945. München 1997, S. 122.
Bauer, Richard u. Fenzl, Fritz: 175 Jahre Oktoberfest. 1810–1985. München 1985, S. 99ff.
Behringer, Wolfgang: Löwenbräu. Von den Anfängen des Münchner Brauwesens bis zur Gegenwart. München 1991.
Chevalley, Denis A.: Der Dom zu Augsburg (= Die Kunstdenkmäler von Bayern, Neue Folge Bd. 1). München 1995, S. 264.
Habel, Heinrich; Himen, Helga u. a.: Landeshauptstadt München (= Denkmäler in Bayern Bd. I.1). München 1985, S. 255.
Roettgen, Steffi (Hrsg.): Skulptur und Plastik auf Münchens Straßen und Plätzen. Kunst im öffentlichen Raum 1945–1999. München 2000, S. 327.
Spengler, Karl: Münchner Straßenbummel. München 1960, S. 19ff.
Stahleder, Helmuth: Haus- und Straßennamen der Münchner Altstadt. München 1992, S. 214 u. 473–475.
Weiß Ferdl: Gemütliches München. Hrsg. von Bertl Weiß. München 1961, S. 15.

Der Aufstand der Löwler

Heigl, Max: Der Löwlerbund von 1489. Eine Adelsfronde gegen Fürstenwillkür. In: Damals 1991 (Heft 2), S. 151–171.
Hofer, Sabine (Hrsg.): Landkreis Cham. Das große Heimatbuch der östlichen Oberpfalz. 2. Auflage. Regensburg 1998, S. 34.
Piendl, Max: Die Ritterbünde der Böckler und Löwler im Bayerischen Wald. In: Unbekanntes Bayern Bd. 5. München 1960, S. 72–80.

Meister Albrecht und seine Löwen

Aikema, Bernard u. Brown, Beverly Louise (Hrsg.): Renaissance Venice and the North. Crosscurrents in the Time of Bellini, Dürer and Titian. Venedig 1999, S. 212f., 258f., 270f. u. ö.
Heidrich, Ernst (Hrsg.): Albrecht Dürers schriftlicher Nachlaß. Berlin 1920, S. 90.
Hütt, Wolfgang (Hrsg.): Albrecht Dürer. 1471 bis 1528. Das gesamte graphische Werk. 2 Bände. München 1970.

Die glückbringenden Löwennasen vor der Münchner Residenz

Diemer, Dorothea: Quellen und Untersuchungen zum Stiftergrab Herzog Wilhelms V. von Bayern und der Renata von Lothringen in der Münchner Michaelskirche. In: Quellen und Studien zur Kunstpolitik der Wittelsbacher vom 16. bis zum 18. Jahrhundert. Hrsg. von Hubert Glaser. München/Zürich 1980, S. 7–82.
Kloos, Rudolf M.: Die Inschriften der Stadt und des Landkreises München (= Die Deutschen Inschriften Bd. 5). Stuttgart 1958, Nr. 218.
Münchner Neueste Nachrichten Nr. 596 vom 22. Dezember 1905, S. 4.
Schinzel-Penth, Gisela: Sagen und Legenden von München. 3. Auflage. München 2000, S. 187–188.
Strauß, Eva: Hexenverfolgung in München. Hrsg. von Stattreisen München. München 1999, S. 21.

Der Amberger Löwenstreit

eik.: Zum Preis von 400 Maß Bier gekauft. In: Amberger Zeitung vom 4. März 1995.
Heinl, Rudolf: Das Brauwesen in Sulzbach-Rosenberg (= Sulzbach-Rosenberger Heimatkundliche Arbeiten Bd. 1). Sulzbach-Rosenberg 1979, S. 276–280.
Sa: Die »bösen Amberger« sind rehabilitiert. In: Amberger Volksblatt vom 22. April 1992.

Die Löwen an der Donau bei Bad Abbach

Angrüner, Fritz: Abbacher Heimatbuch. Bad Abbach 1973, S. 174–178.
Liedke, Volker: Die Sprengung der Teufels- und Löwenfelsen bei Abbach zu Ende des 18. Jahrhunderts. In: Ars Bavarica 79/80 (1997), S. 73–95.
List, Claudia: Adrian von Riedl und die Sprengung des Teufelsfelsen zwischen Postsaal und Abbach, 1791. In: Die Donau zwischen Lech und Altmühl. Geschichte und Gegenwart einer Kulturlandschaft. Ingolstadt 1987, S. 192f.
Paula, Georg; Liedke, Volker u. Rind, Michael M.: Landkreis Kelheim (= Denkmäler in Bayern II/30). München/Zürich 1992, S. 86–88.
Sturm, Werner: Teufelsfelsen und Löwendenkmal bei Bad Abbach (= Unsere Heimat. Vergangenheit und Gegenwart Heft 9), 1984.

... und der kleine Kollege donauabwärts bei Passau

Boshof, Egon u. a. (Hrsg.): Geschichte der Stadt Passau. Regensburg 1999, S. 228 u. 255.

»Der Löwe und der Baribal« – Wandermenagerien in München

Bauer, Richard u. Fenzl, Fritz: 175 Jahre Oktoberfest. 1810–1985. München 1985, S. 62.

Bühler, Hans-Peter u. Krückl, Albrecht: Heinrich Bürkel. München 1989, Nr. 399 bis 411.
Dressbach, Anne: »Die Gefangenen unserer zoologischen Gärten« – Der Tierpark im Spiegel der Kritik. In: Nilpferde an der Isar. Die Geschichte des Tierparks Hellabrunn in München. Hrsg. von Michael Kamp und Helmut Zedelmaier. München 2000, S. 246–276.
Dressbach, Anne: »Neu! Größte Sehenswürdigkeit! Neu! Zum ersten Male in München!«. Exotisches auf dem Münchner Oktoberfest zwischen 1890 und 1911. In: »Gleich hinterm Hofbräuhaus waschechte Amazonen«. Exotik in München um 1900. Hrsg. von Anne Dressbach und Helmut Zedelmaier. München 2003, S. 9 bis 34.
Ein interessantes Löwenpaar in München. In: Geschichten aus dem Thierleben, gesammelt und verfaßt von einem Thierfreunde. Hrsg. vom Münchener Thierschutz-Verein. München 1860, S. 97–103.
Howitt, Anna Mary: Herrliche Kunststadt München. Briefe einer englischen Kunststudentin 1850-1852. Hrsg. von Cornelia Oelwein. Dachau 2002, S. 112ff. u. S. 237.
Kamp, Michael: Menagerien und Zoologische Gärten in München im 19. Jahrhundert. In: Nilpferde an der Isar. Eine Geschichte des Tierparks Hellabrunn in München. Hrsg. von Michael Kamp und Helmut Zedelmaier. München 2000, S. 9–34, hier speziell S. 10–12.

»Simson«, der Bildhauer Johann Halbig und die Denkmäler

Blendinger, Adolf: Würzburger Tiergarten. »Tierische« Ansichten in Würzburg. Würzburg 1986, S. 29–31.
Boisseré, Sulpiz: Tagebücher. Hrsg. von Hans-J. Weitz, Bd. 4. Darmstadt 1985, S. 165 (30. 4. 1854).
Dobras, Werner: Lindau im 19. Jahrhundert. Bergatreute 1983, S. 133f.
Ein interessantes Löwenpaar in München. In: Geschichten aus dem Thierleben, gesammelt und verfaßt von einem Thierfreunde. Hrsg. vom Münchener Thierschutz-Verein. München 1860, S. 97–103.
Friederich, Christoph; Freiherr von Haller, Berthold u. Jakob, Andreas (Hrsg.): Erlanger Stadtlexikon. Nürnberg 2002, S. 191.
Miller, Fritz von: Ferdinand von Miller sen. der Erzgießer. Sein Lebensbild, dessen Enkeln und Enkelkindern erzählt. 2. Auflage. München 1979, S. 118.
Münchener Tagblatt vom 24. November 1851.
Nerdinger, Winfried (Hrsg.): Leo von Klenze. Architekt zwischen Kunst und Hof 1784–1864. München 2000, S. 470.
Nerdinger, Winfried (Hrsg.): Romantik und Restauration. Architektur in Bayern zur Zeit Ludwigs I. 1825–1848. München 1987, S. 154ff.
Nerdinger, Winfried (Hrsg.): Zwischen Glaspalast und Maximilianeum. Architektur in Bayern zur Zeit Maximilians II. 1848–1864. München 1997, S. 168f.
Nöhbauer, Hans F.: Auf den Spuren König Ludwigs II. München 1986, S. 183.
Poulsen, Bjørn u. Schulte-Wülwer, Ulrich (Hrsg.): Der Idstedt-Löwe. Ein nationales Denkmal und sein Schicksal. Schleswig 1993.
Süddeutsche Zeitung vom 16. Mai 2003 und 30. Dezember 2003.
Thieme, Ulrich u. Becker, Felix (Hrsg.): Allgemeines Lexikon der Bildenden Künstler, Bd. 15. o. O./J., S. 496ff.

Der Löwe »Swapo«

Göttler, Norbert: ... und er brüllt heute noch! Der Löwe »Swapo« und die Katholische Akademie in Bayern. München 2000.
Illustrierte Zeitung, Leipzig, 14. Dezember 1850, S. 382 (Münchner Bauten).

»The Colossal Bavarian Lion«

Augsburger Abendzeitung vom 20. Mai 1851.
Henker, Michael; Brockhoff, Evamaria; Hamm Margot u. a. (Hrsg.): Ein Herzogtum und viele Kronen. Coburg in Bayern und Europa. Augsburg 1997, S. 383f.
Keller, Peter: Der Löwe des Münchener Siegestores in Köln. In: Kölner Domblatt 63. Folge. Köln 1998, S. 259–265.
Miller, Fritz von: Ferdinand von Miller sen. der Erzgießer. Sein Lebensbild, dessen Enkeln und Enkelkindern erzählt. 2. Auflage. München 1979.
Das Münchner Siegestor – echt antik? Ausstellungskatalog München 2000.
Münchener Tagblatt vom 21. Januar 1851 und vom 22. März 1853.
Oelwein, Cornelia: »The Colossal Bavarian Lion«. In: Bayernspiegel Heft 6 (2001), S. 13–15.
Pölnitz, Winfried Frhr. von: Ludwig I. von Bayern und Johann Martin Wagner. Ein Beitrag zur Geschichte der Kunstbestrebungen König Ludwigs I. (= Schriftenreihe zur Bayerischen Geschichte Bd. 2). München 1929, S. 191–203.
Reports by the Jury on the Subjects in the thirty classes into which the Exhibition was divided. Exhibition of the Works of Industry of All Nations. London 1851, S. 502.
Weidner, Thomas: Das Siegestor und seine Fragmente. München 1996.

Ludwig von Schwanthaler und der bayerische Paradelöwe

Familienarchiv von Miller, Bad Wiessee, Hausbuch; Aufzeichnungen Gutapfels.
Stadtarchiv Traunstein, Denkmalakt »Löwentor«.
Buttlar, Adrian von u. a.: Der Münchner Hofgarten. Beiträge zur Spurensicherung. München 1988, S. 98.
Fischer, Manfred F.: Ruhmeshalle und Bavaria. München 1972.
Henker, Michael; Brockhoff, Evamaria; Goller, Werner u. a. (Hrsg.): Bavaria – Germania – Europa. Geschichte auf Bayerisch. Augsburg 2000, S. 397–400.
Kasenbacher, Anton: Traunstein – Chronik einer Stadt in Wort und Bild. Grabenstätt 1986, S. 175.
Miller, Fritz von: Ferdinand von Miller sen. der Erzgießer. Sein Lebensbild, dessen Enkeln und Enkelkindern erzählt. 2. Auflage. München 1979, S. 114.
Otten, Frank: Die Bavaria, in: Denkmäler im 19. Jahrhundert. Hrsg. von Hans-Ernst Mittig und Volker Plagemann (= Studien zur Kunst des 19. Jahrhunderts Bd. 20). München 1972, S. 107–112.
Otten, Frank: Ludwig Michael Schwanthaler. 1802–1848 (= Studien zur Kunst des 19. Jahrhunderts Bd. 12). München 1970.
Rattelmüller, Paul Ernst: Die Bavaria. Geschichte eines Symbols. München 1977.
Volk, Peter: Schwanthalers Bavaria. In: Pantheon LVII. München 1999, S. 193–198.

Exkurs: Der bayerische Löwe in Griechenland

Bayerisches Hauptstaatsarchiv Gesandtschaft Athen 342, 808.
Bayerisches Hauptstaatsarchiv MA 84510.
Geheimes Hausarchiv Nachlaß Ludwig I. 85/3 VI.
Private Aufzeichnungen zu Christian Heinrich Siegel u. a. im Gurlitt-Archiv (Elizabeth Baars).
Allmers, Hermann: Briefe aus dem Süden (hrsg. von William Söder). In: Die Wittkeit zu Bremen, Heft 6. Bremen 1943, S. 66f.
Baumstark, Reinhold (Hrsg.): Das neue Hellas. Griechen und Bayern zur Zeit Ludwigs I. München 1999, S. 397.
Czibulka, Alfons von: Zum Bayernlöwen in Nauplia. In: Die Heimat 4. Jg., Nr. 9 (4. 3. 1931), S. 33f.
Ehl, Heinrich: Christian Heinrich Siegel. Vom Kammacher zum Millionär. In: Wandsbek informativ Nr. 6 1989.
Elbogen, Paul: Siegel aus Hamburg. Der König der Spartaner. In: Hamburger Fremdenblatt vom 31. 1. 1932.
Gurlitt, Ludwig: Louis Gurlitt. Ein Künstlerleben des 19. Jahrhunderts. Berlin 1912, S. 87.
Hahn, G.: Der Löwe von Nauplia. Ein Denkmal bayerischer Treue in Griechenland. In: Die Heimat, 2. Jg., Nr. 34 (25. 9. 1929), S. 134.
Hartmann, Jørgen Birkedal: Antike Motive bei Thorvaldsen. Studien zur Antikenrezeption des Klassizismus. Tübingen 1979, S. 99–104.
Himmelheber, Georg (Hrsg.): Athen – München (= Bildführer des Bayerischen Nationalmuseums Bd. 8). München 1980
Lehmann, Rudolf: Erinnerungen eines Künstlers. Berlin 1896, S. 261f.
Murken, Jan: König-Otto-von-Griechenland-Museum der Gemeinde Ottobrunn. München 1995.
Oelwein, Cornelia: »Vom theuren Vaterlande Abschied nehmen ...« Denkmäler König Ottos von Griechenland. In: Charivari 7/8, 1996, S. 8–13.
Rauch, Andreas von: Der Hamburger Hauptfriedhof Ohlsdorf, Bd. 2. Hamburg 1990, Nr. 687.
Rump, Ernst: Lexikon der bildenden Künstler Hamburgs, Altonas und der näheren Umgebung. Hamburg 1912, S. 128.
Schorns Kunstblatt 72/1841; 9/1842; 35/1844.
Seiderer, Michaela: Kölner Kriegerdenkmäler in der Weimarer Republik: Kontinuität des Kriegs im Frieden. Magisterarbeit (masch.), Universität Köln 2000, S. 10.
Seidl, Wolf: Bayern in Griechenland. München 1981.
Spindler, Max: Die Signate König Ludwigs I., hrsg. von Andreas Kraus, Bd. 4. München 1992, 1839/59; 1841/357, 383, 736.
Wyss, Beat: Löwendenkmal in Luzern (= Schweizerische Kunstführer) o. J.
Zerboni di Sposetti, Ritter von: Ein Hamburger als König der Mainotten. In: Gartenlaube 1869, S. 506–508.

Gegossene Löwen

Bayerisches Hauptstaatsarchiv Kriegsarchiv MKr 4993
Familienarchiv von Miller, Bad Wiessee, Erinnerungen an König Ludwig I.

Alckens, August: Die Denkmäler und Denksteine der Stadt München. München 1936, S. 170–179.
Blendinger, Adolf: Würzburger Tiergarten. »Tierische« Ansichten in Würzburg. Würzburg 1986, S. 21f.
Hölz, Christoph (Hrsg.): Erz-Zeit. Ferdinand von Miller – Zum 150. Geburtstag der Bavaria. München 1999.
Miller, Fritz von: Ferdinand von Miller sen. der Erzgießer. Sein Lebensbild, dessen Enkeln und Enkelkindern erzählt. 2. Auflage. München 1979; speziell S. 169f.
Moser, Peter: Würzburg – Geschichte einer Stadt. Bamberg 1999, S. 255ff.
Schmitt, Anke: Kunstwachs im Krieg gegen sauren Regen. Befreit vom Dreck der hundert Jahre – ein aufwändiges Verfahren rettet die Bronzefiguren am Nationalmuseum. In: Süddeutsche Zeitung vom 27. September 2002, S. 39.
Stollreither, Eugen (Hrsg.): Ferdinand von Miller erzählt. München 1932; speziell S. 237f.
Süddeutsche Zeitung vom 10./11. August 2002.
Volk, Peter: Der plastische Schmuck der Hauptfassade des Bayerischen Nationalmuseums. In: Ingolf Bauer (Hrsg.): Das bayerische Nationalmuseum. Der Neubau in der Prinzregentenstraße. 1892–1900. München 2000, S. 129–142; hier speziell S. 138–142.

Der brüllende »Bubi« vor der Feldherrnhalle

Braun-Jäppelt, Barbara: Prinzregent Luitpold von Bayern in seinen Denkmälern. Bamberg 1997, S. 170.
Götz, Norbert; Schack-Simitzis, Clementine u. a. (Hrsg.): Die Prinzregentenzeit. München 1988, S. 16f.
Kröncke, Gerd: Der Amerikaner und die Hutmacherin. In: Süddeutsche Zeitung vom 2./3. August 2003.
Kunz-Ott, Hannelore u. Kluge, Andrea: 150 Jahre Feldherrnhalle. Lebensraum einer Großstadt. München 1994, S. 47 u. ö.
Münchner Neueste Nachrichten vom 13. und 14. März 1901 sowie 22. Dezember 1905.
Rümann, Angelika: Der Prinzregent und der Löwe Bubi. In: Süddeutsche Zeitung vom 19. April 1989.
Stollreither, Eugen: Ferdinand von Miller erzählt. München 1932, S. 237f.
»y«: Kunstpflege der Stadt München. In: Münchner Neueste Nachrichten vom 16. März 1902.

Kein Löwe im Thronsaal

Stollreither, Eugen: Ferdinand von Miller erzählt. München 1932, S. 82f.
Thieme, Ulrich u. Becker, Felix (Hrsg.): Allgemeines Lexikon der Bildenden Künstler, Bd. 10. o. O./J., S. 374.
Saur: Allgemeines Künstlerlexikon, Bd. 32. München/Leipzig 2002.

»Eine wundervolle Anlage« – Löwen im Tierpark Hellabrunn

Duvigneau, Volker u. Götz, Norbert (Hrsg.): Ludwig Hohlwein (1874 bis 1919). Kunstgewerbe und Reklamekunst. München 1996, S. 108f.
Heimpel, Hermann: Die halbe Violine. Eine Jugend in der Haupt- und Residenzstadt München. Wiesbaden 1958, S. 125.
Kamp, Michael u. Zedelmaier, Helmut (Hrsg.): Nilpferde an der Isar. Eine Geschichte des Tierparks Hellabrunn in München. München 2000.
Roth, Hermann: Die Errichtung eines Zoologischen Gartens in München. Eine Denkschrift zur Aufklärung. München 1907.
Roth, Hermann: Offizieller Führer durch den Zoologischen Garten in München (Tierpark Hellabrunn). München 1911.

»Für König und Vaterland« – Löwen auf Kriegerdenkmälern

Bayerisches Hauptstaatsarchiv, Abteilung V, Kriegsarchiv MKr 4983.
Blendinger, Adolf: Würzburger Tiergarten. »Tierische« Ansichten in Würzburg. Würzburg 1986, S. 50f.
Gollwitzer, Hans: Der Mühldorfer Franzosenfriedhof. In: Das Mühlrad XVI (1974), S. 104–108.
Hacker, Peter: Freising. Was die Stadt im 20. Jahrhundert bewegte. Passau 2002, S. 14.
kog (Geisenfeld): Bereits heuer Umbaubeginn am Stadtplatz? Areal um den »Löwen« macht den Anfang. In: Pfaffenhofener Kurier 3./4. Januar 2004, S. 27.
kog (Geisenfeld): »Löwe« kommt auf den alten Friedhof. In: Pfaffenhofener Kurier vom 31. Juli/1. August 2004.
Lurz, Meinhold: Kriegerdenkmäler in Deutschland, Bd. 1. Heidelberg 1985/86, S. 79f., 187–189; Bd. 4, S. 244–246; Bd. 5, S. 223f.
Mühldorf am Inn. Salzburg in Bayern, Ausstellungskatalog. Mühldorf am Inn 2002, S. 182f.
Pflügl, Joseph: Vohburg mit seinen Ortsteilen im 20. Jahrhundert. Horb am Neckar 1998, S. 141.
Rauch, Alexander: Stadt Eichstätt (= Denkmäler in Bayern Bd. I.9/1). München/Zürich 1989, S. 50f.
Weigand, Katharina: Kriegerdenkmäler im Wandel. In: Denkmäler in Bayern. Hrsg. von Hans-Michael Körner und Katharina Weigand (= Hefte zur Bayerischen Geschichte und Kultur Bd. 19). Augsburg 1997, S. 25–28.
Weinmayer, Helmut: Geisenfeld. Ein Streifzug durch die Vergangenheit. Pfaffenhofen 1992, S. 89–91.

»Lieber bairisch sterben ...« – der Löwe von Waakirchen

Text im Grundstein des Denkmals (1905). Abschrift von Frau Lindinger, Waakirchen.
Hampe, Hanne-Lore; Herl, Olga u. a. (Hrsg.): Holzkirchen. Markt zwischen München und dem Gebirg. 2. Auflage. Holzkirchen 1999.
Münchner Neueste Nachrichten vom 18. bis 22. August 1905.
Rauch, Fred (Hrsg.): Pfarrer Sebastian Kampfl. Der Löwe von Waakirchen. Rosenheim 1981, S. 98.
Weber, Leo u. Maier, Gerhard: Bayerns Gebirgsschützen (= Hefte zur Bayerischen Geschichte und Kultur Bd. 23). Augsburg 1999, S. 9, 23f.

Der Löwe auf dem Starnberger See

Gedon, Brigitte: Lorenz Gedon. Die Kunst des Schönen. München 1994, S. 133–136.
Gaessler, Will von u. Lemberg, Alfred: Bucentaur mit Dampfmaschine: der Schaufelraddampfer Bavaria. In: Vom Einbaum zum Dampfschiff Heft 3 (1983), S. 11–25.
Howitt, Anna Mary: Herrliche Kunststadt München. Briefe einer englischen Kunststudentin 1850–1852. Hrsg. von Cornelia Oelwein. Dachau. 2002, S. 154 bis 162, 242–244.
Land- und Seebote, Starnberg, 14. April 1878.
Schober, Gerhard: Landkreis Starnberg (= Denkmäler in Bayern Bd. I.21). 2. Auflage. München/Zürich 1991, S. XIII.

Der Anschlag auf den Königssee

Bayerisches Hauptstaatsarchiv MK 40501 (Bund Naturschutz in Bayern).
Behn, Fritz: Haizuru. Ein Bildhauer in Afrika. München 1924.
Jahresbericht des Bayerischen Landesausschuß für Naturpflege, XI. mit XVIII. Jahresbericht, 1916/1923, S. 6f.
F., V.: Fritz Behn. In: Saur Allgemeines Künstlerlexikon Bd. 8. München/Leipzig 1994, S. 303f.
Gleixner, Sebastian: Weltkrieg und Ende auf Widerruf. In: Nilpferd an der Isar. Eine Geschichte des Tierparks Hellabrunn in München. Hrsg. von Michael Kamp u. Helmut Zedelmaier. München 2000, S. 88–111, speziell S. 106f.
Münchner Neueste Nachrichten vom 30. September 1916 und vom 5. Oktober 1916.
Pfnür, Klaus: Der Königssee im Nationalpark Berchtesgaden. Berchtesgaden 2002, S. 63.
Rauch, Alexander: Fritz Behn. In: Münchner Künstler des 19. und 20. Jahrhunderts, Bd. 1. München 1993, S. 65f.
Röttgen, Steffi (Hrsg.): Skulptur und Plastik auf Münchens Straßen und Plätzen. Kunst im öffentlichen Raum 1945–1999. München 2000, S. 246f.
Stephan, Michael: Die Nationalparks in Bayern. Vortrag auf der Tagung »Umweltgeschichte und Landesgeschichte in Bayern«. Eichstätt 2001 (im Druck).
Vollmer, Hans (Hrsg.): Allgemeines Lexikon der bildenden Künstler des 20. Jahrhunderts, Bd. 1. o. O./J. S. 156.
Voß, Richard: Aus einem phantastischen Leben. Stuttgart 1928, S. 418–422.
Wolf, Georg Jacob: Fritz Behn (= Kunst der Zeit Bd. 4). München 1928.
Zierl, Hubert: Geschichte des Berchtesgadener Schutzgebietes. In: Geschichte von Berchtesgaden: Stift – Markt – Land. Hrsg. von Walter Brugger, Bd. 3/Teil 1. Berchtesgaden 1999, S. 616f.

Der Löwe der »Löwen«

Mayer, Claudius: TSV München von 1860 e.V. Fußballgeschichte eines Traditionsvereins. München 1997.

Die geschenkten Löwen

Auskunft Bayerische Staatskanzlei, Verlagsanstalt »Bayerland«, Porzellanmanufaktur Nymphenburg und Porzellanmanufaktur Hutschenreuther.

Personen- und Ortsregister

Folgende Abkürzungen gelten: Bf. = Bischof; Erzbg(in). = Erzherzog(in); Frhr. = Freiherr; Gem. = Gemahlin; Gf.(n) = Graf(en); Gfin. = Gräfin; Hg. = Herzog; Hs. = Haus; K. = Kaiser; Kf. = Kurfürst; Kg(in). = König(in); Mgf. = Markgraf; Nb. = Niederbayern; Ob. = Oberbayern; Pfgf. = Pfalzgraf.

Personenregister

Abel, Karl August v. 156
Abensberg, Johann v. 45
Aigner, Richard 176
Aken, van (Menagerie) 114
Albrecht II., Hg. v. Bayern-Straubing 18, 45
  IV., Hg. v. Bayern 82f., 85–87
  V., Hg. v. Bayern 66, 68f.
Altdorfer, Hans 69
Androklus 11
Angermair, Konservator 213
Anna v. d. Pfalz 17
Babenberg(er), Hs. 38, 48
Babenberg, Adalbert v. 45
Backmund, Klaus 81
Balticus, Martinus 75f.
Babrios 10
Bärmann, Johann Michael 64
Bartholdi, Frédéric Auguste 223f.
Bauer, Gottlieb Johann 153
Bauer, Hans 207
Bauer, Jakob v. 136
Behn, Fritz 223–226, 228, 230f.
Benedikt VIII., Papst 48
Benedikt, Benedikt 190
Berg (Menagerie) 118
Bergler, Joseph 151f.
Bergmeister, Manfred 34
Birke, Bildhauer 237
Bissen, Hermann Wilhelm 128
Bogen, Gfn. 13f.
Böhmen, Ludmilla v. 13
Boisserée, Sulpiz 120
Brabant, Gfn. 15
Brehm, Alfred 8, 194
Brugger, Friedrich 137
Brugger, Robert 235
Bruno, Bf. v. Würzburg 58f.
Burgund, Hg. 18f.
Bürkel, Heinrich 113
Büssing 41f.
Canova, Antonio 160
Carl, Prinz v. Bayern 156

Cerf, Monsieur le (Menagerie) 114
Chelius, Oskar v. 225
Christian August, Hg. v. Sulzbach 63, 99
Christoph, Hg. v. Bayern 83, 85f.
Clemens II., Papst 43
  XIII., Papst 160
Contarini, Giorgio, Gf. v. Zaffo 65
Cuvilliés, François de 30
Dandorfer, Wolfgang 99
Daniel i. d. Löwengrube 74–77, 81
Defregger, Franz v. 195
Degenberger, Hans 83–85
Deroy, Bernhard E. Gf. v. 127
Destouches, Ernst v. 212
Dohna, Friedrich v. 66
Döllgast, Hans 34
Dondel, Jakob 234
Dorner, Johann Jakob 108
Dürer, Albrecht, 88–93
Dürkheim, Gfn. 54
Echter v. Mespelbrunn, Julius 58
Effner, Joseph 70
Ege, Eduard 25
Eggenschwyler, Urs 187–189, 192
Ehlbeck, Johann (Menagerie) 118
Eisner, Kurt 131
Este, Azzo II. v. 36
Eugen III., Papst 48
Eyck, Jan van 92
Faller, Max 134
Finsterwalder, Joachim 63
Fischer, Kupferstecher 152f.
Flandern, Gfn. 13, 15
Franceschi, Andrea de 65
Franz, Joseph 202
Fraunhofer, Joseph 127
Freund, Hermann 160
Friedrich I. Barbarossa, dt. K. 38
  III., dt. K. 86
  II., Kg. v. Preußen 29
  I. (d. Siegreiche), Kf. v. d. Pfalz 67
  V. (d. Winterkönig), Kf. v. d. Pfalz 20, 101
  Hg. v. Anhalt 225
Friedrich August IV., Kf. v. Sachsen 72

Friedrich Wilhelm III., Kg. v. Preußen 198
Fröschel, Hieronymus 95
Gabilino, Bildhauergeselle 106
Gärtner, Friedrich v. 125, 130, 136, 171, 180, 184
Gary, Franz 61
Gaul, August 194
Gebhardt, Joseph 64
Gedon, Lorenz v. 178, 217f., 220f.
Gege, Franz 74, 76
Geill, Thomas 66
Geldern, Gfn. 15
Georg, Hg. v. Nb. 85f.
Gerhard, Hubert 95f.
Gerlich, Fritz 134f.
Gise, August Frhr. v. 21
Goethe, Johann Wolfgang 169
Goppel, Alfons 134
Göring, Alfred 134f.
Grombach, Regierungsbaumeister 203
Grützner, Eduard 195
Gutsapfel, Erzgießer 149f.
Habsburger, Hs. 19
Hagenbeck, Carl (Menagerie) 114f., 117, 162, 189, 192, 195
Hainhofer, Philipp 66, 68
Halbig, Johann 120–131, 134f., 137f., 144, 154, 167
Hartmann, Jakob Frhr. v. 173
Hauptmann, Gerhart 230
Heideck, Karl Wilhelm v. (gen. Heidegger) 156
Heilmann & Littmann, Baufirma 111
Heimpel, Hermann 195f.
Heine, Heinrich 74f.
Heinrich II. K. 46–49
  IV. Kg. 36
  V. K. 36
  II. (der Zänker), Hg. v. Bayern 46
  IX. (der Schwarze), Hg. v. Bayern 36
  X. (der Stolze), Hg. v. Bayern 36, 38
  XII. (der Löwe), Hg. v. Bayern 7, 15, 35, 38–42, 74
  XIII. Hg. v. Nb. 16
  II. Kg. v. England 15
  Pfgf. 14f.
Henngau-Holland, Gfn v. 15
Henngau-Holland, Margarete v. 18
Henrich, Franz 133
Herbich, Karl 42
Heß, Peter v. 157, 166
Hesshaimer, Brigitte 179
Heuss, Theodor 231
Heydrich, Reinhard 132

Hildebrand, Adolf v. 194, 224f.
Himbsel, Johann Ulrich 216
Hoegner, Wilhelm 25
Hoerner, F., Erzgießer 176
Hohenzollern, Elisabeth v. 46
Hohlwein, Ludwig 195
Hopfen, Hans 212
Horn, Carl Gf. v. 200
Howitt, Anna Mary 215
Huch, Ricarda 231
Hupp, Otto 24
Imhof, Bildhauer 159
Irmengard, Tochter Ludwigs d. Deutschen 56
Jahn, Friedrich Ludwig 233
Jaumann, Anton 134
Johann Albrecht, Hg. v. Mecklenburg 225
Johann Kasimir, Kf. v. d. Pfalz 67
Jorhan, Christian d. J. 112
Josef, Erzhg. 127
Joseph II., K. 29
Judith, Mutter Friedrichs I. 38
Jülich und Berg, Gfn. v. 15, 20
Julius Caesar 7, 9
Kaindl, Anton 176, 213
Kampfl, Sebastian 213
Karl (der Große), K. 56
  IV. K. 17f.
  V. K. 88
  VII. K. 20
Karl Theodor, Kf. v. Bayern 28f., 63f., 99, 106, 108f., 112
Kaulbach, Wilhelm v. 152
Kiene, Hygin 213
Kiermeier, Klaus 235
Kirchmaier, Johann 213
Kirsten, Helmut 34
Klenze, Leo v. 125, 145–147, 159f., 168, 171
Kling, Eugen 233
Knappe, Karl 81
Kochta, Herbert 197
Konrad III. Kg. 36, 38
  Pfgf. 15
Kopf, Bildhauer 202
Korbinian, Bf. v. Freising. 8
Kreuter, Franz Jakob 54
Kreutzbergsche Menagerie 114, 116, 120–122, 144, 188
Krumpper, Hans 95
Kuhnert, Wilhelm v. 194
Kunigunde, Gem. Heinrichs II. 46–49
Lang von Wellenburg, Kardinal 90
Lange, Emil v. 202

Laßberg, Frhr. v. 210
Lazzarini, Guiseppe 147
Lebschée, Carl August 69, 71
Lehmann, Rudolf 159f., 163f.
Leviné, Eugen 131
Limburg, Gfn. 15
Lindbergh, Charles A. 179
Lommel, Georg 153
Lossow, Heinrich 219
Lothar v. Supplinburg 36
Ludmilla, Hgin. v. Bayern 13
Ludwig d. Deutsche K. 56
   IV. (der Bayer), K. 9, 17, 67, 96, 153
   I. (der Kelheimer), Hg. v. Bayern 13f.
   II. (der Strenge), Hg. v. Bayern 14, 67
   VII., Hg. v. Bayern-Ingolstadt 17
   I. Kg. v. Bayern 14, 20f., 24f., 72, 98, 115, 120, 125, 127f., 130, 136f., 141–144, 146, 149f., 152, 155–157, 159, 162f., 165f., 169–172, 181, 199
   II. Kg. v. Bayern 115, 128, 213, 217, 219
   III. Kg. v. Bayern 121, 176, 210, 212, 218, 225, 228
Luitpold, Prinzregent v. Bayern 172–175, 180–187, 191, 199, 202, 205f., 227
Luxemburg, Gfn. 15
Luxemburg, Kunigunde v. 46–49
Maffei, Joseph Anton v. 216
Maier, Balthasar s. Schmied v. Kochel
Malferteiner (Menagerie) 118f.
Maria Antonia Walpurgis 72
Marie, Kgin. v. Bayern 128, 136
Marie-Christine, Erzhgin. 160
Marr, Carl v. 33
Mattheo, Michael 106
Maurer, Georg Ludwig v. 156
Max Emanuel, Kf. v. Bayern 19, 70, 209
   III. Joseph, Kf. v. Bayern 72
   IV. Joseph s. Maximilian I. Kg. v. Bayern
Maximilian I. K. 18, 85f., 88
   I., Kf. v. Bayern 18, 66, 68, 96, 168
   I., Kg. v. Bayern 20f., 72, 100, 112, 137, 154, 168, 203
   II., Kg. v. Bayern 123–125, 127f., 130, 157, 170, 176, 215f.
Mayer, Pater Rupert S. J. 132
Mayer'sche Hofkunstanstalt 33
Mecklenburg, Hs. 11
Meyerheim, Paul 113f.
Miller, Ferdinand v. 123, 127, 138–142, 146f., 149f., 168–172

Miller, Ferdinand d. J. 171–178, 184, 187–189, 195, 213, 218, 220, 225
Miller, Fritz v. 171f.
Miller, Joseph 169
Miller, Oskar v. 171
Montez, Lola 98
Mottl, Felix 230
Mozart, Wolfgang Amadeus 169
Muxel, Franz Josef 106f., 110
Napoleon 205f., 213
Nassau, Gfn. 15
Nida-Rümelin, Wilhelm 175
Nordheim, Otto v. 36
Nothafft, Heinrich 84f.
Nouma Hawa (Menagerie) 118
Nußberg, Hans 83f.
Oranien, Prinz v. 205
Ostini, Fritz v. 119
Otto I., Hg. v. Bayern 13, 39, 172
   II., Hg. v. Bayern 13–15
   Pfgf. v. Neumarkt 85
   Kg. v. Griechenland 155–158, 165–167, 169–171
Pallago, Carlo 95
Pallhausen, Staatsarchivar 21
Parler, Peter 17, 45
Paul, Jean 169
Peucker, Leopold Benedikt 104
Pfeiffer, Ernst 80f.
Pflug, Sebastian zum Rabenstein 85
Pfordten, Ludwig v. d. 123
Philipp, Hg. v. d. Pfalz 85
Philipp Ludwig, Pfgf. v. Neuburg 20
Pisani, Polo 65
Pius XII., Papst 231
Platen, August v. 127
Pompejus 9
Pruska, Anton 176
Quaglio, Domenico 69
Radetzky, General 127
Radspieler, Vergolder 220, 236
Rattelmüller, Paul Ernst 18f., 35, 235
Rauch, Christian Daniel 144, 154, 160, 168, 200
Rauch, Ernst Andreas 236
Rauscher, Michael 203
Renata von Lothringen 95
Rhein, Pfgf. bei 16f., 84
Richard Löwenherz 7
Ridinger, Elias 9
Riedl, Adrian v. 102, 104–106, 109, 112
Riehl, Wilhelm Heinrich 216
Riemenschneider, Tilman 46f., 49
Rilke, Rainer Maria 230

251

Ripfel, Anton 166
Roidl, Egidius 177
Roth, Eugen 192
Roth, Hans 54
Roth, Hermann 192, 194
Rubens, Peter Paul 75
Ruederer, Josef 230
Ruf, Sepp 34
Rümann, Wilhelm v. 79, 180–186, 194, 223f.
Rupprecht I., dt. Kg. 16, 46
   Kronprinz v. Bayern 183
Ruprecht Pipan, Pfgf. 17
Ruppsche Erzgießerei 176
Schadow, Goffried 144
Schafhäutl, Carl Emil 114
Scharnhorst, Gerhard 160, 200
Schaumberg, Petrus v. 49
Schedel, Hartmann 65
Schiller, Friedrich von 169
Schleglmünig, Artur 207
Schmidt, Albert 79
Schmidt, Maximilian (Waldschmidt) 157
Schmied v. Kochel 209f., 212f.
Schönborn, Gfn. 49
Schreiner, Georg 49
Schuh, Georg v. 182
Schwaben, Friedrich v. 36
Schwanthaler, Ludwig v. 126, 130, 144–149, 152f., 159f., 168, 170
Schwarz, Adolf 232
Schweitzer, Albert 231
Seidl, Emanuel v. 191, 197
Seidl, Gabriel v. 176
Seitz, Rudolf 176, 219
Seydlitz, Friedrich Wilhelm v. 200
Shaw, George Bernard 11
Siegel, Christian Heinrich 159f., 162–165, 167
Simmern-Zweibrücken, Pfgfn. 19
Spengelins, Johanns 44
Stadler, Christine 135
Staufer, Hs. 15f., 24f., 35, 36
Staufer zu Ernfels 85
   Bernhardin v. 86
   Hieronymus v. 86
Stein, Gottfried 200
Stiglmaier, Johann Baptist 168f., 171
Stuck, Franz v. 195
Syndikus, Hermann 133
Tann, Ludwig v. d. 173
Teich, Karl 111
Theodor Eustach Hg. 99
Therese, Kgin. v. Bayern (Gem. Ludwigs I.) 136, 157, 166, 169

Kgin. v. Bayern (Gem. Ludwigs III.) 218
Prinzessin v. Bayern 182
Thorvaldsen, Bertel 54, 144, 168, 200, 227
Tiersch, Friedrich v. 79
Tilly, Johann Tserclaes Gf. 169
Toller, Ernst 131
Torge, Karl-Heinz 62
Törring, Josef August Gf. v. 106, 109
Triebe, Richard 110
Tubeuf, Karl Frhr. v. 226–229
Valeriano, Piero 50
Veldenz, Gfn. v. 19f., 22
Voß, Richard 222f., 225–230
Wackersberger, Joseph 213
Waderé, Heinrich 204
Wagner, Ella 117
Wagner, Johann Martin 136–138
Waldkirch, Klemens August v. 162
Washington, George 169
Weiß, Ferdl 74
Welf IV. 36
Welfen, Hs. 14–16, 35–38, 42
Werdenfels, Johann v. 49
Westenrieder, Lorenz v. 70
Widman, Martin 69
Widnmann, Max 127, 182
Wilberg, Martin 193f.
Wilhelm I., K. 172, 180
   II., K. 225
   I., Kg. v. Württemberg 127, 172
   I., Hg. v. Ob. 18
   IV., Hg. v. Bayern 68
   V. Hg. v. Bayern 66, 95f.
Winsheim, Hans v. 68
Wittelsbacher, Hs. 13–20, 28, 46, 67
Wladislaus, Kg. v. Böhmen 85
Wolf, Georg Jacob 230
Wolf, Karl 78
Wolfgang, Hg. v. Bayern 85f.
Wolfinger (Menagerie) 118
Wrede, Karl Philipp 169, 171
Xylander, General v. 182
Zenetti, Arnold v. 175
Zenger, Jobst 85
Zimmermann, Johann Christian 72
Zittel, Bernhard 134
Zucalli, Enrico 70
Zügel, Heinrich v. 194
Zweibrücken-Veldenz, Pfgfn. 22

Ortsregister

Aachen 56
Abensberg 45, 102
Aidenbach 209
Altenstadt bei Schongau 54
Amberg 17, 33, 72, 85, 99–101, 146
Ammersee 216
Ansbach 127
Aspern 160
Athen 158, 162, 164
Augsburg 49, 56, 66, 75, 87, 95, 102
(Bad) Abbach 102–112
(Bad) Aibling 157, 165f., 169
(Bad) Cannstadt 127, 172, 205
(Bad) Gögging 52
(Bad) Reichenhall 52f.
(Bad) Tölz 212f.
Baierbrunn 34
Bamberg 43, 46, 48f., 54, 125, 158, 171
Bayreuth 64, 70, 72, 169
Belfort 223f.
Belgien 7, 27
Berchtesgaden 52, 225, 229f.
Berlin 89, 129, 160, 189, 193, 222, 225 234
Bern 188
Biburg, Kloster 52
Böhmen 13, 83, 85
Braunschweig 35, 39–42
Breslau 200
Budapest 127
Burgau, Markgrafschaft 22
Byzanz 40
Cham 82, 84f.
Chatsworth House (Derbyshire) 160
Dänemark 7
Donau 102–112
Dresden 72f.
Eggmühl 213
Ehrwald 230
Eichstätt 204
Erlangen 27, 125f., 206
Ettal 205
Falken(stein)wand s. Königssee
Ferrara 52
Finnland 7
Flensburg, Idstedt-Löwe 128f.
Florenz 180, 205
Flossenbürg 63f.
Flügelsberg 86
Frankfurt a. M. 169
Frauenchiemsee, Kloster 56
Freising 8, 38, 201f.
Fürstenfeld, Kloster 9

Gambia 7
Geisenfeld 72, 203
Geislingen 204, 213
Gent 88–92
Genua 52
Gernlinden 42
Hamburg 159, 162, 164, 189, 192, 195
Heidelberg 11, 28, 32f., 46, 67, 113, 171
Hellabrunn s. München, Tierpark
Höhenkirchener Forst s. Ottobrunn
Hohenschwangau 145
Holzkirchen 213
Ingolstadt 17, 72, 110
Jetzendorf 29
Kapfelberg 107
Karlstadt a. Main 207
Keferloh 52
Kelheim 107, 110f., 122, 127, 128
Kiefersfelden 165
Kochel 209f., 213
Köfering 86
Köln 66, 88f., 140–142, 234
Königgrätz 160
Königssee 222–231
Konstanz 124
Kopenhagen 129, 159, 165, 233
Laufen a. d. Salzach 54
Leuchtenberg, Landgrafschaft 20
Leverkusen 27
Limburg 27
Lindau 122–124, 127–129, 154
Linderhof 187, 213
London 58, 136–140, 156, 234
Luxemburg 7
Luzern 160, 200, 227, 229
Mainz 17, 56, 58, 88
Manching 52
Mannheim 32, 63
Markt Leder 204
Metz 172
Miesbach 212f.
Mühldorf a. Inn 28, 207f.
München 11, 17, 22f., 25f., 30, 33f., 38, 41f., 53, 59, 63, 67, 72, 74, 77, 83, 86f., 107, 127, 143, 158, 164, 168, 171, 182f., 200, 202–204, 207, 209f., 213, 216–220, 223f., 230, 232, 234–237
Alte Pinakothek 75, 120, 126f.
Alter Hof 17f., 65–71, 96f., 113
Alter Nordfriedhof 175
Armeemuseum 33f.
Bavaria 137, 139, 142, 144, 146–154, 168f., 207
Bayerische Staatsbibliothek 30, 34, 132f.

Bayerisches Nationalmuseum 17, 176, 213
Blutenburg 18
Feldherrnhalle 80, 168f.,172–176, 179–186, 194, 199
Katholische Akademie 130–135
Löwenbräu 27, 74–81, 233f.
Löwenbräukeller 78–81, 180, 195
Löweneck 68–71
Löwengarten 65–70, 77, 232
Löwengrube 74–77
Löwenstraße 74
Max-Joseph-Denkmal 154, 168
Neuhausen 176, 213
Nymphenburg 70, 72, 190f., 235–237
Rathaus 171, 213
Residenz 28, 66, 94–98, 128, 145, 166, 168
Schwabing 72, 175, 233, 236
Sendling 209, 212f.
Siegestor 127, 136–143, 168f., 186, 190
Südlicher Friedhof 160
Tierpark 188–197, 231
Wittelsbacher Palais 130–133
Münster 200
Mykene 50
Nauplia 155, 157f., 161–164, 166f.
Navarino 156, 170f.
Neuschwanstein 78
Neustadt a. d. Donau 72, 110
Niederlande 7, 88f.
Niederwalddenkmal 172
Norwegen 7
Nürnberg 57, 65, 85, 88f., 125, 180–186
Oberelchingen 44
Oberpfalz 25, 70, 82
Ottobrunn 157, 165f.
Parma 52
Parsberg 72
Passau 122
Pfaffenhofen a. d. Ilm 61f., 72
Pfalz 12, 15–19, 22, 24–26, 28, 30, 32, 67, 85
Plankstetten, Kloster 54
Porz 162
Prag 17, 82, 102, 104, 127
Pronia s. Nauplia
Regensburg 43, 49, 57f., 82f., 86, 102, 110, s. a. Walhalla
Reichenbach a. Regen, Kloster 56f.
Remscheid 27
Richmond 169

Riedenburg 72
Rom 8, 58, 160, 164, 222
Rothenburg o. d. Tauber 79
Saal a. d. Donau 109
Sachsen 36, 38, 72
Salzburg 28, 45, 52, 65, 90, 169
Schaftlach 210
Schalding 112
Scharnitz 230
Schleißheim 24, 70
Schongau 38
Schwerin 41
Senegal 7
Sri Lanka 7
St. Gallen 189
Starnberg(er See) 178, 215–221
Steingaden, Kloster 35, 37
Stockholm 233
Straubing 45, 52, 82, 86, 112
Stuttgart 169
Sulzbach-Rosenberg 62–64, 99–101, 146
Tadschikistan 7
Tegernsee 34, 213
Teisendorf 236
Theres, Kloster 45
Togo 7
Traunstein 145f.
Tunesien 7
Venedig 65, 92
Verona 52
Vohburg 202
Waakirchen 178, 209–215
Waldkraiburg 208
Walhalla 168, 172
Walsdorf 206f.
Washington 75, 170
Waterloo 205f.
Weingarten, Kloster 35, 41
Wien 65, 89, 160, 189, 222, 232
Wildbad Kreuth 168
Württemberg 24
Würzburg 21, 52, 58–60, 127, 172, 176f., 207
Zürich 188, 219

Bildnachweis

Albertina, Wien: S. 90
Bayerisches Hauptstaatsarchiv, Abteilung V, Kriegsarchiv, München: S. 31
Bayerisches Nationalmuseum, München: S. 37 (Inventar-Nr. MA 121)
Erzbischöfliches Ordinariat Bamberg – Diözesanmuseum: S. 47
Haus der Bayerischen Geschichte, Augsburg: S. 29
Katholische Akademie in Bayern, München (Quelle: Norbert Göttler: ... und er brüllt heute noch! Der Löwe »Swapo« und die Katholische Akademie in Bayern. Hrsg. von der Katholischen Akademie in Bayern. München 2000): S. 132
Bayerisches Armeemuseum, Ingolstadt: S. 161
Münchner Stadtmuseum: S. 71 (Inventar-Nr. P 671 a), 115
Museen der Stadt Regensburg – Historisches Museum: S. 108
Staatliche Graphische Sammlung, München: S. 151
Die Aquarelle auf Seite 18 und 19 wurden mit freundlicher Genehmigung von Christine Rattelmüller, Leutstetten, veröffentlicht.
Wappenabbildungen auf dem Vorsatz: Nachdruck mit Genehmigung der Verlagsgruppe Droemer Knaur GmbH & Co. KG, München.
Die hier nicht aufgeführten Abbildungen stammen aus dem Archiv der Autorin.

Nostalgische Stadtgeschichte

Mitte des 19. Jahrhunderts erlebte die bayerische Residenz ihre Blütezeit als Kunststadt. Die glanzvollsten Ereignisse dieser Jahre schilderte die junge Engländerin Anna Mary Howitt, die damals als Kunststudentin in München weilte, in ihren Briefen nach Hause. Zugleich erzählte sie von den – für sie – höchst verwunderlichen Angewohnheiten der Münchner und vom Alltagsleben, das sie auf den Straßen beobachtete.

Vor allem dem kulturgeschichtlich oder volkskundlich interessierten Leser dürfte sich mit der erstmaligen Publikation dieser Briefe auf deutsch eine anregende Lektüre bieten.

Der mit zeitgenössischen Stichen bebilderte Band ist ein kurzweiliges München-Lesebuch, das durch die liebenswürdige und frische Persönlichkeit der Erzählerin seine Prägung erhält.

Cornelia Oelwein (Hrsg.)
Herrliche Kunststadt München
Briefe einer englischen Kunststudentin
1850–1852
272 Seiten, Format 14 x 22 cm, 30 Abbildungen in Schwarzweiß
ISBN 3-89251-322-8

Verlagsanstalt »Bayerland« Dachau